남자의 후반생

남자의 후반생

새로운 도약을 위한 인생 화두

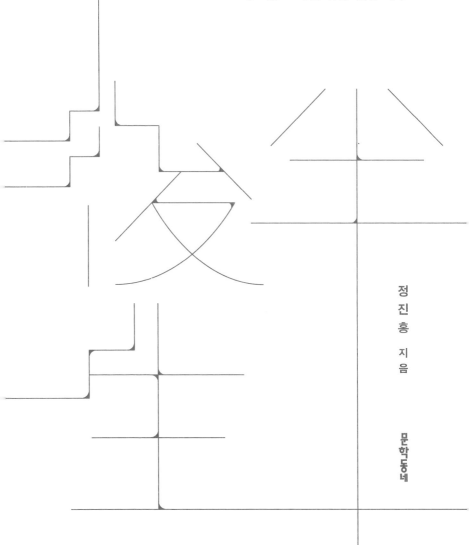

정진홍 지음

문학동네

차례

4부 본래면목 本來面目

"더는 이따위로 살지 않겠다!"

'마흔의 내'가 '예순의 나'에게

지금은 거의 사라졌지만 예전엔 동네책방에서 책을 사면 으레 새로 산 책 사이에 책갈피 하나를 끼워주곤 했다. 주로 조금 빳빳한 종이 재질이거나 종이를 코팅해서 좀더 딱딱하게 만든 것들이었다. 하지만 나는 그런 책갈피를 별로 좋아하지도 별반 사용하지도 않았다. 대신 읽던 책 사이에 연필을 끼워두거나 딱히 표시가 필요하면 책 귀퉁이를 세모 모양으로 접어서 책갈피를 대신하곤 했다.

얼마 전 책 정리를 하던 중에 무심코 펼쳐 든 책장 사이에서 여리게 묵은 나뭇잎 하나를 발견했다. 아기 손 모양의 단풍잎이었는데 책장 사이에 밀착돼 양쪽 종이 면에 나뭇잎 자국을 뚜렷하게 남겨놓았다. 언제 그 나뭇잎을 꽂아둔 것인지 정확히 기억은 나지 않았지만 내게 뜻 모를 상념을 일으키기엔 충분했다. 어느 날 공원 벤치에 앉아 책을 읽다가 무심코 집어든 낙엽을 책장 사이에 끼워놓았던 것일지도 모른다. 아마도 그것을 끼워둔 부분이 특별히 의미가 있어서도 아니었을 것이다. 하지만 그 나뭇잎 하나가 고이 접혀 있던 페이지를 펼치면 나뭇잎의 윤곽이 종이에 배어 있듯, 우리네 인생에도 마음의 책갈피가 아련한 추억과 상념의 흔적을 남기며 귀퉁이가 접힌 채 남아 있지 않을까?

우리 인생은 너 나 할 것 없이 한 권의 책이다. 그리고 저마다 그 인생의 책장 사이사이에 마음의 책갈피도 끼워져 있으리라. 그런 인생 속 마음의 책갈피에는 아픔도 있고 기쁨도 있다. 서운함도 있고 감사함도 있다. 냉정함도 있으며 뜨거운 열정의 흔적도 있으리! 인생의 책장 사이사이에 꽂힌 마음의 책갈피는 대개 그런 것들이다. 책 읽는 진도가 나아가지 못하면 책갈피는 책 속에 멈춰 있을 수밖에 없듯이 인생도 어느 대목에선가 앞으로 더 나아가지 못한 채 그 아픔의 순간에서, 혹은 기쁨의 도취에서, 또는 서운함의 가슴앓이와 냉정함의 배신감을 경험한 순간에서 저마다 자기 인생의 책 한 귀퉁이를 접은 채 멈춰 있을지도 모른다. 물론 영영 접어두고픈 마음의 책갈피도 있을 수 있겠지만 삶은 지속해야 하고 인생은 나아가야 하는 것이기에 오래 접은 마음의 책갈피일랑 새로운 삶의 도정 앞에서 툭툭 털듯 다시 펼쳐놓는 것도 좋지 않겠나 싶다.[1]

여기 내놓은 『남자의 후반생』은 그렇게 오래 접혀 있던 마음의 책갈피들을 다시 펼쳐놓은 것에 다름 아니다.

이 책의 골간은 나의 40대 시절에 쓴 칼럼들이다. 연도로 말하자면 2003년부터 2013년까지다. 물론 이 시기의 범위를 앞 혹은 뒤로 넘어서서 쓴 것들도 간혹 없진 않겠지만 거의 대부분이 그러하다. 굳이 이를 밝히는 까닭은 '마흔의 내'가 '예순의 나'에게 말하고 있음을 드러내기 위함이다.

일본작가 소노 아야코가 『계로록戒老錄』 초판을 펴낸 것이 1972년이니 그의 나이 마흔 무렵이었다. 마흔에 나이듦을 경계하며 『계로록』이란 책을 썼다는 것이 의아하기도 하고 색다르다고 생각한 적이 있었다. 그런데 『남자의 후반생』 또한 40대에 바라봤던 시선으로 60대에 접어든 나를 견책하고 살핀다는 점에서는 묘하게 닮아 있다.

나이든 사람이 젊은 사람에게 하는 말은 아무리 잘 꾸며도 '꼰대짓'을 면하기 어렵다. 거기엔 '라떼'의 흔적이 너무 심할 수밖에 없기 때문이다. "내가 살아봤는데, 내가 해봤는데, 나

때는 이랬는데……" 하지만 그 반대라면 얘기가 달라진다. 애초에 의도한 것은 아니지만 나의 40대의 시선과 감정이 담긴 글들이 60대에 접어든 나를 흔들고 때로 위로하고 또 때로는 올렸기에 나는 기꺼이 이 책을 세상에 내놓기로 결심했다.

이 책의 제목은 보다시피 '남자의 후반생'이다. 독일에서 발레리나로 사회생활을 시작한 지 1년 반쯤 된 스무 살 갓 넘은 딸이 잠시 한국에 다니러 와서 아빠가 오랜만에 낸다는 책 제목을 듣고서는 이렇게 말했다. "가뜩이나 책 읽는 사람들이 적다는데, 남자, 여자 가르고 전반생, 후반생 가르면 대상 독자를 사분의 일로 좁혀서 책을 내는 셈이잖아? 왜?……" 물론 나는 이 물음에 즉답하지 않았다. 맞는 말이기 때문이다. 하지만 그럼에도 불구하고 나는 이 책의 제목을 '남자의 후반생'으로 하고 말았다. 아니 기꺼이 그렇게 고집했다.

사실 '남자의 후반생'이란 제목은 20여 년 전인 2003년 내 나이 마흔에 첫번째 교수생활을 그만두고 우연인지 필연인지 한 신문사의 논설위원으로 일하게 되면서 처음 쓴 칼럼의 제목이었다. 그리고 그것을 예순을 막 통과한 나이에 10여 년 만에 새로 펴내는 책의 제목으로 쓴 것이다. 어쩌면 20여 년 전 그 칼럼을 쓴 이후 나 자신이 말 그대로 '남자의 후반생'을 살아왔는지 모른다. 아니 돌이켜보면 더 분명한 계기는 그 몇 달

전인 2002년 말 딸이 태어났기 때문이었을 것이다. 마흔 가까이에 얻은 딸이 내게 그 이전과는 진짜 다르게 살아야겠다는 '생의 결기' 같은 것을 갖게 만들었던 덕분이었으리라. 어쩌면 이 책의 제목이 '남자의 후반생'이 된 진짜 배후에는 "왜 하필 '남자의 후반생'이냐?"고 물었던 바로 그 딸의 출생이 있었던 셈이다. 하지만 나는 이것을 딸에게 말하지 않았다. 굳이 말할 필요가 없었다.

왜 '남자의 후반생'을 이야기하는가

흔히 '인생 100세' 시대라고 한다. 하지만 그렇다고 인생 후반전 혹은 후반생이 50세 이후부터라고 단정짓는 말은 어불성설이다. 우리네 삶은 그런 숫자놀음에 쉽게 자리를 내어주지 않는다. 한마디로 100세 시대에 그 절반인 50세 이후가 후반생이라고 말한다면 너무 산술적이고 도식적일뿐만 아니라 실제에도 부합하지 않는다. 100세 시대라고 해서 모두 100세를 사는 게 아니듯이 후반생이라고 단지 나머지 절반을 산다는 뜻은 결코 아니란 이야기다. 게다가 인생살이가 누무도 이넌데, 칼로 두부 베듯 나눌 수 없지 않겠는가.

단언컨대, 후반생은 스스로 "더는 이따위로 살지 않겠다!"라고 다짐하며 다시 살아볼 엄두를 내는 바로 그 시점부터다. 물론 이 한마디가 술김에 하는 소리가 아니고 홧김에 내지르는 말이 아니어야 한다. 푸념이나 입에 발린 말로 나와서는 흔해 빠진 체념과 탄식의 췌언에 불과하겠지만 지난한 삶의 몸부림 끝에 나온 결기어린 외마디라면 삶을 송두리째 뒤집고 바꾸어 놓을 만한 파괴력 있는 말이다. 결국, 어떤 계기에서든 정직하고 순절하게 자기 자신의 삶을 진짜 제대로 살아봐야겠다고 스스로 각성하고 결심하며 결행하는 순간부터 우리는 인생 후반전에 돌입하는 셈이다.

　자고로 '진짜 말'에는 '정직한 힘'이 있다. 말의 힘은 침 튀기며 말한다고 나오는 게 아니다. 적어도 그것이 자기 삶의 가장 밑바닥에서부터 영혼의 땀을 흘리며 끌어올려진 것이라야 정직한 힘을 지닌다. "더는 이따위로 살지 않겠다!"라는 말이 자기 삶에 진정으로 내습한다면 생은 분질러진다. 한마디로 동강이 나버린다. 그만큼 이 한마디가 갖는 위력이 있다. 삶을 분질러버릴 정도로 말이다. 삶이 분질러져 두 동강 나는데 죽든지 다시 제대로 살든지 둘 중 하나일 수밖에 없지 않겠나! 그 한마디 말에 담긴 결의와 결기를 자기 삶에 뿌리내리는 생의 족적이 곧 후반생이다.

반면에 이리저리 삶이 순치되고 순화되어 과거 삶의 흔적에 눌려 지내면서, 해오던 대로 하고, 살던 대로 사는 데 너무 익숙해지면 미지근한 물속에서 중탕되어 익사하는 개구리와 다를 바 없게 된다. 이런 경우에 후반생은 영영 오지 않는다. 결국, 후반생은 "더는 이따위로 살지 않겠다"라는 분명한 자기 각성을 선언하고 실행함으로써 미지근한 삶의 중탕 그릇을 깨뜨리고 뛰쳐나와 다시 진짜 자기 삶을 꾸려내는 '생의 도약élan vital' 자리인 셈이다.

그런데 왜 하필 '인생 후반생'이 아니라 굳이 '남자의 후반생'인가? 글쓴이가 남자여서? 뭐 그런 점도 없진 않다. 하지만 더 중요한 이유는 적어도 오늘날 남자라는 존재가 그 어느 시대, 그 어떤 시절보다도 초라하게 쪼그라들고, 시들해져 고개숙인 경우가 대부분이기 때문이다. 전반생에서는 자기 잘난맛에 꺼떡거리다 힘 빠지고 자리 끈 떨어지면 후반생에서는 그냥 쭈그러져버리는 게 남자란 동물의 속성인지도 모른다.

그런데 그 쭈그러드는 시기가 점점 빨라지고 있다. 예전에는 50~60대였다면 이젠 아예 30~40대로 앞당겨졌다. 심지어 결혼도 하지 않고 아이도 없이 나서 혼자인데도 그렇다. 성말이지 이렇게 사는 건 아니지 않겠는가! 더는 이따위로 살지 않겠노라고 스스로 결연하게 선언이라도 해야 하지 않겠나! 하지만 어찌된 일인지 그렇게 할 에너지 자체가 개인이나 사회 모두에서 고갈된 느낌이다. 한마디로 총체적인 위기다. 이것이 필자가 사적 영역을 넘어 공적 영역에서도, 그리고 작금의 시대만이 아니라 역사 속에서도 '남자의 후반생'을 재차 주목하는 까닭이다.

후반생은 살다 남은 잉여의 시간이 아니다. 연금 타며 연명하는 방관의 시간 또한 아니다. 나이들어 그럭저럭 인생 후반부 관리나 잘하자는 차원에서 '남자의 후반생'을 이야기하려는 것이 결코 아니다. "더는 이따위로 살지 않겠노라!" 스스로 선언하고 다시금 자기 인생을 제대로 살아보자는 차원에서 '남자의 후반생'을 이야기하려는 것이다.

'마음의 굳은살' 떼내고 '더 나은 남자'가 되고 싶다!

살면서 느는 것은 허릿살만이 아니다. 진짜 느는 것은 '마음의 굳은살'이다. 고단한 세상살이가 만드는 마음의 굳은살은 다이어트로 뺄 수 있는 것이 아니다. 그것은 삶이 힘겨울수록 얻게 되는 생의 퇴적물이자, 마음 아픈 기억과 쓰라린 체험을 고스란히 받아낸 삶의 처절한 이력서다. 그런데 그런 마음의 굳은살이 많아질수록 사람은 무감각해지고 무덤덤해진다. 그래서 아무리 힘들고 슬픈 일을 겪어도 눈물 한 방울 떨구지 않게 될 만큼 독해지기도 한다. 혹은 '이래도 그만, 저래도 그만' 하는 식으로 세상을 향해 씁쓸한 미소를 지으며 체념하고 방관하며 포기하기 일쑤인 사람이 돼버리기도 한다. 자연히 삶의 의욕도 떨어지고 세상 살기도 싫어지기 마련이다. 마치 간경화가 간암으로 진행하듯 마음의 굳은살은 마음의 암이 되어버리기 십상이다.

나이들수록 여자들은 쾌활해지는 반면에, 남자들은 괴팍해지는 까닭이야말로 마음의 굳은살 때문이리라. 마음의 굳은살이 많아질수록 남자의 후반생도 굳어지고 급기야 마음의 암으로 번져가기도 쉽다. 남자의 후반생이 더 위태로운 까닭이 여기서 연유한다.

영화 〈이보다 더 좋을 순 없다〉에 다음과 같은 대사가 나온다. "당신은 내가 더 나은 남자가 되고 싶게 해요You make me want to be a better man." 잭 니콜슨(멜빈 역)이 헬렌 헌트(캐롤 역)에게 한 말이다. 이 영화로 두 사람은 제70회 아카데미 남우주연상과 여우주연상을 나란히 받았다. 영화 속 멜빈은 자기 세계에 갇힌 괴팍한 사내다. 반면 캐롤은 홀로 아픈 아이를 키우며 식당

웨이트리스로서 힘겹게 살아가지만 타인과 세상을 향해 열려 있는 배려심 많은 여인이다.

하지만 후반생에서 특히 남자의 후반생에서 영화 속에서처럼 이런 상대를 만날 수 있을 것이란 기대는 애초에 접어두는 게 좋다. 누굴 만나서 좋은 사람이 될 수 있기보다는 되레 내가 먼저 좋은 사람이 돼야 비로소 더 나은 사람이 되고 싶게 할 만한 상대를 만날 수 있는 것 아니겠는가?

물론 더 나은 남자, 더 좋은 사람이 된다는 것은 남에게만 좋게 보이는 사람이 되라는 말이 결코 아니다. 나 스스로 내 속에서부터 변화해 말 그대로 '진국'인 사람이 되어보잔 얘기다. 사실 모든 사람에게 좋은 사람이란 있을 수도 없겠지만, 그렇게 보이는 사람은 결국 자기 자신에겐 가장 나쁜 사람이다. 자기를 감추고 숨기며 억누르다못해 자기 자신이 그렇게 보이도록 거의 스스로를 학대할 게 뻔한 사람이기 때문이다. 그러니 '남자의 후반생'은 더 나은 남자, 더 좋은 사람이 되겠다는 뻔한 삶의 강박관념을 떨쳐내고 오로지 자기 자신에게 솔직하고 정직한 자신만의 본래면목을 되찾는 과정이어야 한다.

어떤 삶의 영역에서든 크고 화려한 무대에 서본 사람일수록 속살은 상처투성이다. 다만 그것을 겹겹이 에워싸 감춘 채, 스포트라이트를 받기에 사람들이 눈치채지 못할 뿐이다. 그 독을 빼고 마음속 깊은 상처를 치유하려면 자기를 겹겹이 싸고 있는 위장막부터 걷어내고, 때로 낮고 초라해 보일지언정 정직한 자기만의 인생 무대로 내려와야 한다. 거기서 스스로 갑옷처럼 겹겹이 걸쳤던 교만과 허세를 벗어놓고 진정한 자기를 담담하게 마주해야 한다. 그러면 놀랍게도 마음속 죽어가던 생명력과 자존감이 다시 싹을 틔우고 꿈틀거릴 것이다. 더구나 꼭 잊지 말아야 할 것은 내 인생의 진짜 무대는 아직 새 막을 올리지도 않았다는 사실이다.

자! 다시 한번 내 인생 무대의 막이 오른다. 이름하여 '남자의 후반생'이다. 스스로를 격려하며 겸허하지만 당찬 자신감과 자존감을 갖고 다시 나 자신의 인생 무대에 오르자. 그런 당신은 다시금 주목받고 환호받으며 갈채받을 자격이 있다. 이름모를 대중으로부터가 아니라 당신 자신으로부터!

이 한 권의 책이 나를 견책하고 위무하고 또 때론 울렸듯이, 미래의 읽는 그 누군가도 그렇게 위무받고 견책당하며 또 때론 울 수 있기를 기대하고 바라며……

새로운 생의 도약을 꿈꾸는 모든 이들에게
저자 정진홍 씀

1부

人　生　四　季

인생사계

01

인생사계:
지금, 어떤 계절을
살고 있는가

봄 : 보아서 '봄'이고 보여야 '봄'이다

"한번 더 하고 싶은 욕심이 났어요. 하지만 진짜 한번 더 했으면 인간적으로 완전히 파멸했을 거예요. 건방지다못해 교만에 꽉 차서 내가 죽는지도 모르고 죽었을 겁니다."

미 연방 하원의원에 내리 세 번 당선됐던 김창준 박사가 네 번째 출마해 낙선한 후 한 말이다. 자고로 멈출 때 멈추고 그칠 때 그칠 줄 아는 것은 최고의 지혜요, 지략이다. 하지만 그게 어디 쉬운가. 칼집이 없으면 잘 드는 칼에 내가 베이고, 브레이크가 고장나면 잘 나가는 차가 사고 치는 법! 내처 잘나갈 때

제어할 방법이 없으면 그것이 모든 화의 근원이 되는 것은 세상 이치다.

김창준! 그는 삼선三選 이상 하지 않겠노라고 동료 의원들과 함께 선서까지 해놓은 상태였지만 '그것을 누가 기억하랴' 하고는 네번째 출마를 했다가 곤욕을 치르며 낙선하고 말았다. 더욱이 낙선은 낙선에 그치지 않았다. 정치자금 의혹의 소용돌이는 애써 키워온 회사도 거덜내고 가정마저 파탄 내고서야 잠잠해졌다. 그는 정말이지 살고 싶지 않았다. 자살도 생각했다. 다른 식으로 죽는 것은 구차해 보여 총으로 깨끗이 끝내고 싶었다. 하지만 총을 살 돈도 없었다.

결국 그는 한국으로 돌아왔다. 물론 아무도 환영해주지 않았다. 호주머니에는 단돈 200달러뿐이었다. 그가 미국 갈 때 가져갔던 돈이 200달러였으니 어찌 보면 원점 회귀를 한 셈이었다.

맨손으로 미국에 가서 연방의원이 되기까지 그는 힘들어도 힘든 줄 몰랐다. 단 한 번도 좌절하지 않았다. 삶은 도전해볼 만한 것이었고 노력한 만큼, 아니 그 이상으로 보상이 왔다. 먹고살 길 막막해 접시만 닦던 고학생이 신문사 지국장이 돼 부자들이 다니는 명문 사립대에 들어가고, 졸업노 하기 선에 쥐직하고, 마침내는 전공을 살려 상하수도 설비 설계 회사를 세위 승승장구했다.

백인들만 사는 동네에서 시의원이 되고 다시 시장이 됐다. "동양계가 어디 백인 도시에서 시장을 하느냐"고 힐난하며 나가라는 협박이 가해지는 가운데서도 흔들리지 않았다. 급기야 인구 8만 명의 작은 도시의 시장에서 62만 명을 대변하는 연방 하원의원으로 우뚝 서기까지 그의 삶은 거칠 것이 없었다. 박수갈채와 환호, 카메라 플래시 세례는 일상이 되었다. 그리고 해외를 다닐 때마다 받은 미 연방 하원의원에 대한 극진한 예우까지 더해져서 그는 그 삶에 푹 취해 있었다. 추락은 취하고 난 다음에 오는 것임을 그땐 몰랐다.

완전히 추락한 후 그가 다시 찾은 곳은 어릴 때 놀던 서울 인왕산 자락의 골목길이었다. 산등성이 아래 골목길에 드문드문 핀 꽃들이 그의 눈에 들어왔다. 미 연방 하원의원 배지를 달고 위세를 피우던 때는 거들떠보지도 않았던 것들이다. 하지만 바닥에 떨어진 후, 아니 모든 것을 잃은 다음 비로소 그 보잘것없는 꽃들이 보이기 시작했다. 그는 고백하듯 말했다.

"화려한 성공이란 겉껍데기를 다 벗어버리자, 텅 빈 가슴속으로 꽃이 다가왔다."

그렇다. 그 꽃이 보여야 비로소 진짜 자기 인생이다. 그런데 봄이 왜 봄인가? 보아서 '봄'이고 또 보여야 '봄'이다. 하지만 봄꽃은 눈이 아니라 마음으로 보는 것이다. 겨우내 얼었던 땅을 뚫고 여린 새싹이 돋아나는 모습이며, 노란 개나리와 연분홍빛 진달래가 봄바람에 흩날리는 모습은 교만과 분노 앞에서는 감쪽같이 자취를 감춘다. 있어도 보이지 않고, 보여도 다가오지 않는다. 하지만 바닥에 내동댕이쳐졌으나 다시 일어서려는 이에게 그것은 가장 먼저 보이고 다가온다. 그게 보여야 진짜 봄이다.

여름 : 지금이 그때다

우리는 흔히 대나무 하면 대쪽 같은 절개와 지조를 떠올린다. 그런데 중국 사람들은 대나무에서 성장과 번영을 보는 것 같다. 중국 북송시대의 시인 소동파蘇東坡가 쓴 글 중에 「마음속의 대나무」라는 것이 있다. 한 대목을 소개하자면 이렇다.

대나무가 막 움이 터 나올 때에는 한 마디 정도 되는 싹일 뿐이나, 여기에서 마디가 생기고 잎이 나온다. 처음에는 층층이 포개져 있는 마디가 마치 매미의 뱃가죽 같고 뱀이 허물을 벗어놓은

것 같으나, 이것이 자라면 수십 길이 되어 검을 뽑아 하늘에 닿을 듯한 기상이 된다.[2]

중국 사람들은 성장과 번영을 희구希求하면서 찬 겨울에도 시들지 않는 대나무를 즐겨 그렸다. 소동파의 외종사촌형이자 북송시대의 뛰어난 문인화가였던 문여가文與可의 대나무 그림은 특히 유명하다. 문여가는 '화죽이론畵竹理論', 즉 대나무 그리는 법을 말하곤 했는데, 이것을 소동파는 '성죽어흉중成竹於胸中'이라고 압축했다. 먼저 '마음속에 대나무를 그리라'는 것이다. 즉 '마음속에 대나무를 먼저 완성하고 나서 붓을 들고 자세히 바라보아야 비로소 그리고자 하는 것이 보일지니, 그때에 붓을 휘둘러 곧바로 그려야 한다'는 것이다.

마음속에 대나무를 그린다는 것은 먼저 마음속에 대나무의 싹부터 심는다는 뜻이다. 그리고 그 싹, 곧 죽순竹筍이 장대하게 뻗어나가는 모습을 꿈꾸는 일이다. 말하자면 긍정의 마음 밭에서 희망의 죽순을 움트게 하고, 장대한 대나무로 뻗어나갈 것임을 낙관하며 꿈꾸는 사람만이 대나무를 온전히 그려낼 수 있다.

사실 대나무의 처음 모습은 우리가 생각하고 떠올리는 그런 대나무가 아니다. 소동파의 묘사처럼 대나무의 처음 모습, 즉

죽순은 마치 매미의 뱃가죽 같다. 겉으로 보기에는 도저히 우리가 흔히 떠올리는 대나무처럼 쭉쭉 뻗어 자랄 것 같지 않다. 그러나 대나무의 장대함은 죽순의 그 짧고 초라함 안에 숨어 있다. 처음 모습은 나중 모습에 비해 볼 때 초라하기까지 하지만, 처음 움터 나오는 싹 안에 참으로 장대한 에너지가 숨어 있는 것이다. 그래서 처음은 미약하나 후일에 장대한 것이 대나무다. 이것이 대나무의 진짜 묘미다.

본래 서울에서는 기후상 대나무가 자라기 어렵다. 그런데 우리집 마당에서는 대나무, 그것도 왕대가 잘 자란다. 하지만 올해는 어찌된 일인지 대나무에서 죽순 올라오는 것이 여간해서 눈에 띄지 않았다. 지난겨울이 유난히 추웠던 탓에 대나무 뿌리가 얼어버려 죽은 것인지 모르겠다는 생각도 들었다. 그러나 기우였다. 시절 감각에는 좀 늦었지만 집 마당에 있는 대나무의 땅속 뿌리는 기어이 튼실한 왕대 죽순들이 마당 곳곳에서 땅을 뚫고, 심지어 바닥 벽돌을 뚫고 솟아오르게 만들었다. 그렇게 땅을 뚫고 솟아오른 죽순은 내 눈을 의심할 만큼 하루가 다르게 쑥쑥 자란다. 특히 비 온 뒤엔 더 솟구쳐오른다. 가히 '우후죽순'이다.

내게 여름은 죽순이 움터 솟구치듯 거리니는 때로부터 시작된다. 거기엔 과하다 싶을 만큼 약동하는 생명력이 넘쳐난다.

그런 점에서 여름은 넘치는 때다. 적당함이란 여름과 어울리지 않는다. 그래서 여름은 실수하는 때고, 때론 방종하는 때다. 사람들은 대개 실수하지 않으려고 인생의 여름을 옥죄기 일쑤다. 그리고 후회한다.

'즉시현금卽時現今 갱무시절更無時節'이란 말이 있다. '지금이 곧 그때이고, 그 시절은 다시 없다'는 뜻이다. 그렇다. 가장 파괴적인 단어가 '나중'이고 가장 생산적인 단어는 '지금'이다. 모든 게 찰나다. 모든 게 순간이다. 지금은 다시 없다. 지금이 그때다. 인생의 여름이 그렇다.

가을 : 짧다, 그러나 붉다

1978년, 미국 예일대 의학부 임상심리학과 교수였던 대니얼 레빈슨과 그의 동료들은 10여 년에 걸친 연구 끝에 『남자가 겪는 인생의 사계절』이란 책을 펴냈다. 그들은 마흔 살을 기점으로 인생의 여름이 끝나고, 빠른 속도로 인생의 가을이 온다고 말했다. 하지만 그것은 어디까지나 반세기 전 얘기다. 지금은

50대까지도 인생의 여름이라고 착각(?) 아닌 확신(!)을 할 만큼 너무나 팔팔하다.

사실 요즘 세태로만 보면 자연의 사계절이 희미해지듯 인생의 사계절도 구분 짓기 모호해지는 것 같다. 특히 요즘 아이들은 너무 조숙해 초등학교 5~6학년이면 사춘기를 맞는다. 그러곤 이미 10대 중반부터 인생의 여름으로 진격한다. 그리고 그것이 50대까지 이어진다. 예전엔 40~50대가 인생의 가을이라고 할 만했겠지만 요즘은 턱도 없는 얘기다. 마흔 언저리에 초혼하는 남자도 적잖지 않은가. 그러니 인생의 가을이라고 할 만한 시기는 훌쩍 뒤로 밀려 60대에서 70대에 이르는 때라고 해야 맞을 것 같다. 그리고 인생의 겨울은 80대 이후라고 보는 것이 옳을 듯싶다.

그런 의미에서 68세를 일기로 세상을 뜬 작가 최인호는 인생을 짧은 봄과 긴 여름으로 뜨겁게 살다가 굵고 짧은 가을 속으로 바람처럼 사라져간 사람이었다. 물론 그에게도 겨울, 즉 시련은 있었다. 어느 날 서리 내리듯 다가온 암의 음산한 기운이 그를 곧장 인생의 겨울로 몰고 갈 기세였지만, 그는 손톱 빠진 손가락에 골무를 끼워서라도 글을 쓰며 자기 인생의 가을을 가장 붉게 물들였다. 그 붉음으로 미루어보건대 그는 섣고 인생의 겨울 앞에 움츠리며 살지 않았다. 그는 끝까지 자기 인생을 추수하듯 살았다. 암에 걸려 투병한 5년여의 시간마저도 그에겐 엄혹한 겨울이 아닌 풍성한 가을이었다. 그것도 가장 눈부신! 그래서 결코 길다고는 말할 수 없는, 아니 짧은 인생의 가을이었지만 끝까지 분투하는 삶이였기에 참으로 눈이 시릴 만큼 아름다웠다.

저마다 그 파릇했던 인생의 봄은 아련한 기억이요, 용광로처럼 뜨거웠던 인생의 여름은 전설처럼 남겠지만 무릇 진짜 인생은 그가 살아낸 가을에 있다. 저마다 인생의 가을은 결코 길지 않다. 아니 땀 흘려 얻은 수확을 즐길 여유마저도 없을 만큼 짧을지 모른다. 그래서 더욱 소중한 가을이다.[3]

만약 신이 거대한 광각렌즈를 단 카메라가 있어 가을 즈음 우리의 산하를 시차를 두고 연속적으로 찍는다면, 그것은 마치 시험관에 담가놓은 리트머스 시험지가 '쭈욱' 물드는 것과 같은 느낌이리라. 다름 아닌 단풍 때문이다. 어느 순간 산과 들, 심지어 도시의 아스팔트 위까지 뒤덮고, 그 누구도 저항할 수 없는 '색감의 바이러스'를 산포하며 점령군같이 다가오는 단풍 말이다. 가을은 단풍과 함께 왔다가 그것과 함께 간다.

단풍은 기온이 5도 이하로 떨어지면 나타나기 시작한다. 특히 단풍이 산 전체 면적의 약 20퍼센트를 차지하면 '단풍 시작일'로 본다. 우리나라의 단풍은 대개 9월 말께 설악산 산머리에서 시작된다. 단풍은 산 위에서 아래로 하루 40미터씩 내려가며 물든다. 또 북쪽에서 남쪽으로 하루 25킬로미터씩 소리 없이 이동한다. 이것이 바로 '가을의 속도'다.

단풍이 산 전체 면적의 80퍼센트에 달하면 '단풍 절정일'로 간주한다. 왜 100퍼센트가 아니라 80퍼센트를 절정이라 할까? 100퍼센트로 꽉 채워지는 그 순간 이미 단풍은 나뭇가지에서 땅으로 추락하기 때문이다. 달도 차면 기울듯 단풍 역시 만산홍엽滿山紅葉이 되는 순간 가지마다 잎들을 떨구기 시작한다. 단풍처럼 권력·사업·인생, 아니 그 무엇이든 절정에 이르면 곧 추락을 시작하게 마련이다.

9월 말께 설악산에서 시작되는 단풍 물결은 지역적 편차가 있긴 하지만 10월 중순에 오대산·치악산·지리산까지 내려가 절정에 이르고 10월 말, 11월 초에는 남해안과 바다 건너 제주도 한라산까지 뻗어간 후 우리의 시야에서 사라져버린다. 가을은 그렇게 왔다가 지체 없이 떠나간다. 그래서 더욱 아쉬울 수 있다. 하지만 한탄만 할 수 없다. 그 순간의 소중함을 깨닫거든 머뭇거리지 말자. 어디론가 떠나는 열차에 오르고 홀로 혹은 누군가와 함께 누렇게 익어가는 들판과 붉게 물드는 산을 향해 걷자. 낙조 좋은 바닷가에 이르거든 지난여름 뜨거운 젊음들이 거쳐간 모래사장 위에 서서 그윽한 눈길로 수평선 끝을 바라보는 것도 잊지 말자. 그리고 다시 곳곳에 펼쳐지는 시골 장터로 느리게 걸어가 국밥 한 그릇으로 허기를 채우며 아낙네들의 수다에 귀기울여보자. 흥성하나 싸움판 빌이는 시내들의 엇나간 혈기도 지긋한 눈길로 바라보자. 가을은 짧다. 우리네 인생의 가을도 마찬가지다. 그러니 가을 산이 붉게 물들듯 우리의 이 짧은 인생의 가을 역시 그렇게 아름답게 물들여야 하지 않겠나.

겨울 : 내려놓을 용기

일 년 중 가장 짧은 달은 2월이지만, 가장 빨리 지나가는 달은 12월이 아닐까 싶다. 새해를 맞던 것이 엊그제 같은데, 별반 해놓은 일도 없이 벌써 한 해가 다 지나가는가 싶어 마음이 급해지기 때문이리라. 게다가 송년 분위기에 휩쓸려 이런저런 만남들이 꼬리를 물고 이어지다보면 12월은 휑하니 바람소리만 내며 지나치는 무정차 버스처럼 되기 십상이다.

자칫 실속 없이 마음만 바쁜 달이 되기 쉬운 12월을 어떻게 하면 잘 보낼 수 있을까 생각한 끝에 얻은 작은 다짐이 하나 있다. 12월 한 달을 '내려놓는 달'로 정하고 한 해를 지내며 해묵혀온 미움과 무관심, 오기, 원망, 분노, 다툼, 시기, 자만, 과욕, 그리고 별다른 노력 없이 막연히 부풀려온 기대까지 고스란히 내려놓기로 했다.

양손에 미움을 들고 있는 사람은 결코 사랑을 껴안을 수 없다. 내려놔야 한다. 한껏 포옹하고 사랑하기에도 짧은 인생이다.

아예 마음 씀 자체가 없는 무관심은 미움보다 더 무섭다. 마음은 쓰라고 있는 것인데, 무관심은 아예 마음을 쓰질 않아 마음을 죽인다. 그래서 가장 무서운 마음의 독이 바로 무관심이다. 그 무관심의 안경을 쓴 삶은 결코 건강할 수 없다. 무관심의 안경을 벗어 내려놔야 한다.

우리 삶에서 오기만큼 백해무익한 것도 없다. 하지만 우리는 때로 그것을 신념이라고 호도하며 잔뜩 쥐고 있기 일쑤다. 긴 말 필요 없이 내려놔야 한다.

원망을 너무 오래 들고 서 있으면 '한恨'이 돼버린다. 그러니 원망이 한으로 변질돼 삶을 비틀고 대물림되기 전에 내려놔야 한다.

분노는 총구가 자신을 향해 있는 총과 같다. 그래서 분노의 방아쇠를 당기면 총알이 자신을 향한다. 결국 분노는 자신을 죽이는 일이다.

다툼은 칼자루가 아닌 칼날을 쥐고 싸우는 것과 다름없다. 그래서 다툴수록 피를 보고 상처 입게 마련이다. 그러니 쥐고 있는 칼날을 놓아버리듯 다툼을 내려놔야 한다.

시기는 태곳적부터 무리지어 살아온 인간들에게 운명처럼 들러붙은 관계의 악성 바이러스다. 시기의 바이러스가 창궐하면 경쟁이 죽는다. 경쟁은 나름의 결실을 잉태하지만 시기는 그 어떤 열매도 맺지 못한다.

일궈낸 성취가 큰 사람은 자칫 자만하기 쉽다. 하지만 나무가 여름의 무성했던 잎들을 낙엽으로 떨구고 그 열매를 땅 위에 내려놓듯, 큰 성취를 거둔 사람은 감격과 흥분으로 덧씌워진 자만을 떨구듯 내려놔야 한다. 그래야 나무가 새 움을 틔우고 새순과 새 열매를 키워내듯 다시 더 크고 알찬 성취의 길로 도전하며 나아갈 수 있다.

부질없는 욕심도 내려놔야 한다. 과욕의 숟가락은 자신을 냄새나는 비곗덩어리로 만들 뿐이다.

별다른 노력 없이 거품처럼 부풀려오기만 한 막연한 기대도 내려놔야 한다. 그래야 정직한 땀과 노력에 깃든 알찬 희망을 새롭게 들어올릴 수 있다.

이처럼 내려놓는 것은 용기다. 결단이다. 겸손에의 의지요, 또다른 희망의 증거다. 내려놓는 것은 결코 포기가 아니다. 그것은 새로운 도전의 의지요, 더 나은 것을 들겠다는 무언의 바람이다. 그릇을 비워내야 다시 채울 수 있듯이 내려놓아야 새로 들 수 있다. 그러니 내려놓자. 주저함 없이 겸허하게……

산당의 '정情 담긴 밥'이 그리운 까닭

산당 임지호는 밥을 짓는 사람이다. 그의 밥은 묘한 맛이 있다. 인생의 단맛, 쓴맛, 짠맛, 매운맛, 그리고 무엇보다도 삶의 진한 맛이 배어 있다.

산당 임지호는 정을 빚는 사람이다. 그는 세상 모든 이들에게 밥을 해준다.

부자도, 권력자도, 유명인도 그의 밥을 좋아한다. 하지만 그의 밥 짓고 음식 만드는 손길이 끝끝내 닿는 곳은 세상의 그늘이다. 세상 그늘에 있는 이들에게 내어놓는 임지호의 밥.

오늘도 그는 어머니 같은 땅을 딛고 그 땅에서 나오는 온갖 것으로 밥을 짓는다. 그 밥을 먹으면 너 나 할 것 없이 함께 웃고 울게 된다. 그것이 임지호가 만드는 밥의 힘이다.

내가 살아오면서 유일하게 써준 책의 추천사 전문이다. 자판을 두드려 적은 것이 아니라 종이 위에 펜으로 쓴 글이다. 그만큼 마음에 있는 그대로 단박에 써내려간 것이다. '방랑식객'이란 별칭으로 더 잘 알려졌던 산당 임지호는 이 한 장의 글을 자신의 마지막 책이 되어버린 『임지호의 밥 땅으로부터』에 '이 책을 권하며'라는 타이틀을 붙이고 그의 식당이 있던 강화도 외포리의 풍경사진 한 장을 덧붙여 담았다.

그 책이 출간되고 8개월 남짓 지난 후 그는 돌연 불귀의 객이 되어 우리 곁을 떠나버렸다. 내가 그를 마지막으로 본 것은 그가 홀연 세상을 등지기 두 달쯤 전이었다. 김포 중앙승가대학의 금강 스님과 함께 강화도 외포리의 식당으로 갔을 때인데, 그날도 그는 메뉴에도 없는 이런저런 음식들을 직접 요리해서 내놨다. 하지만 그 자신은 젓가락 한번 집지를 않고 그저 나와 금강 스님이 먹는 모습만 물끄러미 바라보고 있었다.

그의 요리는 늘 새로웠다. 그도 그럴 것이 마음 내키는 대로 손 가는 대로 만들었기 때문이다. 한번은 우리집에 민어인지, 광어인지 날생선만 봉지에 들고 와서는 마당에 있는 대나무의 겉거죽을 칼로 긁어내 요리를 내놓은 적도 있다. 지금도 그 대나무의 겉거죽이 긁힌 자국을 보노라면 왠지 그가 떠올라 더욱 그리워진다.

그는 요리를 하지 않을 때는 그림을 그리곤 했다. 그에게 그림은 '그리움'의 다른 이름이었다. 뜻을 헤아리기 쉽지 않은 추상이지만 마음을 담고 혼과 기를 불어넣어 그린 탓인지, 그의 그림엔 배도 날 선 반항 같은 것들도 없지 않지만 대개는 따뜻한 기운이 더 많이 감돌았다. 특히 노란색을 많이 쓰면서 '노란색은 기다림'이라고 말하곤 했는데, 그래서인지 그의 음식과 그림에는 그리움을 넘어 기다림이 배어 있다는 생각이 들곤 했다. 특히 그가 접시 위에 음식을 세팅할 때 유독 노란색 소스를 많이 썼던 것도 그런 까닭인지 모른다. 그의 기다림은 자기 안에 사무친 모정에 대한 그리움의 다른 표현이었다. 어미에 대한 그리움이 다시 만날 기다림으로 번져갔던 것이리라.

그의 갑작스러운 부음을 듣고 성질 급한 그가 기다리다 지쳐 그리움을 찾아 내쳐 떠났구나 싶었다. 아마도 그는 못내 그리워하며 기다리던 어머니를 찾아가 만났을 터이다. 그리고 어머니를 그리워하고 기다리며 이생에서 만들었던 온갖 음식들을 한 상 가득 펼쳐내 보였으리라. 온통 노랗게 채색된 그림도 그렸을 것이다. 그리워하고 기다리던 어머니를 만났겠지만 한 번의 만남은 더 많은 그리움과 더 간절한 기다림을 애태우듯 증폭시켰을 테니까!

누구에게나 그리움이 있고, 기다림도 따라서 있기 마련이다. 산당 임지호에게 그리움은 애초에 생에 대한 가혹한 형벌 같은 것이었지만, 끝내는 그가 고단했던 삶을 버텨내고 뒤집을 수 있었던 바탕이자 동력이기도 했다. 그것은 그가 '그리움'이란 수동형을 '기다림'이란 능동형으로 바꿔냈기에 가능했다. 어미가 자식을 그리워하는 것은 수동형이지만 동구 밖으로 나가 자식을 기다리는 것은 능동형이다. 마찬가지로 자식이 어미의 정에 대한 결핍으로 그리워하는 것은 수

동형이지만 그 어미에게 마음껏 드시게라도 해드리고 싶어 음식을 장만해 기다리는 것은 능동형이다. 산당 임지호의 모든 음식은 그 능동적인 기다림의 과정에서 나온 소산들이다. 아울러 세상 모든 이들에게 음식을 만들어주고 그렇게 만들어 보시하듯 했던 것이 곧 사무치도록 그리운 어미에게 해드리는 것이라고 생각했기에 산당의 밥에는 '정情'이 있었다. 그것도 담뿍! 산당이 못내 그리워지는 까닭이 여기에 있다.

'즉시현금卽時現今 갱무시절更無時節'이란 말이 있다.

'지금이 곧 그때이고, 그 시절은 다시 없다'는 뜻이다.

그렇다.

가장 파괴적인 단어가 '나중'이고

가장 생산적인 단어는 '지금'이다.

모든 게 찰나다.

모든 게 순간이다.

지금은 다시 없다.

지금이 그때다.

02

도전 :
6월의 나폴레옹처럼

떠밀린 삶이라고 얕보지 마라

    예나 지금이나 네덜란드 암스테르담의 반 고흐 미술관은 사람들로 붐빈다. 전 세계를 통틀어 한 사람의 화가를 기념하는 미술관으로 이만한 규모와 내용을 갖추고 있는 곳은 없을 것 같다. 그만큼 빈센트 반 고흐라는 이름은 그 자체가 하나의 문화요, 현상이다. 특히 우리나라와 이웃 일본은 유독 고흐에 대해 광적이다. 일본은 고흐가 그들의 목판화, 즉 우키요에의 영향을 적잖게 받았다는 사실과 그에 따른 자부심 때문이라 말할 수 있을지 모른다. 하지만 우리는 왜 고흐에게 그토록 열광

하는 것일까?

고흐의 삶은 한마디로 '떠밀린 삶'이다. 그는 매 순간 몸부림쳤지만 세상은 그를 잔혹하리만큼 떠밀었다. 고흐는 그렇게 서른일곱 해를 살았다. 그중 10년 남짓한 기간 그림을 그렸다. 그전에는 화랑 점원으로 일했고, 이미 남과 약혼한 하숙집 딸을 짝사랑하다가 좌절하기도 했다. 정신 차려 아버지를 이어 목사가 되려 했지만 뜻대로 안 됐다. 그렇게 떠밀려 화가의 길로 들어선 사람이 고흐다. 어쩌면 우리가 그에게 묘한 매력을 느끼는 까닭은 그도 우리처럼 늘 떠밀린 삶을 산 인간이었기 때문이리라.

고흐의 그림을 보노라면 마치 그의 그림 속에 우리 삶이 고스란히 투영된 느낌이다. 특히 1890년 5월부터 같은 해 7월, 고흐가 자신의 삶을 권총 자살로 마감할 즈음까지 그린 그림들을 보면서 나도 모르게 하염없이 눈물이 흐른 까닭은 단지 연민 때문이 아니었다. 그는 떠밀릴 대로 떠밀린 삶의 그 지점에서조차 싸우고 있었다. 그것은 참으로 처절한 싸움이었다.

생전에 그의 그림은 닭장 문으로 쓰이고, 사격연습용 표지판으로 쓰였을 만큼 푸대접을 받았다. 하지만 사후에 그의 그림은 가장 값진 그림 중 하나가 됐다. 단지 값이 비싼 그림이라는 뜻이 아니다. 사람들의 마음과 영혼을 사로잡고 움직이는 그림이 되었다는 말이다. 지금도 세계 곳곳에서 그의 진품 그림을 보기 위해 기꺼이 암스테르담의 반 고흐 미술관을 찾는 사람들의 발걸음이 끊이지 않는다는 사실이 단적인 증거다.

고흐의 그림은 떠밀린 삶의 지섬에서조차 치열히게 싸운 삶의 위대한 흔적이다. 그런 그의 그림을 반 고흐 미술관 다음으로 많이 소장하고 있는 곳은 네덜란드의 국립미술관인 크뢸러 뮐러 미술관이다. 이곳은 암스테르담에서 기차로 한 시간 반을 간 후 버스로 갈아타고 20분을 더 가서 다시 자전거를 타고 '고흐의 숲'이라고도 불리는 '호헤 벨루에 국립공원'의 숲길을 따라 15분 남짓 내달려야 갈 수 있는 숲속 미술관이다.

그곳에서 만난 고흐는 더욱 특별했다. 특히 〈사이프러스와 별이 있는 길〉(1890)이란 제목의 그림을 보노라니 별빛과 달빛 사이의 시골길이 시공을 뛰어넘어 내 맘에 길을 내고 있었다. 크뢸러 뮐러 미술관

을 나와 다시 자전거를 타고 석양에 물든 '고흐의 숲' 길을 한 시간 넘게 내달렸다. 아마도 평생에 다시 갖기 힘들 감동의 오후였다. 자전거를 타고 석양의 숲길을 달리며 생각했다. 너 나 할 것 없이 우리도 떠밀린다. 하지만 잊지 말자. 삶은 떠밀린 바로 그 지점에서의 결코 물러설 수 없는 처절한 싸움임을. 고흐는 떠밀린 지점에서조차 죽도록 그렸다. 우리도 그렇게 해야 하지 않을까. 우리 삶의 위대한 작품은 아직 그려지지 않았다. 그러니 그려라! 주저하지 말고. 싸워라! 처절하리만큼. 삶은 떠밀린 지점에서 끝나는 게 아니라 거기서 다시 시작되는 것임을 잊지 말자.

그럼에도 불구하고 한번 더

나폴레옹에게 6월은 잔인한 달이었다.

1799년 '브뤼메르 18일'의 쿠데타로 권력을 장악하고 1804년 황제에 즉위한 그는 유럽 전역을 혁명의 기운으로 휩쓸아쳤다. 하지만 1812년 러시아 원정에 나섰다가 침담하게 실패한 후 계속 내리막길을 걷다 1814년 4월 엘바섬에 유배됐다. 이듬해인 1815년 2월에 기적처럼 엘바섬을 탈출해 드라마처럼 파리에 입성한 후 다시 황제에 올랐으나 그것은 백일천하에 그쳤다. 그해 6월 워털루전투에서 패한 후 나폴레옹은 세인트헬레나섬에 유배돼, 6년 후인 1821년 5월 쓸쓸히 생을 마감했다. 그의 나이 쉰하나였다. 시대의 영웅은 그렇게 갔다.

　프랑스의 변방 코르시카에서 태어나 유럽을 뒤흔들었던 나폴레옹의 파란만장한 오십 생애는 두 장의 뚜렷하게 대비되는 그림으로 대변된다. 하나는 자크 루이 다비드가 그린〈생 베르나르 고개의 나폴레옹〉(1801)이다. 앞발을 들고 갈기와 꼬리털을 휘날리는 백마를 탄 채 알프스를 넘으며, 시선은 그림 보는 이를 응시하고 손가락으로는 넘어야 할 산 정상을 가리키는 그 유명한 그림 말이다. 이 그림을 보며 우리는 부지불식간에 나폴레옹에게 세뇌라도 된 듯 "나의 사전에 불가능이란 없다"라는 말을 떠올리곤 한다.

다른 하나는 폴 들라로슈가 그린 〈1814년 3월 31일, 퐁텐블로의 나폴레옹〉(1840)이다. 방금 막 말에서 내렸는지 부츠에는 잔뜩 먼지가 끼어 있고, 전장을 휘젓고 다니느라 빛바랜 잿빛 코트마저 벗을 생각을 하지 않고 그대로 의자에 걸터앉아, 한쪽 팔을 힘겹게 등받이 위로 걸친 나폴레옹의 모습을 그린 그림이다. 매우 지쳐 보이지만 눈빛만큼은 여전한 나폴레옹의 뒤로 드리워진 짙은 주단의 커튼이 그의 미래가 결코 밝지 않을 것 같은 예감으로 다가온다. 더구나 그림 속 나폴레옹의 시선은 그림 보는 이를 바라보지 않는다. 뭔가를 뚫어져라 보는데 아마도 그 자신에게 다가오는 암울한 미래가 아닐까 싶다. 그것도 결코 돌파의 여지가 보이지 않는 답답한 미래 말이다.

우리네 삶은 백마 타고 생 베르나르 고개를 넘는 나폴레옹의 모습보다는 잔뜩 지친 상태로 코트마저 벗지 못한 채 의자에 걸터앉아 불투명한 미래를 마주하듯 응시하는 퐁텐블로의 나폴레옹에게 더 가까울지 모른다. 어쩌면 _그래시 디오 인간저인 나폴레옹은 그후 퇴위 각서에 사인하고, 1814년 4월 20일 프랑스를 떠나 이탈리아 엘바섬으로 유배당한다. 하지만 이듬해 2월 엘바섬을 탈출한 나폴레옹은 3월에 파리에 재입성하고 다시 황제가 되었다. 불사조 같은 모습이었다. 하지만 운명은 끝내 그의 편이 아니었다.

1815년 6월의 어느 일요일 아침에 나폴레옹은 자기 일생의 마지막이 될 주사위를 던졌다. 그리고 그의 지독하리만큼 전쟁 같았던 삶은 그날 밤 멈춰버렸다. 이집트의 사막과 프로이센의 초원, 이베리아반도의 대평원과 오스트리아의 골짜기들, 러시아의 동토를 누비던 나폴레옹이 아니었던가. 한때 엘바섬에 갇혔었지만 그마저도 탈출해 재기할 것 같았던 그가 브뤼셀 남쪽의 비탈진 언덕에서 어이없이 멈춰 선 것이다. 아니 무너지고 말았다. 워털루전투에서 패배한 것이다.

조르주 보르도노브가 『나폴레옹 평전』에서 말했듯이, 나폴레옹은 "어떤 거대한 힘이 자신도 알지 못하는 목표를 향해 자기를 몰고 간다"고 믿었다. "그리고 그 목표가 완성되지 않는 한 자신은 흔들리지 않는 불사신"이라고 확신했다. 하지만 "스스로가 그 목표에 더이상 필요 없게 된다면 파리 한 마리라도 자신을 무너뜨릴 수 있을 것"이라며 비장하게 고백한 바 있다.

그렇다. 불사조 같고 불사신 같은 이도 어느 순간엔 파리 한 마리도 못 당하는 때가 오게 마련이다. 하지만 어쩌겠나. 그게 인생인 것을! 삶은 그럼에도 불구하고 한번 더 과감하게 인생의 주사위를 던지고, 때로 도박 같은 도전일지라도 담대하게 감행할 때 비로소 펄떡거리며 숨을 쉬지 않겠는가. 게다가 그것이 꽉 막힌 삶의 돌파구가 될지 그 누가 알겠나!

"목매달기 좋은 날씨다"

"목매달기 좋은 날씨다!"

안톤 체호프의 〈바냐 아저씨〉에 나오는 대사 한 대목이다. 언젠가 명동예술극장에서 연극 〈바냐 아저씨〉를 관람할 때 극중에서 바냐가 이 구절을 큰 소리로 외치자, 섬뜩한 느낌을 지울 수 없었다. 하지만 일상이 늘 무료했고 이렇다 하게 신나는 일조차 없던 바냐에게는 차라리 그렇게라도 소리치는 게 나았을지 모른다는 생각이 들었다.

극중 나이 47세인 바냐는 '목매달기 좋은 날씨'라는 말을 통해 최소한 자기 삶이 아직은 구질구질하고 구차하게나마 살아 있다는 것을 방증함과 동시에 이렇게 살 바에야 차라리 목매 버리는 게 나을지 모른다는 삶에 대한 어찌할 도리 없는 체념이라는, 그 이율배반된 양면성을 이 한마디에 담아 뱉어내듯 외친 게 아니었을까 싶다.

안톤 체호프의 단막극 〈백조의 노래〉에서 늙은 배우 스베틀로비도프는 공연이 끝난 후 술을 퍼마시고 분장실에서 쓰러져 잠들었다가 깨어나 자신의 처지를 한탄하며 내뱉듯 이런 말을 던진다. "늙은 거"라고! "아무리 허세를 부려도 삶이 지나가버린 거"라고! "술 한 병을 거의 다 마시고 밑바닥에 조금밖에 남지 않은 찌꺼기 같은" 인생이라고! 인생 100년을 산다 한들 모든 시간이 생생하게 살아 있는 시간이긴 쉽지 않다. 살아서 숨쉬어도 죽어 있는 것이나 다름없는 시간이 있게 마련이다. 그 늙은 배우의 한탄이야말로 살아도 죽은 것이나 다름없는, 무력하게 연명하는 인생의 어쩔 수 없는 형벌에 대한 외마디 항변 아니겠는가.

스스로에게 묻는다. 나에게 진짜 살아 있는 시간은 무엇인가. 언제 살아 있다고 느끼는 것일까? 큰돈을 벌 때일까? 큰 상을 받을 때일까? 누군가로부터 칭찬을 받을 때일까? 선거에서 당선됐을 때일까? 아니 물론 그럴 수 있겠으나 무엇보다도 자기다운 모습으로 자신의 삶을 살아낼 때이리라.

시장 선거에서 한 번, 국회의원 선거에서 두 번 떨어진 사내가 있다. 정치한다, 선거 치른다 하며 허구한 날 바깥으로 나돈 까닭에 가족과도 소원해진 그가 어느 날 어린 딸과 마주앉아 다소 서먹하게 대화를 이어가던 중에 "아빠가 여차여차해서 세 번 떨어졌다"고 말하자 대뜸 이런 말이 돌아왔다.

"세 번 떨어진 게 아니라 세 번 도전한 거잖아!"

그 말을 듣고 이 사내는 정신이 번쩍 들었다. 그리고 스스로에게 되풀이해 말했다. "그래, 나는 세 번 떨어진 게 아니라 세 번 도전한 거야!"라고. 그렇다. 분명 세 번 떨어졌지만 그 이전에 세 번 도전한 거다. 삶의 긴장이 생의 동력을 만든다. 마찬가지로 생의 도전이 삶의 밭을 일군다. 긴장과 도전이 없으면 삶은 시든다. 살아도 사는 것 같지 않고 살아 있다는 느낌마저도 희박한 산소처럼 자신을 몽롱하게 만든다. 아일랜드 작가이자 철학가인 찰스 핸디의 말처럼 "정녕 미래가 매력적인 이유는 우리가 그것을 긴장과 도전 속에서 설계할 수 있기 때문" 아니겠는가!

고흐는 떠밀린 지점에서조차 죽도록 그렸다.

우리도 그렇게 해야 하지 않을까.

우리 삶의 위대한 작품은 아직 그려지지 않았다.

그러니 그려라!

주저하지 말고.

싸워라!

처절하리만큼.

삶은 떠밀린 지점에서 끝나는 게 아니라

거기서 다시 시작되는 것임을 잊지 말자.

03

내일:
스스로를 용서하는 자가
받을 선물

'내일'은 도둑처럼 온다

사실 우리는 미래에 관한 한 한 치 앞도 내다보지 못한다. 정말이지 내일 일은 알 수 없다. 아니 몇 시간, 몇 분 후의 일도 알지 못한다. 그래서 미래와 패를 겨루면 판판이 지게 마련이다.

그럼에도 사람들은 너나없이 미래가 궁금해 견디지 못한다. 그래서 점이라도 쳐본다. 하다못해 신문에 나는 오늘의 운세라도 봐야 직성이 풀린다. 하지만 제아무리 족집게 같다 할지라도 그것이 다가올 운명을 정확히 맞힐 수 없음은 물론이다. 어디 점뿐이랴. 최고의 명의도 내일 환자의 운명이 어찌될지는 감히 알 수 없다. 최고의 기술을 자랑하는 슈퍼컴퓨터도 내일 날씨를 헛짚기 일쑤다. 최고의 여론조사 기관도 선거의 승리를 누가 거머쥘지 알 수 없다. 미래는 도둑같이 오고, 내일이란 이름의 도둑은 도저히 그 정체를 알 수 없기 때문이다.

미래를 가장 궁금해하면서도 기대하는 사람은 역시 대학을 졸업하는 이들일 것이다. 미국 대학에서는 졸업식에 유명 인사를 초청해 이야기를 듣는 일이 오랜 전통으로 자리잡혀 있다. 이것을 '커멘스먼트 어드레스commencement address'라고 한다. 커멘스먼트 어드레스에는 영화배우부터 대통령에 이르기까지 다양한 이들이 나서 자기 삶의 경험과 세월의 지혜를 들려준다. 그래서 새로운 삶의 여정으로 첫발을 내딛는 이들에게 진정으로 미래를 맞는 자세가 어떠해야 하는가를 일러준다. 여기 커멘스먼트 어드레스의 몇 사례를 열거해보겠다.

30년 연기 경력의 골디 혼은 "'기쁨의 근육'을 기르라"는 인상적인 말을 던졌다. 삶은 슬픔과 좌절이 곳곳에 널려 있지만, 기쁨의 근육을 길러놓으면 그것을 넉넉히 이겨낼 수 있다는 뜻이다.

영화감독 스티븐 스필버그는 "네 속의 어린아이를 포기하지 말라"고 말했다. 자기 속의 어린아이를 포기했다면 스필버그의 영화도 없었을 것이다. 그만큼 내 안의 순수한 동심은 미래를 창조적으로 열어가는 숨은 동력이라는 말이다.

ABC 방송의 뉴스 해설자로 퓰리처상 수상 경력이 있는 조지 윌은 긴단히게 "책을 읽지"고 말했다. 책 든 손이 미래를 여는 열쇠이기 때문이다.

역시 퓰리처상을 받은 저명한 저널리스트 에릭 프리드먼은 "새로운 지도를 만들라"고 했다. 그 지도는 미래의 새로운 여정을 준비해 떠나는 이들에게 가장 필요한 것이기 때문이다.

케네디 가문으로 아널드 슈워제네거 캘리포니아 주지사의 부인이기도 했던 앵커 출신의 마리아 슈라이버가 홀리크로스 대학에서 행한 "진짜 세상으로 나가기 전에 알아야 할 10가지 지혜Ten Things I Wish I'd Known Before I Went Out into the Real World"라는 졸업 축사는 그 자체가 책으로도 출간되었을 만큼 유명하다. 그 중 가장 인상적인 대목은 다름 아닌 "기꺼이 실패하라"였다. 우리의 삶은 실패를 패배시키며 미래로 전진하기 때문이다.

"준비에 실패하는 것은 실패를 준비하는 셈"이라는 말이 있다. 그런데 미래에 대한 최상의 준비는 막연히 예측하는 것이 아니라 내일을 겁내지 않고 오늘을 용기 있게 모험하며 사는 것이다. 바로 그 오늘이 내일을 만들기 때문이리라.

과거에 수인처럼 묶인 자신을 푸는 일

"돌아가셨습니다⋯⋯"

상대방의 음성이 여운처럼 남아 있는 수화기를 내려놓는다. 찬바람이 거세진 탓인지 부쩍 주변에 돌아가시는 분들이 많다. 아버지가 생각난다. 정작 나는 아버지의 마지막 순간을 함께하지 못했다. 임종을 못한 것이다. 고1 때였다. 그후 나는 아버지의 그 마지막 순간을 되풀이해 상상하곤 했다.

'무슨 생각을 하셨을까. 아니 내게 무슨 이야기를 하려고 했을까.'

어느 순간 나는 느꼈다. 아버지가 당신의 마지막 순간에 한 일은 내게 뭔가를 말하려던 것이 아니라 스스로를 용서하는 일이었을 거라고.

누구에게나 회한이 있게 마련이다. 인생의 마지막 관뚜껑을 닫으면서도 그렇겠지만 한 해를 마감하는 시점에서도 마찬가지다. 왜 이렇게밖에 못했을까, 왜 그렇게밖에 못 살았을까, 꼭 그 일을 했어야 했나, 아니 그 상황을 피하지 말았어야 했는데⋯⋯ 등등 누구에게나 아쉬움과 안타까움, 아니 그 이상이 남는 법이다. 그러나 어쩌랴! 어차피 삶이란 불완전하고 불만족스러운 것인데. 결국 스스로를 용서한다는 것은 자신의 불만족한 현재와 화해하는 일이다. 과거에 수인囚人처럼 묶인 자신을 푸는 일이다. 그리고 미래에 다가올, 결코 포기할 수 없는 희망의 물꼬를 다시 트는 일이다.

1918년생이셨던 아버지는 1978년 가을에 돌아가셨다. 꼭 육십 해를 사신 것이다. 그런데 어느새 막내아들인 내가 아버지가 세상을 뜬 나이가 되어버렸다. 60이란 나이로 보면 똑같지만 아버지는 그때 돌아가셨고 아들은 이때도 살아 있다. 아버지는 그때 스스로를 용서하는 일을 하신 듯한데, 과연 나는 어떠한가? 지난 세월 내가 살아온, 아니 살아낸 것들을 스스로 용서하고 있는가?

스스로를 용서한다는 것은 자신의 과오를 묻어두자는 말이 결코 아니다. 담담하게 스스로의 현재를 받아들이라는 얘기다. 과거에 잘했든 못했든 지금 자신의 모습을 스스로 용납하라는 말이다. 결코 체념이 아니다. 자기의 현재를 긍정하자는 말이다. 후회와 낙담이 아니라 스스로에 대한 긍정과 낙관을 유지하자는 것이다.

누구나 현재는 불만족스럽다. 그러나 자신의 현재적 불만족과 화해하지 못하면, 그 불화가 결국 세상을 향하게 되고 그것이 자신은 물론 누군가를 해치게 된다. 세상은 이미 들끓어 있다. 불화와 분노로. 하지만 그 태반은 자기 자신의 현재와 화해

하지 못해 터져나온 것들이다. 누군가를 향해, 또는 무언가를 향해 불만과 분노 그리고 증오로 가득찬 손가락질을 해보라. 나머지 손가락은 결국 자기 자신을 향해 있게 마련이다.

거리의 노숙인들이 다시 늘어난다. 노숙인은 무엇보다 스스로의 과거를 용서하지 못한 사람들이다. 노숙인 중에는 집이 있고 아내가 있으며 자식들이 기다림에도 불구하고 스스로를 용서하지 못해 집으로 돌아가지 못하는 경우가 적잖다. 그들 대부분은 과거에 묶여 있다. 물론 오늘 나의 불행은 언젠가 잘못 보낸 시간의 보복일 수 있다. 그러나 과거의 실패와 잘못에만 묶여 자책한들 변하는 것은 아무것도 없다. 자신의 실패한 어제를 용서하지 못하는 한 오늘 우리는 모두 마음의 노숙인들이다.

"지금 가장 절실한 게 뭔가?"

1950년 겨울은 유난히 추웠다. 개마고원의 장진호에서 중공군에 밀려 후퇴하던 미 해병 1사단은 그 혹독한 추위와도 싸워야 했다. 『라이프』 종군기자가 길가에서 꽁꽁 언 통조림을 포크로 파먹고 있던 한 해병에게 물었다.

"지금 가장 절실한 게 뭔가?"

여러 날 동안 깎지 못한 수염에 입김이 눈꽃처럼 뒤덮여 있
던 그 해병은 며칠 밤을 지새워 벌겋게 충혈된 눈으로 기
자를 쳐다보며 짧게 답했다.

"내일이오."

그해 12월 13일 흥남 부두는 인산인해였다. 장진호에서 후퇴
해온 미 해병 1사단 등 10만여 명의 병력과 피란민 9만 8000여
명이 한꺼번에 몰려들었기 때문이다. 모두 배를 기다리고 있었
다. 하지만 배가 와도 군 병력과 장비를 수송할 배였지, 피란민
을 태울 배는 애초에 없었다. 그러나 피란민들은 그 추위에 꼼
짝 않고 부두를 떠나지 않았다. 이미 육로는 막혔고 유일한 탈
출구는 배를 타는 것뿐이었다. 배를 타야 '내일'도 있었다.

12월 14일 미 해병 1사단과 미 육군 7사단을 통괄했던 미 제
10군단 앨먼드 장군은 의사 출신 통역관 현봉학의 간절한 호
소와 참모부장 포니 대령의 진언에 따라 피란민을 군 수송선
에 태우기로 전격 결정했다. 피란민들에게 '내일'이 열린 것이
다. 하지만 군 병력과 장비를 수송하는 것이 철수 작전의 첫째
목표였기에, 피란민 수송은 기껏해야 5000명 안팎의 인원으로
제한됐다. 그나마도 탱크와 야포 등 군 장비 사이에 피란민을

태운다는 계획이었다. 하지만 배를 타느냐 못 타느냐가 삶과 죽음을 가름하는 일이었기에 밀려드는 피란민을 어쩔 수 없었다. 결국 앨먼드 장군은 남은 군 장비 수송을 포기하고 최대한 피란민을 배에 태우기로 했다. 그리고 남겨진 군 장비는 적의 수중에 들어가지 않게 폭파됐다. 흥남 부두와 함께.

피란민들은 천신만고 끝에 미군 수송선에 올랐다. 수송선은 흥남 부두를 떠나 일주일 만에 거제도 장승포에 닿았다. 항해하는 동안 사람들로 가득찬 배 안은 삶과 죽음의 그림자가 교차하는 인간 생존의 처절한 막장 그 자체였다. 배 안에서 아이를 낳은 사람도 있었다. 그런가 하면 간신히 배를 탔지만 기진맥진해 죽은 사람의 시신을 바다에 던지는 광경도 목격됐다. 그렇게 사람들은 생과 사의 기로를 넘었다. 그들의 초라한 피란 보따리 안에 담긴 것은 오직 하나, '내일'뿐이었다. 지금이 너무 힘들면 흥남 부두에서 그 혹독한 추위를 견디며 배를 기다리던 사람들의 심정을 떠올려보자. 그보다 더 힘들까. 그보다 더 절실한가. 그 절실함이 '내일'을 만든다.

『라이프』 종군기자가 길가에서 꽁꽁 언 통조림을
포크로 파먹고 있던 한 해병에게 물었다.

"지금 가장 절실한 게 뭔가?"

여러 날 동안 깎지 못한 수염에 입김이 눈꽃처럼 뒤덮여 있던
그 해병은 며칠 밤을 지새워 행군한 탓에 충혈된 눈으로
기자를 쳐다보며 짧게 답했다.

"내일이오."

04

분투:
살아 있는
모든 것은 싸운다

끝끝내 싸움소로 살련다

무릇 살아 있는 것 중에 싸우지 않는 게 있을까? 없다! 살아 있는 모든 것은 싸운다. 자신과 싸우고, 남과 싸우고, 세상과 싸운다. 삶은 싸움이다. 싸움 속에서 크고 싸움을 통해 자란다. 싸움이 없으면 삶도 없다. 그래서 싸움 끝에 죽는 것이 아니라 더 이상 싸울 일이 없어지면 죽는 것이다.

싸움 중에서 제일 미련한 듯 보이는 것이 소싸움이다. 소는 오직 머리와 뿔로만 싸운다. 자기 머리를 짓찧으며 싸우는 가장 미련한 동물이 소다. 하지만 미련해 보이는 소싸움이야말로 가장 정직한 싸움이다.

'한명이'는 싸움소의 이름이다. 한명이는 뿔의 생김새 때문에 싸움소가 됐다. 한명이는 종달새의 머리 깃처럼 하늘을 향해 치솟은 '노고지리뿔'을 가진 싸움소다. 싸움소 한명이는 세 번 받히고 네 번 떠밀려도 다시 치받는 타고난 싸움꾼이다.

사실 싸움소 한명이를 보노라면 싸우다 지쳐 혀를 내밀고 침을 흘리며 퀭한 눈에 눈물마저 머금은 모습이 영락없이 나요, 너요, 우리 자신이다. 싸움소 한명이는 바로 우리의 자화상에 다름 아니다.

"탁탁."

쇠뿔과 쇠뿔이 맞서며 소리를 낸다. 하지만 서로의 머리를 짓이기며 맞선 뿔과 뿔 사이로 정작 불꽃을 튀게 하는 것은 소와 소의 겨누고 맞선 눈이다. 그 순하디순한 소의 눈에 핏기가 서리고 살기가 돌 때 소싸움은 절정에 이른다. 소싸움은 상대가 포기할 때까지 계속된다. 어느 한쪽이 꽁지를 빼고 등을 돌려 도망가야 승부가 난다. 그전엔 누구도 말릴 수 없다. 우리네 삶의 싸움도 그렇다. 끝까지 싸우는 거다.

싸움에서 지는 소는 그 동작만으로도 알 수 있다. 싸움 도중에 고개를 돌려 달아날 방향을 찾거나, 꼬리를 흔들거나, 뒷배가 바람 들었다 빠지는 풍선처럼 들쭉날쭉하거나, 아예 똥을

싸거나, 혀를 빼물고 입에서 거품을 내뿜는 소는 틀림없이 진다. 지는 것은 몸이 먼저 무너지는 것이 아니다. 마음이 먼저 부서지고 흩어지는 것이다. 정신이 부서지고 혼이 흩어지면 몸은 따라서 무너질 뿐이다.

소싸움의 기본자세는 머리를 낮추는 것이다. 머리를 들면 치받힌다. 그래서 강한 소일수록 머리를 더욱 낮춰 파고든다. 낮출수록 이기는 소싸움. 거기엔 모든 싸움의 비결이 담겼다. 세상 모르고 홀로 높은 것처럼 거들먹거리다가는 치받히게 마련이고, 결국 스스로 무너진다. 하지만 끊임없이 낮춘 자세는 무섭게 파고들며 세상을 뒤집는다. 그래서 누운 풀잎 같은 민심이 무서운 것이고, 숨죽이며 관망하는 바닥의 흐름이 두려운 것이다. 우리 인생도 마찬가지다.

소는 두 종류다. 비육소와 싸움소. 비육소가 돼 살집만 키우다 기껏해야 2년이면 도살돼 정육점에 걸리는 소가 있고, 싸움소가 돼 자기 목숨을 걸고 10년 이상을 싸우면서 자기 존재를 증명하다 죽는 소가 있다. 비육소가 될 것인가, 싸움소가 될 것인가. 그 선택과 결정이 지금 바로 나와 너, 그리고 우리 앞에 놓여 있다. 나는 끝끝내 싸움소로 살련다.

내 안의 과묵한 늑대의 소리

세계 유수의 오케스트라와 협연하며 활발한 활동을 펼치는 엘렌 그리모는 '늑대를 키우는 피아니스트'로 유명하다. 그녀는 멸종 위기에 놓인 늑대를 보존하기 위해 늑대보호센터를 만들었고 야생으로 다시 방사하기 전까지의 늑대들을 돌본다.

늑대는 야생동물 중 유난히 일부일처제를 고집한다. 씨족 위주로 적게는 다섯, 많게는 열 마리 정도로 구성된 무리는 끈끈한 유대와 놀라운 사회성을 갖는다. 탁월한 통솔력을 지닌 무리의 리더는 끝까지 가족을 돌본다. 늑대는 얕은수 쓰거나 잔머리 굴리지 않는다. 오로지 살기 위해 정직하게 거친 들판을 내달린다. 인간은 재미로도 사냥을 하지만 늑대는 단지 재미를 위해 다른 동물을 죽이는 일은 하지 않는다. 동화에 나오듯 '아기 돼지 삼형제'의 집을 입김으로 부수고 날려버리는 아주 고약한 존재는 진짜 늑대의 모습이기보다 오히려 탐욕스러운 인간에 더 가깝다. 늑대는 필요 이상으로 먹지도, 필요 이상으로 가지려 하지도 않으며, 필요 이상의 즐거움을 탐하지도 않는다.

옥스퍼드대 철학 박사 출신이지만 정작 자신을 가르치고 깨닫게 한 것은 '늑대'였다고 고백하는 철학 교수도 있다. 언뜻

괴이하게 들리지만 자기 안의 야성을 회복하길 희구하며 늑대와 11년을 함께 산 철학자 마크 롤랜즈가 그이다. 그가 자신의 저서 『철학자와 늑대』에서 던지는 이 한마디는 죽비처럼 내 등짝을 내려친다.

수다쟁이 영장류 대신 내 안의 과묵한 늑대의 소리를 들어야 한다.[4]

이 대목을 읽고서 나도 모르게 외쳤다.

"그래, 야성을 잃었다. 아니 잊었다. 그런 것이 있었던가 싶게 까맣게 잊었다. 나와 우리는 너무나 온순하고 당연하게 순치돼버렸다. 하지만 다시 맹수가 되고 싶다. 다시 늑대가 되고 싶다. 상실한 야성을 되찾고 싶다. 이렇게 사그라지듯 죽어갈 순 없지 않은가!"

나는 그 옛날 칭기즈칸에게 세계 정복의 거친 열정을 일깨웠던, 불굴의 정신력과 강인한 생명력을 지녔던 초원의 늑대가 되고 싶다. 이리저리 몰려다니는 잡견이 아니라 고고한 늑대가 되고 싶다. 목자가 오기만을 기다리며 이리 가라면 이리 가고 저리 가라면 저리 가는 길들여진 양이 아니라 홀로 자기만의 길을 찾아가는, 결코 길들여질 수 없는 초원의 늑대가 되고 싶다. 정말이지 거친 들판을 내지르는 늑대가 되고 싶다!

알리는 살아 있다

　본명이 캐시어스 클레이인 무하마드 알리는 13세 때 동네 깡패로부터 억울하게 얻어맞지 않겠다는 각오 하나로 복싱을 배웠다. 그리고 5년 후인 1960년 로마올림픽에서 18세라는 어린 나이에 복싱 라이트헤비급 금메달리스트가 됐다. 하지만 올림픽 금메달리스트가 됐어도 여전히 백인 전용 식당 출입을 거절당한 알리는 분노와 치욕을 견디지 못해 자신이 올림픽에서 딴 금메달을 강물에 던져버리고 말았다.

　그후 프로로 전향한 알리는 '나비처럼 날아서 벌처럼 쏜다'는 신화를 만들며 22세 되던 1964년 2월 25일 소니 리스턴을 꺾고 헤비급 세계 챔피언에 올랐다. 그리고 이즈음 그는 급진적인 흑인 인권운동가 맬컴 엑스의 영향을 받아 이슬람교로 개종한 뒤 이름도 캐시어스 클레이에서 무하마드 알리로 개명했다. 이때부터 알리는 인종차별 및 흑인 인권과 같은 예민한 문제들을 서슴없이 내질렀다. 1967년에는 베트남전쟁에 반대하며 징집을 거부해 결국 세계 챔피언 타이틀을 박탈당하고 감옥 신세를 지게 됐다.

1971년 재판에서 무죄 판결을 받고 3년 5개월여의 공백을 뒤로한 채 링에 복귀한 알리는 지들적인 인파이터 조 프레이저와 챔피언 결정전을 치렀지만 15회 판정패를 당하고 만다. 그러나 3년 뒤인 1974년, 32세의 노장 알리는 조 프레이저를 한 방에 날리고 챔피언 벨트를 새로 거머쥔 24세의 해머 주먹 조지 포먼에게 다시 도전장을 내밀었다.

1974년 10월 30일 아프리카 자이르(현 콩고민주공화국)의 킨샤사에서 펼쳐진 알리와 포먼의 대결은 도박사들마저 10 대 1 정도로 포먼의 우세를 점친 경기였다. 이 경기에서 알리는 7회까지 쉴새없이 얻어맞았다. 하지만 결코 무너지지 않고 버텼다. 마침내 8라운드, 알리는 되레 포먼의 숨소리가 거칠어졌다고 판단하는 순간 전광석화처럼 포먼의 턱에 펀치를 작렬시키며 대역전승을 거뒀다. 두번째 챔피언이 된 순간이었다.

그후 다시 3년여가 지난 1978년 2월 15일 36세의 노장 챔피언 알리는 신예 리온 스핑크스에게 패해 다시 한번 챔피언 타이틀을 잃었다. 하지만 그해 9월 알리는 리턴매치에서 결국 승리해 챔피언 벨트를 되찾아왔다. 복싱 헤비급 역사상 전무후무한 타이틀 3회 획득의 위업을 이룬 것이다. 영원한 승자도

패자도 없는 엄혹한 프로 무대에서 세계 헤비급 챔피언 타이틀을 두 번 잃었다가 다시 세 번 거머쥐며 진정한 승부 근성이 무엇인지 온몸으로 보여주었던 알리. 그는 1981년 39세 나이로 은퇴했다.

61전 56승 5패(37KO). 알리의 통산 전적이다. 하지만 그의 싸움은 그후에도 끝나지 않았다. 이 위대한 복서는 파킨슨병이란 생애 마지막 상대와 힘겨운 싸움을 벌였다. 물론, 그는 패했다. 하지만 그는 그 패배마저 위대하게 만들었다. 알리! 그는 이제 세상을 뜨고 없다. 그러나 그는 여전히 우리 안에 살아 있다. 더 치열하게 살라고 소리 없이 우리를 질책하면서 말이다.

.

남김없이 치열하게[5]

　제주도 서귀포시 성산읍 삼달리에 가면 '김영갑갤러리 두모악'이란 곳이 있다. 두모악은 한라산의 옛 이름이다. 본래는 삼달분교가 있던 자리인데 폐교된 후 교사와 학교 터를 그대로 살려 갤러리로 만들었다. 비록 작고 소박했지만 뭔가 모를 혼의 울림이 있었다. 그것은 다름 아닌 김영갑이란 한 사내의 혼이었다.

　김영갑. 그는 본래 충남 부여 사람이었다. 하지만 1982년 제주를 처음 찾은 이래 1985년부터는 아예 제주에 터를 잡고 살다 2005년에 세상을 떴다. 1957년생이었으니 채 쉰도 되기 전에 세상 하직을 한 것이었다. 그가 제주에 터 잡고 살며 한 일은 오로지 사진 찍는 일이었다. 자그마치 30만 컷을 찍었다. 지금처럼 디지털카메라가 아니라 필름카메라였기에 변변한 벌이가 없던 그로서는 그만큼의 사진을 찍었다는 것 자체가 기적이었다. 그가 찍은 것은 제주의 오름과 바다, 구름과 바람, 해녀와 들풀이었다. 그가 찍지 않은 것은 본래 제주에 없는 것들이다. 그는 사진을 전공한 사람도 아니었다. 하지만 들판의 당근과 고구마로 끼니를 때울지언정 그는 누구보다도 정직하게 제주를 카메라에 담았다. 사실 그가 남긴 사진 덕분에 우리는 지금은 더이상 찾아보기 힘든 제주의 본래 모습을 아련한 추억과 아슴푸레한 전설처럼 되새겨볼 수 있는 것이리라.

제주에 정착한 지 15년이 되어가던 1999년에 그는 루게릭병을 판정받았다. 점점 근육이 퇴화하는 근위축성측삭경화증이라는 복잡한 병명을 뒤로한 채 75킬로그램이던 그의 건장한 신체는 43킬로그램으로 줄어들었다. 결국 그는 더이상 카메라 셔터를 누를 수 없을 만큼 일상적인 삶에서조차 내몰렸다. 하지만 그는 이 상황마저 담담히 받아들인 채 이렇게 말했다. "움직일 수 없게 되니까 욕심부릴 수 없게 되니까 비로소 평화를 느낀다. 때가 되면 떠날 것이고 나머지는 남아 있는 사람들의 몫이다. 철들면 죽는 게 인생, 여한 없다. 원없이 사진 찍었고 남김없이 치열하게 살았다." 유언처럼 들리는 이 말을 남긴 채 2005년 5월 29일 그는 눈을 감았다. 그를 아끼던 이들은 그가 생전에 폐교 뒤뜰에 심어놓았던 감나무 밑에 그의 남은 흔적들을 꽃비처럼 뿌렸다. 빗줄기가 오락가락하는 가운데 구름 사이로 햇살이 들 무렵 그의 흔적이 배어든 뿌리에서부터 한 줄기 육성이 울려오는 듯했다. "남김없이 치열하게 살아!"라고.

그가 제주에서 가장 큰 애정을 갖고 죽도록 사랑했던 곳이 있다. 다름 아닌 '용눈이오름'이다. 그가 찍은 사진의 정수는 바로 이 용눈이오름과의 대화라고 해도 과언이 아닐 것이다. 제주시 구좌읍 종달리에 있는 이 오름을 해질녘에 올랐다. 아득하게 펼쳐진 중산간 지역의 숱한 오름들이 바람을 맞으며 석양에 물들고 있었다. 그렇다. 그가 찍은 것은 단지 제주의 자연만이 아니었다. 거기엔 결코 놓아버릴 수 없는 꿈이 있었다. 척박한 땅에서 힘겹게 생존하지만 그래도 이상향 이어도의 꿈을 안고 살아갔던 제주의 토박이들처럼 그 역시 근육이 풀리고 스스로를 지탱할 힘조차 망실해가면서도 투병할 시간조차 아까워 주위의 병 고치자는 손길마저 뿌리친 채 오늘 하루가 마지막이요, 전부인 것처럼 살았다. 그에게 이 석양빛에 물든 거대한 오름의 바다들은 오로지 찰나의 순간처럼 다시 오지 않을 오늘, 바로 지금일 뿐이었다. 결국 그가 카메라에 담은 것은 다시 오지 않을 바로 그 순간순간이었다. 내일은 내일의 태양이 떠오르듯 오늘 지금 자신의 눈으로 바라보는 것들은 다시없는 것임을 그는 분명히 깨닫고 있었다. 이 엄정한 찰나적 시각視覺이야말로 마지막 순간까지 그의 분투를 가능하게 만든 삶의 동력이 아니었을까!

그가 남긴 사진을 보노라면 나도 모르게 눈물이 난다. 그만큼 사람의 마음을 움직인다. 아니 살아 있다. 그래서 감동이다. 그 감동은 곧 생기生氣의 다른 이름이다. 제주에서 만난 김영갑은 정말이지 한 줄기 시원한 생기의 바람이었다.

05

긍정 :
봄은 마음으로부터 온다

아홉 가지 올바른 몸가짐

　조선시대엔 천자문을 떼고 나면 『계몽편啓蒙篇』을 읽었다. 그 말미에 '구용九容', 즉 '아홉 가지 올바른 몸가짐'에 대한 가르침이 있다. 예전엔 서당에서 아이들이 배우던 것이지만, 기본을 상실한 오늘엔 아이 어른 할 것 없이 모두가 다시 새길 말이다. 오늘의 상황에 비춰 구용을 살펴보자.

　족용중足容重

　발을 무겁게 하라. 처신을 가볍게 하지 말라는 말이다. 발을 디뎌야 할 곳과 디디지 말아야 할 곳을 구분할 줄 알라는 뜻이다.

수용공手容恭

손을 공손히 하라. 인간은 손을 쓰는 존재다. 손이 잘못 쓰이면 경을 칠 수도 있다. 하지만 손을 제대로 쓰면 누군가를 도와주는 일이 된다. 은막의 여왕이자 세기의 연인이었던 오드리 헵번이 말년에 아프리카의 아이들을 돌보며 이렇게 말하지 않았나. "손이 두 개인 까닭은 한 손으론 자신을 돕고 다른 한 손으론 타인을 돕기 위한 것"이라고.

목용단目容端

눈을 단정히 하라. 단정한 눈에는 세상을 꿰뚫어보는 힘이 있다. 1992년 덩샤오핑은 노구를 이끌고 중국 남부 지방을 순회하며 행한 담화, 즉 '남순강화南巡講話'를 통해 "이대로의 걸음으로 100년을 가자"고 말했다. 100년 뒤까지 생각하며 나아갈 방향을 분명히 본 것이다. 제대로 볼 줄 알아야 제대로 펼칠 수 있다.

구용지口容止

입을 함부로 놀리지 말라. 물고기가 입을 잘못 놀려 미끼에 걸리듯, 사람도 입을 잘못 놀려 화를 자초하는 법이다. '입 구口' 자 세 개가 모이면 '품品' 자가 된다. 자고로 입을 잘 단속하는 것이 품격의 기본이다.

성용정 聲容靜

소리를 정숙히 하라. 언제부터인가 우리 사회는 목소리 큰 사람이 이기게 되어버렸다. 그래서 너도나도 목소리를 키우려다 난장판이 됐다. 자고로 소리 요란한 것치고 제대로 된 것이 없다.

기용숙 氣容肅

기운을 엄숙히 하라. 우리는 예외 없이 세상 속에서 기 싸움을 하고 있다. 기 싸움은 무조건 기운을 뻗친다고 이기는 게 아니다. 리더의 기운이 뻗쳐 혼자 설쳐대면 아래는 모두 엎드리고 눈치만 본다. 반대로 리더의 기운이 너무 약하면 기어오른다. 그러니 기운은 적절하게 제어돼야 한다. 그게 리더십의 기본이다.

두용직 頭容直

머리를 곧게 세워라. 지금 우리 주변엔 고개 떨군 사람이 너무나 많다. 일하고 싶지만 일할 곳을 못 찾아 고개 떨군 젊은이들. 간신히 붙어는 있지만 언제 잘릴지 몰라 전전긍긍하는 고개 떨군 중년들. 하지만 다시 고개 들어 하늘을 보라. 아직 끝이 아니다. 끝인 듯 보이는 거기가 새 출발점이다.

입용덕立容德

서 있는 모습을 덕이 있게 하라. 덕 있게 서 있다는 것은 서 있을 자리와 물러설 자리를 아는 것이다. 진퇴를 분명히 한다는 뜻이다. 아무리 자리를 차고 서 있어도 옹색한 사람이 있고 자리에서 물러나도 당당한 사람이 있는 법이다.

색용장色容莊

얼굴빛을 씩씩하게 하라. 사람들의 얼굴빛이 어둡다. 사람들의 얼굴에 화색이 돌게 하려면 무엇보다도 경제의 주름살이 펴져야 함은 물론이다. 하지만 힘들다고 찡그리면 진짜 찌그러진다. 그러니 어렵다고 찡그리지 말고 애써 얼굴 펴고 웃어라. 긍정과 낙관이 부정과 비관을 이기게 하라!

'때문에' 대신 '덕분에'[6]

우리는 자고로 '탓'을 많이 한다. 남 탓, 세상 탓, 조상 탓, 하다못해 날씨 탓도 숱하게 한다. 특히 문제가 복잡하게 꼬이기 시작하면 그 '탓'도 기하급수적으로 늘어난다. 한때는 하도 남 탓하는 경우가 많다보니 이것을 뒤집어 '내 탓이오' 하는 운동까지 있지 않았던가. 하지만 남 탓이건 내 탓이건 뭔가를 탓하는 것은 긍정이 아니라 부정의 심리에 바탕한다는 점에선 동류항이 아닐까 싶다.

일본에서 '경영의 신'으로까지 불렸던 고故 마쓰시타 고노스케 회장은 아주 가난했다. 하지만 그는 가난 '때문에'라고 탓하지 않았다. 오히려 가난 '덕분에' 평생 근검절약할 줄 알아 부자가 됐다고 힘주어 말했다.

그는 소학교도 제대로 졸업하지 못했다. 하지만 배우지 못한 '때문에'라고 탓하지 않았다. 오히려 배우지 못한 '덕분에' 평생 공부에 남들보다 더 많이 관심 갖고 한 자라도 더 배우려고 배움에 온 열정을 쏟았으며 말년에는 '마쓰시타 정경숙松下政經塾'이라는 배움터까지 세웠다.

마쓰시타 고노스케는 몸이 약했다. 하지만 몸이 약하기 '때문에'라고 핑계 대지 않았다. 오히려 몸이 약했던 '덕분에' 더 조심하고 삼가면서 건강을 챙겨 95세까지 장수할 수 있었다.

이렇게 보면 마쓰시타 고노스케의 삶을 대하는 자세의 특징은 '때문에'라며 탓하지 않고 '덕분에'라고 말할 줄 아는 철저한 긍정의 철학, 긍정의 힘이었다. 아무리 어려워도 자신의 오늘을 긍정할 수 있는 사람만이 내일의 승자가 될 수 있다. 그리고 아무리 힘겨워도 자신의 내일을 낙관하는 사람만이 오늘을 충실하게 잘 살 수 있다. 그런 긍정과 낙관이 진짜 성공의 비결이다.

부정은 부정을 낳고 긍정은 긍정을 낳는다. 비관은 비관을 심고 낙관은 낙관을 심는다. 환갑도 못 지내고 돌아가신 내 아버지의 휘자는 '정, 관觀 자, 찬燦 자'다. 아버지는 늘 짙게 밴 평안도 사투리로 이렇게 말씀하셨다.

"아무리 힘들어도 괜찮아. 내 이름이 괜찮(관찬)아잖아. 무슨 일이 있어도 괜찮다니깐 그러네. 까짓것 불이 나도 괜찮아. 여기 방화선이 있잖네."

방화선이란 말 그대로 불이 번지는 것을 막아주는 방화선防火線을 뜻하는 것이려니와 또한 어김없이 내 어머니를 가리키는 말이기도 했다. 내 어머니 휘자가 '방, 화嬅 자, 선鐥 자'이기 때문이다. 그 질박한 이름 품이 속에서 아버지는 내게 긍정을 심어주셨다. 그리고 낙관을 유산으로 물려주셨다. 덕분에 나는 산다. 아버지가 당신의 이름과 어머니의 이름을 빗대어가며 내게 이야기해준 그 뿌리깊은 긍정과 낙관 덕분에 말이다.

'ET 할아버지'의 두 개의 F

경기도 가평군 두밀리 자연학교 교장이었던 고 채규철 선생의 별명은 'ET 할아버지'였다. 스티븐 스필버그의 영화 〈ET〉의 제목을 음차한 '이미 타버린' 할아버지란 의미였고, 아울러 그 영화의 주인공인 외계인처럼 온몸이 주름져 있다는 뜻이기도 했다. 채 선생이 불의의 사고를 당해 온몸에 3도 화상을 입었던 까닭에 얻은 별명이었다.

채 선생은 1960년대 중반에 떠났던 덴마크 유학에서 돌아와 1968년 당시 부산 복음병원장이었던 장기려 박사와 함께 우리나라 최초의 민간의료보험조합인 '청십자 의료보험조합'을 설립했다. 그 덕분에 없는 사람들도 병원에 가서 치료받을 수 있는 길이 열렸다. 의료보험조합 일과 더불어 각종 봉사활동과 농촌계몽운동에 앞장섰던 당시 서른한 살의 채 선생은 몸이 열 개라도 모자랄 지경으로 동분서주했다.

그러던 어느 날 그가 탄 차가 그만 산비탈에서 언덕 아래로 굴렀다. 차는 풍뎅이처럼 뒤집어졌고 공교롭게도 어느 고아원을 칠해주려고 차 안에 실어놓았던 페인트와 시너 두 통이 쏟아지면서 채 선생의 몸을 적셨다. 차는 '펑' 소리를 내며 폭발했고 그 불길이 시너를 뒤집어쓴 채 선생을 덮쳤다. 정말이지 순식간의 일이었다.

채 선생은 거의 몸 전체가 타들어가는 심한 화상을 입고 병원으로 옮겨졌다. 목숨이 붙어 있는 것이 기적이었다. 그후 수차례의 죽을 고비를 넘겼고 30여 차례나 수술을 받아야 했다. 간신히 목숨은 건졌지만, 귀를 잃고 한 눈은 멀고 손은 갈고리처럼 됐다. 얼굴도 말이 아니었다. 살고 싶지 않았다. 그 와중에 채 선생을 지극정성으로 간호하며 보살피던 아내마저 세상을 떠나버렸다. 참으로 모진 운명이었다. 몇 번이나 자살하려고 했을 만큼 살아도 산 것이 아닌 세월이었다. 한마디로 깊은 수렁이었다. 하지만 채 선생은 삶을 포기하고 싶었던 그 깊은 수렁 속에서 깊은 긍정의 힘에 의지해 끝내 죽음의 미몽을 떨치고 일어섰다. 훗날 그는 당시를 회고하며 이렇게 말했다.

"우리 사는 데 F가 두 개 필요해. 하나는 'Forget(잊어버려라)'이고 다른 하나는 'Forgive(용서해라)'야! 사고 난 뒤 그 고통을 잊지 않았으면 난 지금처럼 못 살았어. 잊고 비워내야 그 자리에 또 새걸 채우지. 또 이미 지나간 일에 누구 잘못 탓할 것이 어디 있어. 내가 용서해야 나도 용서받는 거야."[7]

결국 채 선생은 깊은 수렁을 깊은 긍정의 힘에 의지해 빠져 나왔다. 다시 청십자 의료보험조합 일을 시작했고 1975년에는 '사랑의 장기기증본부'를 만들었다. 1986년에는 경기도 가평에 자기 돈을 몽땅 털어 대안학교 '두밀리 자연학교'를 세웠다. 콘크리트 벽에 갇혀 꼼짝없이 입시 경쟁에 내몰리는 아이들에게 흙을 만지고 별을 세면서 자랄 기회를 주자는 취지였다. 채 선생은 2006년 12월 이 세상과 하직할 때까지 두밀리 자연학교의 교장이었다.

생전에 채 선생은 '이미 타버린' 몸을 이끌고 전국 곳곳을 누비며 강연을 했다. 하지만 입의 말보다 전신화상을 입고 죽다 살아난 몸의 말이 던지는 울림이 더 컸다. 그는 '이미 타버린' 그 몸에서 뿜어나오는 진한 열정으로 사람들에게 깊은 수렁을 헤쳐나올 깊은 긍정의 힘을 확인시켰다.

겨우내 얼었던 땅이 풀리고 꽃샘추위 속에서도 봄의 생명력이 움터올 수 있는 것은 모두 깊은 긍정의 힘 덕분이다. 봄은 남쪽에서부터 오는 것이기보다 긍정하는 사람들 마음으로부터 먼저 온다. 온통 부정하는 마음으로 가득차서 불평과 불만이 넘치는 사람에겐 새순 돋고 꽃피는 봄이 와도 결코 봄이 아니다. 그러니 봄은 단지 계절로 오는 것이 아니다. 마음으로부터 온다. 부정하는 마음은 여전히 한겨울이지만, 긍정하는 마음은 이미 봄이다. 결국 깊은 긍정 속에 새봄도 온다.

머리를 곧게 세워라. 지금 우리 주변엔

고개 떨군 사람이 너무나 많다.

일하고 싶지만 일할 곳을 못 찾아 고개 떨군 젊은이들.

간신히 붙어는 있지만 언제 잘릴지 몰라

전전긍긍하는 고개 떨군 중년들.

하지만 다시 고개 들어 하늘을 보라. 아직 끝이 아니다.

끝인 듯 보이는 거기가 새 출발점이다.

06

바닥:
땅에서 넘어진 자,
땅을 딛고 일어선다

땅바닥 공부와 '맨땅지공'

"6·25전쟁을 겪으며 교실도 없이 땅바닥에서 공부해 오늘날 여기까지 왔다. 그래서 나는 빈곤국가의 사정을 누구보다잘 안다. 이런 사람이 사무총장으로 유엔에 있으니 절대 꿈을포기하지 마라!"

유엔총회에서 만장일치로 연임이 확정된 때 반기문 전 유엔사무총장이 한 말이다. 그런데 반 총장의 '땅바닥 공부'는 오래된 집안 내력 중 하나다. 광주반씨장절공파光州潘氏壯節公派인 반총장의 족보를 거슬러올라가면 조선 중종 때의 문신 반석평潘

碩枰과 만난다. 그의 시호가 장절공壯節公이다. 그는 본래 노비였다. 하지만 같은 나이 또래의 주인집 아들이 글 배우는 것을 마당 쓸며 귀동냥해 문리文理를 터득했다. 주인집 아들이『통감절요通鑑節要』를 읽자 그 책을 어렵사리 잠깐 빌려 그보다 더 일찍 책을 뗄 정도였다. 글은 듣는 족족 외우고 글씨는 땅바닥에 쓰며 익혔다니, 중국 진나라의 차윤車胤이 반딧불로 글을 읽고 손강孫康이 흰 눈 아래 책을 봤다는 '형설지공螢雪之功'보다 더한 '맨땅지공'이 아니고 무엇이랴!

이런 반석평을 기특하게 여긴 주인은 그의 노비 문서를 불태우고, 후손이 없는 친척집의 양자로 들였다. 이로써 양민이 된 반석평은 1504년(연산군 10년) 생원진사시에 합격한 후 다시 1507년(중종 2년) 꿈에 그리던 식년시式年試 문과에 병과丙科로 급제했다. 반석평은 훗날 형조판서를 거쳐 지중추부사知中樞府事에 이르렀다. 정말이지 왕후장상의 씨가 따로 있는 것이 아니다. 역시 땅바닥 공부로 시작해 유엔의 수장까지 오른 반 총장이 그 뿌리에서 나오기까지 500년 세월을 요했다. 땅바닥 공부의 위대한 전통이다.

인류 역사상 40년 가까운 식민지시대를 거쳐 꼬박 3년 넘게 치러진 혹독한 전쟁을 겪고도 그 폐허에서 잡초처럼 일어나 이만큼 흥한 나라는 지구상에 오로지 대한민국뿐이다. 가장 가난한 나라에서 세계 10위권의 경제 규모를 가진 나라로 괄목할 만한 성장을 이뤄낸 경우 역시 대한민국 이외에는 유례가 없다. 그야말로 맨땅에서 마천루를 이룬 셈이다. 변변한 자원도 없고 밑천도 없던 나라에서 이런 일이 가능했던 까닭은 뭐니뭐니해도 역시 대한민국이란 나라 전체가 전쟁의 와중에도 쉬지 않고 포기하지 않았던 땅바닥 공부와 '맨땅지공' 덕분이라고 해야 옳을 것이다.

1951년 5월 4일 '대학교육에 관한 전시조치령(문교부령 제19호)'에 근거해 만들어진 '전시연합대학' 역시 땅바닥 공부의 전통을 계승한 것임에 틀림없다. 과연 전쟁중에 '전시연합대학'이란 것을 만들어 천막 교사와 맨땅에서라도 강의와 수강을 계속한 나라가 역사상 또 있겠는가? 단언컨대 없다! 그것을 바탕해 오늘의 대한민국이 있음을 간과해선 안 된다.

바닥에 있는 것이 두려운 게 아니다. 거기서 더이상 꿈꿀 수 없는 것이 진짜 두려운 일이다. 비록 땅바닥에서 공부했을망정 우리의 선배들에겐 꿈이 있었다. 도저히 어떻게 해볼 도리가 없는 것처럼 보였지만, 그 폐허를 딛고 잘살아보겠다는 꿈이 옹골차게 있었다. 그들이 광부와 간호사가 돼 독일에 갔고, 용병 소리를 들어가며 베트남에 갔으며, 열사의 태양 아래 살이 타들어가면서도 중동의 모래밭을 누벼 오늘의 대한민국을

다시 세우는 바탕이 됐다. 실로 위대한 바닥이요, 바탕이 아닐
수 없다. 정작 문제는 지금이다. 풍요의 단맛을 본 대한민국은
맨땅과 바닥의 정신을 상실한 채 허공에 붕붕 떠 있다. 하지만
더이상 꿈꾸지 않는다. 이 땅의 리더들이, 아니 생각 있는 모든
이들이 고민해야 할 현주소가 아니겠는가.

추락한 곳에서 다시 날개를 펼쳐라

바닥을 치면 일어서는 것은 비단 주식시세만이 아니다. 삶
도 마찬가지다. 서울역 앞을 지나다보면 아직도 적잖은 노숙
인들을 만나게 된다. 우리는 흔히 그들을 '바닥 친 사람'이라고
말한다. 하지만 아니다. 그들은 바닥을 친 것이 아니라, 어제에
대한 미련과 회한의 끈에 대롱대롱 매달려 자기 인생의 허공
에서 스스로를 용서도 용납도 못한 채 천형처럼 떠도는 것이
다. 진짜 바닥을 쳤다면 거기 그러고 있지 않을 것이다. 적어도
길 가는 사람에게 500원, 1000원씩 구걸하다못해 갈취해 결
국엔 밥 대신 '소주를 끼며' 자기 인생의 속살을 안주 삼지 않
으리라. 만약 바닥을 쳤다면 자리를 털고 일어나 얼굴 씻고 머

리 자른 후 수염 깎고 공사판 잡일이든 청소일이든 찬밥 더운밥 안 가리고 두 팔 걷어붙이며 나설 것이다. 진짜로 바닥을 치면 튕겨서라도 다시 일어서듯 되레 강해지기 때문이다.

사실 노숙인은 거리에만 있는 것이 아니다. 겉은 멀쩡한데 속은 문드러진 '마음의 노숙인'들이 훨씬 더 많다. 그들은 고뇌와 자학의 피고름이 범벅된 채 스스로를 미련과 회한과 자책의 감옥에 가두다못해 어느 순간 충동적으로 자살만이 유일한 탈출구라며 막다른 골목으로 자신을 내몰기까지 한다. 어느 지방법원의 한 법정에 서른한 살 난 젊은 피고인이 서 있었다. 그는 카드 빚 3000만 원을 갚지 못하는 처지를 비관해 자살하려고 투숙한 여관방에 불을 질렀다 붙잡혀 방화미수죄로 법정에 섰다. 재판장은 선고에 앞서 피고인에게 '자살'이란 말을 열 번만 되뇌어보라는 뜻밖의 주문을 했다. 머뭇거리던 피고인은 재판장이 재차 지시하자 '자살'을 열 번 되뇌었다.

"자살, 자살, 자살……살자, 살자, 살자."

재판장은 피고인이 반복해 말한 '자살'이 결국엔 '살자'로 들린 것처럼, 때로는 죽을 이유가 살 이유가 된다고 말했다. 그렇다. 마음먹기 나름이다. 마음을 고쳐먹고 바닥을 치고 나면 죽을 이유도 살 이유가 된다.

"땅에서 넘어진 자, 땅을 딛고 일어선다"고 했다. 누구나 쓰러지고 넘어진다. 때론 추락한다. 하지만 넘어진 곳에 주저앉지 않고 그 자리를 딛고 일어서는 사람들에 의해 세상은 다시 열린다. 추락한 곳에서 몸을 일으켜 애써 날갯짓하는 사람들에 의해 세상은 날마다 재창조된다. 그러니 바닥치고 일어서라! 추락한 곳에서 다시 날개를 펼쳐라!

'살 수 있다'는 믿음

2010년 8월 5일 칠레 산호세 광산이 붕괴돼 매몰됐던 33명의 광부 전원이 69일간의 사투 끝에 10월 13일 모두 살아서 돌아왔다. 첫번째로 구조 캡슐을 타고 땅 위로 올라온 광부 아발로스로부터 마지막으로 올라온 작업반장이자 리더였던 우르수아까지 전원이 생환했다. 정말이지 기적의 드라마였다. 물론 거기엔 칠레 국민, 아니 전 세계인의 관심과 아낌없는 지원, 그리고 최첨단 구조 장비의 동원뿐만 아니라 작업반장 우르수아의 리더십도 한몫했다. 그러나 가장 중요한 생환의 원동력은 매몰된 광부들 스스로가 지녔던 '살 수 있다'는 믿음과 희망이었다. 그것 없이는 그 어떤 첨단 장비도, 국민의 열망도, 정부의 지원도, 세계의 관심도 빛을 발할 수 없었다. 결국 절망하지 않는 한 살 수 있는 것이다.

우리 삶도 너 나 할 것 없이 언제 어떻게 될지 알 수 없는 전쟁터에 다름 아니다. 스스로에게 날마다 살아서 돌아오라는 명령을 내려야 할 정도다. 물론 우리는 날마다 살아서 돌아와야 한다. 그리고 절망하지 않는 한 우리는 살 수 있다.

07

인생시계:
나의 전성기는 언제인가

인생이 60분이라면

　박치기왕 김일은 77세를 일기로 세상을 떴다. 그는 1967년 WWA 세계 헤비급 챔피언이 된 뒤 1970년대 말까지 사각 링 위에서 호쾌한 박치기로 우리 삶의 고단함을 한 방에 날려줬다. 그 15년 남짓한 세월이 그의 전성기였다.

　인생을 60분이라고 한다면 최상의 컨디션으로 전력 질주할 수 있는 시간은 사람마다 다르겠지만, 세상을 먼저 산 선배들은 그것이 채 10분을 넘기기 어렵다고 말한다. 그 전력 질주하는 10분 남짓한 시간을 가리켜 우리는 '전성기'라고 부른다. 박치기왕 김일도 60분 인생으로 보자면 10분 정도가 전성기였던 셈이다.

전성기란 단지 돈 많이 벌고 출세하며 남들로부터 선망의 대상이 되는 시기만이 아니다. 전성기의 참뜻은 자기 인생 그 어느 때보다도 자신의 존재 의미를 확신하는 시기다. 박치기왕 김일은 항상 수세에 몰렸다가 박치기 한 방으로 극적인 역전승을 하곤 했다. 그래서 그의 박치기는 가난하고 궁핍했던 시절, 사람들에게 고단한 삶을 역전시킬 비장의 무기요 희망의 대명사였다. 그 희망을 주는 것이야말로 그가 레슬링을 하는 이유였고 그의 존재 의미였다.

삶은 전성기를 향해 전력 질주하도록 본능적으로 프로그래밍돼 있는 것인지 모른다. 그리고 그 인생의 절정기를 지나면 마치 사정하고 난 뒤 고개 숙인 남자처럼 수그러진다. 박치기왕 김일도 예외가 아니었다. 184센티미터 키에 140킬로그램의 몸무게로 살인적인 박치기를 날리던 김일도 1989년 고혈압으로 쓰러져 20년 가까운 세월 동안 병원 신세를 져야 했다. 그것은 존 버닝햄이 『내 인생의 가장 행복한 날』이란 책의 첫머리에 적어놓은 말을 새삼 떠올리게 한다.

언젠가 당신의 인생에도 '오늘부터 너는 혼자 힘으로 양말도

못 신게 되리라'고 말하는 신의 목소리가 벼락처럼 울리는 그런 날이 꼭 올 것이다.[8]

하지만 역설적으로 반드시 그런 날이 올 것이기에 내 인생의 전성기는 더욱 소중하다. 60분 인생 중 10분, 아니 단 5분짜리 단막극일지라도 내 인생의 전성기를 외면하거나 포기할 수 없다. 그런데 사람들은 지금 자신이 사는 꼴과 형편을 봐서는 전성기란 말 자체가 우습다며 스스로를 폄훼하는 경우가 적잖다. 그러나 분명히 기억하자. 누구에게나 자신만의 전성기가 있다는 것을.

전성기? 지지부진하고 추락만 해온 자신에게 전성기 운운하는 게 우습게 들린다는 이가 있다면 이렇게 말해주고 싶다. 아직 전성기가 오지 않은 것뿐이라고! 혹 이미 좋은 날은 다 지나갔고 내 인생의 전성기 역시 흘러간 옛이야기일 뿐이라는 사람에겐 이렇게 다짐하듯 말해주고 싶다. 인생은 끝날 때까지 끝난 것이 아니며 진짜 내 인생의 전성기는 아직 오지 않았을지 모른다고! 육십 넘어 이 글을 쓰고 있는 나 자신이 내게 말하고 싶은 것도 바로 그것이다. 아직 내 인생의 전성기는 오지 않았다고! 그러니 스스로에게 다짐하듯 선언하자. 지금, 오늘, 여기에서 내 인생의 전성기를 만들겠다고. 바로 그 결심의 순간부터가 내 인생의 새로운 전성기를 열어갈 시초이기 때문이다.

'블룸스데이'가 알려주는 하루의 힘

'블룸스데이'를 아시는지? 아일랜드의 더블린에서는 매년 6월 16일을 '블룸스데이'라고 부르며 축제를 벌인다. 제임스 조이스의 소설 『율리시스』의 주인공 레오폴드 블룸의 이름을 딴 '블룸스데이'엔 블룸이 거닌 길을 따라 걷거나 그가 먹은 음식을 똑같이 먹는 이벤트를 펼친다. 그리고 더블린의 공영방송선 아침부터 30시간에 걸쳐 『율리시스』를 낭독한다. 이방인의 눈으로 보면 참으로 별난 일이 아닐 수 없다.

하지만 『율리시스』가 1904년 6월 16일 오전 8시부터 그다음날 오전 2시 반까지 하루가 채 안 되는 19시간여 동안 아일랜드의 더블린을 무대로 일어난 일들을 장장 800여 쪽에 25만여 단어로 담아낸 것임을 감지하는 순간 '블룸스데이'의 비밀아닌 비밀이 풀리기 시작한다.

사실 말이 800여 쪽이지 그것은 영어 원본의 경우이고 『율리시스』의 우리말 번역본은 해설을 포함해 1300여 쪽이 넘는 판본도 존재한다. 어마어마한 분량이다. 그런데 그 모든 것이 단 하루, 아니 19시간이 채 안 되는 시간 동안의 일을 묘사한 것이라니!『율리시스』를 보노라면 하루, 즉 24시간＝1440분＝86400초가 얼마나 대단하고 위대한 것들의 은밀한 압축이요, 함축인가 하는 것을 새삼 깨닫고 경탄하게 된다.

고등학교 1학년 시절 알렉산드르 솔제니친의 소설『이반 데니소비치의 하루』를 읽고 스탈린 시대 강제수용소에서의 단 하루의 일들로 한 권의 결코 만만치 않은 소설을 쓸 수 있다는 사실에 감탄했던 기억이 있다. 결국 단 하루의 삶일지라도 그것은 한 권의 소설 이상을 탄생시킬 만큼 그 뭔가로 농축돼 있는 것이다.

더구나『율리시스』에 묘사된 그 하루가 누군가에게는 한평생의 숙제요, 존재할 이유이며 삶 그 자체가 되기도 했다는 사실 앞에선 묘한 전율마저 느끼게 된다. 고 김종건 전 고려대 교수는 서울대 대학원 시절 원어 강독 시간에『율리시스』를 만나 자신의 후반생을 그것의 번역을 위해 바쳤다고 해도 과언이 아니다. 1968년 국내 최초로『율리시스』를 번역한 김 교수는 20년 후인 1988년 다시 개정번역을 냈고, 또 20년쯤 후인 2007년 세 번째 번역본을 내놓았다. 그리고, 마지막으로 2016년 네번째 번역본을 출간하며 고치고 또 고친 것이다.

어찌 보면 그는 자신의 평생을 소설 『율리시스』에 묘사된 하루와 고스란히 맞바꾼 셈이다. 그 하루도 채 안 되는 시간 동안의 일을 우리말로 옮기기 위해 각고의 노력으로 일생을 바친 것이다. 물론 노 교수의 학문적 투혼도 무서울 정도지만 25만 단어 이상의 사연을 스펀지처럼 빨아들였다가 뿜어낼 수 있는 하루의 힘, 그 하루의 저력은 무섭다못해 위대하지 않은가.

그래서 하루가 아까운 것이다. 퇴계 이황과 더불어 사단칠정 논쟁을 펼쳤던 것으로 유명한 고봉 기대승의 13대 후손인 고기세훈 변호사의 고택 사랑채 당호는 다름 아닌 애일당愛日堂이다. 애일당이라…… 하루를 사랑하는 집? 아니다. 애일당 툇마루에 앉아 있노라면 시간 가는 것이 너무 아쉬울 만큼 좋다. 결국 애일당은 그 아름다운 풍광을 자아내는 하루가 그저 지나가는 것이 아깝고 아쉽다는 함의가 깃든 이름이 아닐까.

하루가 지나는 것을 아깝게만 생각하고 있을 일이 아니다. 진짜 중요한 것은 그 아까운 하루를 최고의 하루, 위대한 하루로 만드는 일이다. 프랭클린 루스벨트 전 미국 대통령의 부인 엘리너 루스벨트 여사는 생전에 이렇게 말했다.

"어제는 역사, 내일은 미스터리, 오늘은 선물!"

그렇다, 어제는 역사이고 내일은 알 수 없지만 오늘은 분명히 선물이다. 그 선물인 오늘 하루를 최고의 날로 만드는 것!

그것이 인생 승리의 너무나 단순하지만 너무나도 분명한 방법이요, 비책 아니겠는가!

'시간의 역산'을 시작하라

'267-98' '268-97' '269-96'…… 다이어리 일일 칸에 조그맣게 적혀 있는 숫자다. '267-98'에 담긴 의미는 1월 1일부터 셈해서 267일째가 되는 날이고 12월 31일부터 거꾸로 셈하면 98일이 남은 날짜라는 뜻이다. 앞에서부터 세는 시간도 있지만 뒤에서부터 세는 시간도 있는 법이다. 말 그대로 '시간의 역산'이다. 시간의 역산에는 항상 긴장이 흐른다.

군대 간 젊은이는 예외없이 제대 날짜를 역산하고 감옥에 갇힌 사람은 출소일을 거꾸로 세고 있게 마련이다. 이런 시간의 역산은 차라리 또다른 의미의 희망이다. 하루하루 줄어드는 그 시간의 역산이 없다면 어찌 오늘을 견디겠는가.

20대에 낳아 키우는 자식과 40대에 낳아 키우는 늦둥이가 같을 수 없다. 전자는 시간을 앞에서만 세던 시절에 낳은 자식이라 그냥 같이 자란다고 말해야 옳다. 하지만 후자는 이 녀석이 대학 갈 때 내 나이가 얼마인지, 시집 혹은 장가 갈 때 내 나이는 또 얼마인가 하는 생각이 떠나질 않는 만큼 긴장하고 성찰하며 키우게 된다. 40대 중반에 나를 보신 아버지는 훗날 암 선고를 받은 시한부 인생이었기에 환갑도 못 채우고 돌아가셨다. 나는 아버지와 15년 9개월밖에는 함께하지 못했다. 아버지는 막내인 나를 보고 분명 시간의 역산을 하셨으리라.

어떤 삶의 고비에선가 '시한부'라는 현실과 맞닥뜨리게 되면 사람들은 너 나 할 것 없이 당혹하고 절망한다. 하지만 이내 스스로를 추슬러 마지막 남은 인생을 정리하겠다는 심정으로 기꺼이 시간의 역산을 시작한다. 물론 그 시간의 역산은 참으로 가혹하리만큼 인생의 영수증을 내놓으라고 독촉하기 일쑤이겠지만.

하지만 인생의 시간을 앞에서부터 세다가 뒤에서부터 세기 시작하면 그땐 철이 든 반증일지도 모른다. 그런데 어른들 말씀에 "철들면 죽는다"고 했다. 그렇다. 철들면 머잖아 삶을 마감하게 마련이다. 생이 시간을 역산하는 때도 이때부터다. 하지만 생이 시간을 역산하기 시작하면 비록 그 시간이 얼마이든 간에 삶은 의미를 발견하고 생을 정돈하게 된다. 그런 뜻에서 시간의 역산은 괜한 초조감을 불러일으키는 자충수가 아니라 자기 삶에 대한 소박하시만 신시한 애성의 표시나. 그러니 삶의 순간순간, 그 마디마디에서 시간을 역산해보라. 그때 비로소 삶의 소중함과 간절함을 깨닫게 될 테니까!

08

하프타임 :
성공만 추구하던
전반전에서
의미를 되찾아가는
후반전으로

얼마나 실패했습니까?

입시에서 떨어졌다, 취업에 실패했다, 직장을 잃었다, 결혼이 파탄 났다, 꿈꾸던 일들이 악몽이 됐다 등등 실패는 도처에 넘쳐난다. 그뿐인가. 40킬로미터 지점에서 포기한 마라톤, 최종 면접 끝에 받은 불합격 통보 등 우리 삶은 '실패'의 리스트로 넘쳐난다. 그럼에도 불구하고 성공이 삶의 전부인 양 강박 관념에 사로잡혀 살아가는 사람들에게 실패에 대해 언급하는 것은 그 자체가 금기다. 오죽하면 미국의 사회학자 리처드 세넷은 현대사회 최후의 메가톤급 금기어로 다름 아닌 '실패'를 지목했겠는가.

누구나 자신의 이력서가 성공으로 도배되길 원한다. 하지만 성공으로 도배된 것 같은 이력서도 사실은 그 행간마다 실패의 흔적들로 가득차 있다. 모든 성공은 실패를 뚫고, 그것을 딛고, 넘어서며 이뤄진 것들이다. 실패 없이 만들어지는 성공이란 사실상 존재하지 않는다.

또한 사람들은 자신의 이력서에서 실패를 지우고 싶어 안달한다. 하지만 그 실패를 지우는 유일한 방법은 그것을 패배시키는 것뿐이다. 실패를 패배시키고, 패배를 패배시켜야만 '성공'이란 이름을 얻는다. 아울러 실패를 패배시키는 방법은 실패에 담긴 진짜 성공의 불씨를 되살려내는 일이다. 모든 실패에는 진짜 성공의 불씨가 남아 있다. 그러니 실패를 그냥 덮어버리지 마라. 그것을 덮는 것은 미래의 성공을 덮는 셈이다.

흔히 사람들은 실패를 자신의 무능과 직결시킨다. 그래서 실패를 부끄러워하고 감추기 일쑤다. 실패를 드러내는 일을 단지 남들에게 자신의 무능함을 광고하는 것과 다름없다고 여긴다. 결국 실패는 아무도 모르는 나만의 비밀이 된다. 아니 자신마저 그 실패들을 까맣게 잊고 산다. 새롭게 도전할 결의에 차 그 실패를 딛고 선 것이 아니라 그저 외면하고 무시하고 뭉개버린 것이다. 그래서 실패는 반복되고 결국엔 자신의 삶을 더욱 옥죄고 만다.

사람들은 성공의 리스트를 만들고 성공의 리포트를 작성하는 데 익숙해 있다. 하지만 진짜 성공, 더 위대한 승리를 원하거든 실패의 리스트를 만들고 실패의 리포트를 작성하라. 성공의 리스트를 만들고 성공의 리포트를 제출할 수 있는 사람은 물론 훌륭하다. 하지만 실패의 리스트를 만들고 실패의 리포트를 정직하게 작성할 수 있는 사람은 더 위대하다. 실패의 리스트와 리포트를 작성하는 그 순간 그는 실패를 패배시키기 시작한다. 그러니 꼼꼼히 적어보자. 지난 실패의 리스트를. 누구나 실패는 두렵다. 결코 되새기고 싶지도 않다. 하지만 실패의 사슬을 끊고 진짜 성공하려면 더욱 솔직하고 냉정하게 실패의 리스트를 만들고 실패의 리포트를 작성해야 한다. 그리고 그 실패를 패배시켜야 한다. 실패 속에 숨은 진짜 성공의 불씨를 살려내 스스로의 운명을 새롭게 개척해나가야 한다. 그것만이 내가 다시 사는 길이다.

'나중'은 아무에게나 오지 않는다

사는 게 힘들다. 세상은 각박하다못해 살벌하다. 하지만 남 탓하지 말고 스스로에게 이렇게 주문해보라.

첫째, 씻어버리고 털어내자.

세상이 각박하다보니 자신도 모르게 마음에 때가 많이 끼었다. 괜한 짜증과 전방위적인 분노 모두 마음의 때다. 좀 씻자. 아울러 마음의 잡동사니도 털어내자. 내가 어찌할 수 없는 일에 대한 쓸데없는 근심과 걱정 모두 마음의 잡동사니다. 마음의 잡동사니가 많으면 자연히 마음이 무겁고 편치 못하다. 물론 사는 데도 도움이 안 된다.

둘째, 미루지 말자.

"나중에 하지 뭐" 하며 또 넘기지 마라. 분명한 것은 '나중'이 아무에게나 오는 것이 아니라는 사실이다. 나중은 지금 할 일을 한 사람에게만 온다. 우리는 이것을 너무 자주 잊고 산다. 왠지 할 자신이 없다고, 실패하면 어쩌느냐고 되묻지 말자. 세계 여자 테니스 챔피언이었던 마르티나 나브라틸로바가 한 말이 있다. "시도하지 않은 것까지 포함해서 실패"라고. 앉아서 '실패

의 계정'을 키우느니 차라리 시도해보자. 시도했다가 안 된 것
들은 실패의 계정이 아니라 새로운 '도전의 계정'으로 들어갈
뿐이다.

셋째, 꿈이 후회를 뒤덮게 하자.

지미 카터 전 미국 대통령의 말처럼 "후회가 꿈을 대신하는
순간부터 늙기 시작하기 때문"이다. 물론 누구나 늙는다. 그리
고 누구나 살면서 후회도 한다. 하지만 가는 세월을 멈출 순 없
어도, 후회가 꿈을 뒤덮어 늙어감을 가속시킬 이유는 없지 않
겠나? 역으로 꿈이 후회를 뒤덮게 한다면 인생의 회춘도 가속
하지 않겠는가. 그러니 쓸데없이 마음의 나이만 늘리지 않도
록 꿈이 후회를 뒤덮게 하자. 나이들수록 열심히 새 꿈을 꾸자.
꿈이 새 삶을 만든다.

넷째, 가장 가까이 있는 사람부터 감동시키자.

우리 사회는 언제부턴가 감동이 죽었다. 대신에 분노와 증오,
그리고 비난과 불만이 넘친다. 살기마저 감돈다. 건드리면 터
질 듯한 분위기다. 이대로 간다면 우리 사회는 자멸하고 만다.
감동 없는 사회엔 미래도 없다. 구태여 먼 데 있는 사람을 감동
시키려고 애쓰지 말고 가장 가까이 있는 사람부터 감동시켜보

자. 감동은 파동이다. 작은 감동이 퍼져나가 큰 울림을 낳는다. 감동은 거창한 데서 오는 것이 아니다. 전화 한 통, 감사의 쪽지 하나, 짧은 칭찬과 격려만으로도 충분하다. 지금 당장 가장 가까이 있는 사람에게 그렇게 하자.

휘슬을 불어라

시장에서 걸인과 상인 간에 시비가 붙었다. 시비 끝에 걸인이 상인을 흉기로 찔렀다. 상인은 병원으로 실려갔고 걸인은 경찰서로 끌려갔다. 걸인은 경찰에서 조사를 받았다. 그런데 걸인의 행색이 아무래도 이상했다. 걸음걸이가 어색할 정도로 몸이 몹시 비둔해 보였다. 취조를 받기 위해 자리에 앉았을 때는 몸이 더 이상하게 부풀어올랐다. 조사하던 경찰도 처음에는 초겨울로 들어서는 문턱이니 여러 겹 옷을 껴입어서 그럴 것이라고 생각했지만 아무래도 수상했다. 그래서 겉옷을 벗겨 몸수색을 했다. 몸수색하던 경찰은 기겁을 했다. 심한 악취와 함께 몸 곳곳에서 만 원짜리 백 장 묶음의 다발이 쏟아져나왔기 때문이다. 모두 1640여만 원이나 되었다.

처음에 경찰은 훔친 돈이라고 단정했다. 그러나 가만히 들여다보니 백 장 단위로 묶인 돈다발의 겉이 거의 해져 있었다. 끈으로 묶인 부분은 하도 오랫동안 묶여 있어 찢어질 정도였다. '훔친 돈'이 아니라 오랜 기간 모아 '묵힌 돈'이었다. 이 걸인은 매일 "한 푼 숩쇼"를 읊조리며 시장을 돌면서 상인들이나 행인들에게 구걸을 했다. 한 푼, 두 푼 동전을 모아두었다가 그것을 은행에 가서 만 원짜리 지폐로만 환전해 몸에 지니기 시작했다.

오직 모으기만 했다. 안 사고 안 먹고 안 썼다. 그렇게 해서 10만 원, 100만 원, 500만 원, 1000만 원으로 불려갔다. 믿어지지 않는 일이지만 사실이었다. 그 걸인은 주민등록증이 없었기 때문에 은행에 통장을 개설할 수 없었다. 그래서 돈이 모아지면 몸에 지닐 수밖에 없었다. 그러다보니 돈을 분실하는 경우도 생겼고 실제로 돈을 강탈당하는 경우도 있었다. 그후 이 걸인은 몸에 돈과 함께 칼과 둔기를 지니고 다니기 시작했다. 돈을 지키기 위해서였다.

경찰서로 끌려오기 직전에 시장에서 상인과 시비가 붙었던 까닭도 다름아니라 그 상인을 자신의 돈을 빼앗으려는 사람으로 순간 오인했기 때문이었다. 그 걸인은 자기 몸 안의 돈을 지켜야겠다는 강박관념에 사로잡혀 있었던 것이다. 걸인은 애초에 돈을 모아서 포장마차라도 할 생각이었다고 한다. 그러나 어느 정도 돈이 모이자 돈 자체를 모으는 일에 빠져들고 말았다. 오직 돈을 모으는 것 자체가 목표가 돼버렸다. 어느 순간부터는 모은 돈을 지키는 것이 지상 과제가 됐다.

사실 우리도 그 걸인과 다를 바 없다. 걸인이 안 쓰고 안 입고 안 먹으며 돈을 모은 것처럼 우리도 대부분 그렇게 살았다. 쉬지 않고 악착같이 벌기 위해 뛰었다. 돈을 모으기 위해, 성공의 목표에 다다르기 위해서 말이다. 그러나 어느 순간 내가 왜 그토록 악착같이 돈을 모으고 성공을 향해 뛰고 있는지를 잊어버렸다. 그리고 그저 돈을 모으기 위해 살고, 성공 그 자체를 향해 무작정 뛰는 사람이 돼버렸다.

목표는 있지만 목적은 잊어버렸다. 성공과 성취는 알지만 의미는 상실해버렸다. 그리고 찢긴 채 바람에 나부끼는 목표 달성의 깃발 같은, 상처만 남은 성공과 성취를 지키겠다고 칼을 갈고 둔기를 품은 채 너 나 할 것 없이 삶의 어느 길목에 서 있다. 우리에겐 진정 돌아볼 시간이 필요하다. 목표를 향해가는 목적을 되새겨보고, 성공과 성취에 따르는 의미를 진지하게 되씹는 시간이 있어야 한다. 다름 아닌 생의 '하프타임'이 있어야 한다. 더 늦기 전에 하프타임의 휘슬을 불어라!

하프타임은 전반전과 후반전 사이의 잠시 쉬는 시간이다.

축구에서는 45분 전반전을 뛰고 나서 하프타임을 갖고

다시 45분간의 후반전을 뛴다.

물론 승부가 안 나면 연장전을 뛰기도 한다.

그러나 인생의 하프타임은 축구처럼 전반전과

후반전 한가운데 위치할 수 있는 것은 아니다.

사람에 따라 젊어서 올 수도 있고 좀더 나이들어 올 수도 있다.

중요한 것은 하프타임을 제대로 갖고 겪은 사람이

인생 후반전을 더 잘 뛸 수 있다는 사실이다.

생의 하프타임은 언제 올지 모른다. 하지만 그 하프타임을

놓치지 말고 잘, 제대로 지내고 겪어내야 한다.

그래야 후반생이 제대로 갈 수 있다. 성공과 성취만을 추구했던

삶의 전반전을 정리하고 목적과 의미를 되찾아가는

후반전을 대비한 내 인생의 '하프타임'을 반드시 갖도록 해보자.

2부

心 中 之 劍

심중지검

09

심중지검 :
산처럼 우뚝하고
못처럼 깊으라

스스로에게 던져야 할 세 가지 질문

남명 조식과 퇴계 이황은 동시대에 쌍벽을 이뤄 낙동강을 사이에 두고 '좌左 퇴계, 우右 남명'이라 불릴 정도였다. 이황의 퇴계학이 성리학의 토착화와 단단한 학적 체계를 구성하는 데 치중했다면, 조식의 남명학은 학적 체계와 이론화보다는 실행과 실천을 좀더 중시한 경향이 없지 않았다. 그래서인지 훗날 임진왜란이 발발했을 당시 곽재우 등 다수의 의병장이 남명의 문하생에서 나왔다고 전해진다.

그런데 남명 선생에 대해 전해내려오는 몇 가지 얘기가 있다. 하나는 늘 허리춤에 '성성자惺惺子'라 불린 방울을 차고 다녔다는 것이다. 선비가 무당들이나 차고 지닐 법한 딸랑거리는 방울을 허리춤에 차고 다닌다는 것 자체가 당시 사대부들에게 쉽게 용납되기 어려운 모습이었음에 틀림없다. 하지만 남명 선생이 허리춤에 찬 방울은 무속적인 의미가 있던 것이 아니라 순전히 '자기를 일깨우기 위한 장치'였다고 한다. 실제로 남명 선생은 허리춤에 차고 있던 방울이 울리는 소리를 들으며 스스로 삼가고 경계했다고 전해진다. 맑은 방울소리로 스스로를 깨워 늘 자신을 돌아보게 만들었다는 것이다.

남명 선생이 스스로를 추스르고 성찰하기 위한 도구로써 방울만 허리춤에 찼던 것은 아니었다. 작은 칼도 차고 다녔다. 그리고 그 칼에 '내명자경 외단자의內明者敬 外斷者義', 즉 "안으로 마음을 밝히는 것은 경敬이요, 밖으로 행동을 결단하는 것은 의義다"라는 '패검명佩劍銘'까지 아로새겨넣었다. 그래서 남명 선생이 차고 있던 검을 '경의검敬義劍'이라 불렀는데, 그것은 자신의 평생 지표였던 '경敬'과 '의義'를 목숨처럼 여긴다는 뜻을 함축하고 있었다. 사실 문치주의가 극에 달했던 당시 시대상을 고려할 때 선비가 평소 허리춤에 칼을 차고 다녔다는 사실 자체가 파격이 아닐 수 없었을 것이다. 하지만 그 파격의 이면에는 목숨 걸고 자신을 단도리하겠다는 '칼 같은' 단호함이 숨어 있었다. 수중무검 심중유검 手中無劍 心中有劍이란 말이 있다. 손에 쥔 칼은 없을지언정 마음의 칼은 지니고 있어야 한다.

또한 남명 선생은 자신의 혁대에까지 경계의 글을 새겨넣어 스스로를 채찍질했다. 남명이 허리띠에 새겨넣은 '혁대명 革帶銘' 은 '설자설 혁자결 박생용 장막충 舌者泄 革者結 縛生龍 藏漠沖'이었다. 즉 "혀는 새는 것이요, 가죽은 묶는 것이니, 살아 있는 용을 묶어서 깊은 곳에 감추라"는 의미다. 장부란 모름지기 세 치 혀를 제대로 가눌 수 있어야 한다. 혀를 잘못 놀려 패가망신하는 경우가 어디 한두 번이던가. 그러니 가볍게 혀를 놀릴 것이 아니라 '살아 있는 용'에 비유될 만한 호연지기가 담긴 무겁고 큰 뜻을 가슴속 깊이 새겨 진득하게 묻어두라는 뜻이 아니겠나?

내친김에 남명 선생의 좌우명도 살펴보면 이렇다.

'용신용근 한사존성 악립연충 엽엽춘영 庸信庸謹 閑邪存誠 岳立淵沖 燁燁春榮', 즉 "미덥게 하고 삼가며, 사악함을 막고 정성을 보존하라. 산처럼 우뚝하고 못처럼 깊으면, 움 돋는 봄날처럼 빛나고 빛나리라"는 뜻으로 풀 수 있다.

이중 특히 악립연충 岳立淵沖, 즉 "산처럼 우뚝하고 못처럼 깊으라"는 구절은 요즘처럼 부박한 세태에 특히 더 와닿는 바가 크다. 이제 각자 스스로에게 물을 차례다. 날마다 자신을 깨울 맑은 방울을 갖고 있는지? 또 안으론 마음을 밝히고, 밖으론 흔들림 없이 결행하게 하는 '경의검'과 같은 마음의 칼날을 제대로 세우고 있는지? 아울러 세 치 혀를 가볍게 놀리지는 않겠다며 스스로를 잘 조여 맸는지? 끝으로 산처럼 우뚝하고 못처럼 깊지는 못할망정 이 부박한 세태에 휩쓸려 살지 않도록 스스로 중심을 잡고 있는지? 정말이지 매사 온전하게 처신處身해서 명철보신明哲保身해야 할 때다.

매화를 마주한다는 것

옛 그림을 보면 아직 채 눈도 녹지 않았는데 선비들이 시종을 대동하고 매화를 찾아나선 장면이 적잖게 등장한다. 말 그대로 탐매, 즉 매화탐사에 나선 것이다. 그만큼 매화는 매서운 한겨울의 추위를 뚫고 고고하게 꽃망울을 터뜨리는 데 그 진짜 매력이 있다. 사실 농원의 매화가 지천으로 흐드러지게 핀 것은 진짜 매화의 맛이라고 보기 어렵다. 한적한 곳에 외로이 고고하게 피어난 매화라야 제맛이고 진짜 매화다운 것이다. 추위를 뚫고 세월을 견디며 외로움마저 견뎌낸 후에 터지는 매화의 꽃망울이라야 참 매화다. 매화가 개나리·진달래와 동격일 수 없는 까닭이 여기에 있다.

지리산 자락의 산청에는 예부터 삼매가 전한다. 정당매政堂梅, 원정매元正梅, 남명매南冥梅가 그것이다. 고려 말 조선 초를 산 통정 강회백이 어릴 때 심어 단속사 절터에 뿌리를 내린 정당매는 수령이 650여 년에 달한다. 그가 정당문학 겸 대사헌에 올라 정당매로 불린다. 원정매는 고려 때 문신인 원정공 하즙이 심었다고 전해지는데 수령이 680년을 넘겼다. 2006년경부터 한동안 꽃이 피지 않아 한때 고사한 것으로 알려지기도 했으나 극적으로 뿌리에서 후계목이 자라나서 다시 꽃을 피워내고 있다.

남명매는 남명 조식이 말년에 학문을 연구하고 후학을 양성하기 위해 산천재를 세우면서 선비의 지조를 상징하는 매화나무 한 그루를 뜰에 심은 것이 450여 년의 성상을 뚫고 전해온 것이다. 산천재 뜰에 핀 남명매는 고고하면서도 절제된 품격이 남명의 선비 된 품성을 쏙 빼닮았다.

매화를 마주한다는 것은 단지 봄이 왔음을 뜻하는 것이 아니다. 그것은 혹한을 뚫고 엄혹한 세월을 견디며 외로움과 절망마저 떨치고 나서 견인해낸 난관탈출, 위기돌파, 역경극복의 경이로운 상징 그 자체다. 정녕 우리 삶의 매화를 꽃피우려면 스스로를 깨우는 방울과 날 선 긴장으로 삶의 방만함을 도려내는 마음의 칼이 살아 있어야 함도 잊지 말아야 한다.

"이 뭐꼬?" 마음의 거울을 닦는 일

1993년 11월 4일 새벽 성철 스님이 입적하셨다. 법랍 58세, 세수 81세였다. 그는 밤에도 눕지 않고 참선하던 장좌불와長座不臥의 오랜 수련 때문인지 마지막 순간에도 앉아서 숨을 거두는 좌탈座脫을 택했다. 그런 성철 스님의 생전 밥상은 간단하고 소박했다. 소금기를 뺀 무염식으로 반찬이라곤 쑥갓 대여섯 줄기, 얇게 썬 당근 다섯 조각, 검은콩 자반 한 숟가락 반이 전부였다. 거기에 감자와 당근을 채 썰어 끓인 국과 어린애 밥공기만한 그릇에 담은 밥이 한 끼 공양이었다. 게다가 아침 공양은 밥 대신 흰죽 반 그릇으로 대신했다.

이런 밥상을 두고 혹자는 '원조 웰빙식'이라고 말할지 모르지만 성철 스님이 웰빙족이어서 그렇게 드신 것이 아님은 물론이다. 밥을 먹되, 그 밥에 먹히지 않으려 했던 것이다. 사실 성철 스님의 말씀처럼 세상에는 밥을 '먹는' 사람보다 밥에 '먹히는' 사람이 훨씬 더 많다. 마찬가지로 돈을 벌되, 돈에 지지 마라. 돈을 번다면서 돈에 먹히는 이가 얼마나 많은가. 한마디로 주객과 본말이 뒤집힌 거다. 주객과 본말이 뒤집히면 속고 속이는 게 다반사가 된다. 성철 스님은 생전에 투박한 산청 사투리로 "쏙이지 말그래이"라고 말씀하셨다. 남을 속이지 말라는 것에 그치는 말이 아니라 자기를 속이지 말라는 뜻이다. 말그대로 '불기자심不欺自心'이다. 남을 속이는 것이 '좀도둑'이라면 자기를 속이는 것은 '큰도둑'이다.

하지만 사람들은 자기가 스스로를 속이고 있는 큰도둑인지조차 모르고 산다. 자신을 바로 볼 수 없기 때문이다. 자신을 바로 볼 수 없는 까닭은 마음의 거울에 먼지가 잔뜩 앉아 흐려져 있어서다. 뿌옇게 먼지 앉은 거울이 사물을 바로 비출 수 없듯이 먼지 낀 마음은 자기를 속인다. 그러니 마음의 거울에서 그것들을 털어내야 한다.

성철 스님은 생전에 "이 뭐꼬?"라는 화두를 자주 던지셨다. "이 뭐꼬?"라고 스스로에게 묻는 것은 자기 마음의 거울을 닦는 일이다. 결국 "이 뭐꼬?"라는 화두는 마음의 거울에서 먼지를 털고 닦아내 자기를 성찰하고, 끝내 자기를 속이지 않으려는 몸부림이다. 스님은 "팔만대장경 전체를 똘똘 뭉치면 마음 심心 자 한 자 위에 놓이게 된다"고 말씀하셨다. 또 "옷은 다 떨어진 걸 입더라도 마음만은 절대로 떨어지면 안 된다"고도 했

다. 그 마음이 해지고 떨어져 마음의 거울이 흐려지면 자기를
속이고 결국엔 자기 본래됨을 잃게 되기 때문이다.

성철 스님은 세 가지 병病도 이야기했다. 돈병, 색色병, 이름
병이 그것이다. 이중 가장 무서운 것이 이름병이다. 돈병이나
색병에 걸리면 주위 사람들이 눈총을 주지만 이름병에 걸리면
내심 내키지 않으면서도 겉으론 더 박수 치고 환호해 여간해
선 고칠 수 없는 고질병이 되기 때문이다. 결국 이름병도 알고
보면 속고 속이며 자기를 바로 보지 못하게 만드는 병이다.

내 마음의 '워낭소리'를 들어라[9]

〈워낭소리〉라는 다큐멘터리 영화를 기억하는 사람들이 적잖다. 워낭이란 소의 귀에서 턱밑으로 늘여 단 방울을 말한다. 워낭을 단 소는 움직일 때마다 투박하고 느린 방울소리를 내게 마련인데 그것을 '워낭소리'라고 한다. 빠름을 미덕 삼아 속도의 승부로 미쳐 돌아가는 도시의 소음 속에서는 결코 들을 수 없는 소리다. 하지만 귀가 반쯤 먹은 할아버지의 늙고 느린 귀에는 어김없이 들리는 소리다.

영화 〈워낭소리〉는 오지 중의 오지인 경북 봉화의 청량산 자락에 사는 팔순 할아버지와 마흔 살 난 소의 실화였다. 일하는 소의 평균 수명이 15년이라니 마흔 살이면 정말 늙은 소다. 영화에 나오는 최원균 할아버지는 여덟 살 때 한쪽 다리 힘줄이 늘어져 평생 장애를 안고 살아갔다. 하지만 늙은 소가 끌어주는 작은 수레를 타고 움직일 수 있었고, 그 소 덕분에 농사를 지으며 9남매를 키웠다. 우직한 늙은 소가 한 집안을 먹여살린 셈이다.

할아버지는 농약을 치지 않고 농사를 지었다. 유기농에 대한 대단한 신념이 있어서라기보다 농약을 치면 소에게 꼴을 먹일 수 없기 때문이었다. 사실 농약을 치지 않고 농사를 짓는 일은 쉽지 않다. 몇 갑절 힘이 들고 수확량도 현저히 줄기 때문이다. 하지만 할아버지는 고집스럽게 농약 없이 농사를 지었다. 할아버지는 소에게 손쉬운 사료 대신 손수 꼴을 베어 먹이고, 쇠죽을 끓여 먹였다. 그것이 늙은 소에 대한 할아버지의 마음이었다.

할아버지는 몸이 불편한데도 기계가 아닌 손으로 모를 심고 추수할 때도 기계 대신 손수 낫으로 벼를 벴다. 세상 변화에 한참 뒤처져 보이는 할아버지였지만, 점점 빨라지는 세상의 속도와 타협하지 않았을 뿐 삶의 실패자나 낙오자는 결코 아니었다. 그는 소걸음처럼 느리게 사는 삶의 방식을 옹골지게 견지했을 뿐이다. 느린 것이 빠른 것보다 열등하다는 생각은 우리 삶의 조급증이 불러일으킨 편견일 따름이다.

늙은 소와 할아버지는 어딘가 닮았다. 느린 걸음걸이도, 힘겨워 보이지만 끝까지 포기하지 않는 고집도. 덕지덕지 쇠똥과 진흙이 범벅돼 더께가 눌어붙은 야위디야윈 늙은 소의 엉덩이나, 지게 짐을 지느라 가뜩이나 야위고 병든 다리에 힘겹게 얹힌 할아버지의 구부정한 몸뚱이는 또한 정녕 둘이 아니라 하나였다.

아내의 성화에 못 이겨 살날이 얼마 남지 않은 늙은 소를 팔겠다고 할아버지가 우시장으로 향하던 날, 마지막이라 생각하며 여물 한 마사글 더 얹어주었다. 하지만 늙은 소는 큰 눈방울로 눈물만 뚝

어뜨릴 뿐 여물에 별반 입을 대지 않았다. 우시장에서 할아버지 역시 거저 줘도 안 가져갈 것 같은 늙은 소를 500만 원이 아니면 안 팔겠다고 고집을 피웠다. 결국 아무도 사려는 사람이 없어 할아버지와 늙은 소는 함께 집으로 돌아올 수 있었다.

돌아온 늙은 소는 추운 겨울 동안 할아버지 내외가 따뜻하게 지내라고, 지치고 느린 걸음이지만 미련하고 우직하게 나뭇짐을 잔뜩 져 날랐다. 그러던 어느 날 늙은 소는 더이상 일어서지 못한 채 힘겹게 마지막 숨을 내쉬며 죽었다. 할아버지는 그 소를 사람처럼 장사지내고 땅에 묻었다. 그리고 이내 가슴에 다시 묻었다.

영화 〈워낭소리〉는 지금 다시 봐도 마음이 먹먹해진다. 그리고 '뎅.뎅.뎅……' 하며 소가 움찍거릴 때마다 울리는 워낭소리는 여전히 생생하다. 물론 도시에 살면서 진짜 워낭소리를 듣기란 불가능하다. 하지만 내 마음의 워낭소리라도 들어야 하지 않을까? 소걸음으로 상징되는 느림의 지혜, 꾀부리지 않고 묵묵히 일하는 우직함을 담은 워낭소리를 자기 내면에서부터 들을 수 있는 사람이라야 위기와 난관으로 점철된 오늘을 제대로 뚫어갈 수 있지 않을까.

10

무언 :
침묵은 다투지 않고,
질문은 뚫어낸다

미래를 여는 힘, '깊은 침묵'

1847년 2월 11일 한 아이가 태어났다. 그는 자라면서 결코 주목받지 못했다. 선생님한테 "머리가 썩었다"는 막말을 들을 정도였고 학교를 반년도 채 못 다녔다. 게다가 그는 잘 듣지도 못했다. 하지만 그는 제대로 들을 수 없는 귀를 갖고도 축음기를 발명했다. 밤을 낮처럼 밝힌 전구도 발명했다. 자그마치 1093건의 발명 특허를 획득한 발명의 달인이 됐다.

그의 이름은 토머스 에디슨. 그는 19세기에 발명을 통해 20세기적 삶을 창조하고 새로운 미래를 열었다. 그런데 그로

하여금 미래를 열게 만든 힘의 근원은 역설적으로 스스로를 가둔 채 실험에 몰두했던 그의 '깊은 침묵'이었다.

에디슨 하면 떠오르는 말이 있다. "천재는 1퍼센트의 영감靈感과 99퍼센트 노력의 산물"이 그것이다. 물론 그에겐 창조성을 격발시키는 1퍼센트의 영감도 있었고, 백열전구의 필라멘트 재료를 확보하기 위해 300가지가 넘는 재료로 줄기차게 실험하는 99퍼센트의 노력도 있었다. 하지만 결코 간과해선 안 될 것은 그 1퍼센트의 창조적 영감도, 99퍼센트의 부단한 노력도 모두 그의 '깊은 침묵' 없이는 불가능했다는 사실이다.

에디슨은 '깊은 침묵' 속에서 번뜩이는 영감을 발견했다. 또 실험실 문에 스스로 자물쇠를 걸어놓는 '깊은 침묵'을 감행했기에 그 많은 발명을 해낼 수 있었다. 그 덕분에 19세기와는 전혀 다른 20세기가 열릴 수 있었다. 에디슨의 '깊은 침묵'이 창조적 발상과 발명을 가능케 해 새로운 미래를 연 것이다.

1990년 2월 11일 1만여 일 동안의 수감생활을 끝내고 옥문을 나선 사람이 있었다. 다름 아닌 넬슨 만델라다. 그는 본래 변호사였다. 하지만 극심한 인종차별에 저항하기 위해 기꺼이 무장 폭력 단체의 투사가 됐다. 그런데 그는 투쟁과 대립보다 화해와 용서가 더 값지다는 사실을 감옥 안의 '깊은 침묵' 속에서 깨달았다. 그런 깨달음을 통한 마음의 병화가 그로 하여금

로벤섬, 폴스무어 등 악명 높은 감옥에서 27년을 버틸 수 있게 만들었다. 저주와 한탄과 울분과 분노, 그리고 그것들이 응어리진 오기로는 1년도 채 못 버텼을 게다.

넬슨 만델라는 오랜 감옥생활을 통해 '자유로의 긴 여정'을 순비했다. 그는 감옥이라는 '깊은 침묵'의 시공간에서 반목과 질시, 대립과 투쟁의 악순환이 질곡처럼 펼쳐진 20세기를 끝장내고, 용서와 화해 그리고 다시 하나되는 21세기를 꿈꿨다. 거기서 그 꿈을 실현해낼 힘을 비축했다. 그는 20세기 절망의 감옥에서 21세기 희망의 미래를 열었던 셈이다. 그런데 우리는 그에게 덧씌워진 노벨평화상 수상 경력과 남아프리카공화국 대통령을 지냈다는 이력 때문에 때로 그의 진정한 힘의 근원인 1만여 일 동안의 '깊은 침묵'을 잊곤 한다.

'깊은 침묵의 시간'은 '수수께끼의 공백시대'처럼 여겨질 수 있다. 남들 눈에는 아무것도 하지 않고 우두커니 있는 삶의 공백기로 여겨질지도 모른다. 하지만 모든 삶의 경이로움은 스스로 소리내지도 자랑하지도 않는다. 놀라운 삶의 기적 같은 펼쳐짐은 깊은 침묵에 따른 고요함 속에 일어나게 마련이다. 이게 정중동靜中動의 묘미 아니겠는가. 바로 그 수수께끼의 공백시대처럼 여겨질 깊은 침묵을 거친 후에야 한 사람의 생은 도약한다. 한 차원 다르게 말이다.

선승禪僧들이 깨달음을 얻기 위해 공양구(밥구멍) 하나 내놓고 사방이 벽으로 둘러쳐진 방에서 오직 화두話頭 하나 든 채 참선한다는 '무문관無門關' 수행 이야기를 들은 바 있다. 어쩌면 지금 우리에게도 그것이 필요하다.

미래는 그저 오는 것이 아니다. 우리가 애써 가는 것이다. 미래는 기다림의 대상이 아니라 오늘 내가 하는 만큼 만들어지는 창조의 대상이다. 나의 시선과 발걸음이 어디를 향하고 있느냐에 따라 미래는 달라진다. 하지만 그 미래를 여는 진짜 밑둥아리 힘은 다름 아닌 '깊은 침묵'에 있음을 잊지 말자. 그리고 깊은 침묵과 함께 스스로 있는 힘껏 복 짓기를 하라. 자력自力을 다했을 때에야 타력他力이 나타나는 법! 고마운 도움의 손길은 소리 없이 찾아든다. 노력이 부족한 탓이지 굴복해야 할 운명은 따로 없다. 삶에서 깊은 침묵의 시간, 수수께끼의 공백시대를 갖지 않는 이는 결단코 미래를 열 수 없다.

침묵의 시선, 내면의 울림

붉은 숨을 쉬나. 겨우내 얼었던 땅이 풀리면서 대지가 내뿜

132 심중지검

는 흙의 숨은 생명의 약동 그 자체다. 대지의 모성은 흙이 내뿜는 숨에서 기인한다. 그 숨쉬는 흙을 고르고 퍼담아 도공은 차지고 차지게 메치고 또 메치며 반죽한다. 그래야 쓸데없이 부풀어오르는 숨의 흔적, 곧 미세한 거품의 잔영마저 잠재울 수 있다. 그제야 도공의 손은 물레를 돌리며 그 거품 뺀 흙에 결을 일으킨다. 때론 거칠게 또 때론 섬세하게! 그 결을 따라 흙에 숨 대신 혼이 담긴다. 혼이 새어나가지 못하도록 유약을 바른 후 섭씨 1200~1300도의 뜨거운 불길 속에서 구워진 그것은 더이상 이전의 한낱 흙이 아니다. 물론 구워냈다 해서 모두 온전한 것은 아니다. 도공은 자식처럼 구워낸 것들을 '침묵의 시선'으로 응시한다. 하지만 '내면의 울림'으로 호응하지 않는 것들은 미련 없이 깨뜨린다. 깨어지지 않고 살아남은 것들은 비록 대지로부터 벗어나 더이상 땅에 머물지 않지만 흙의 숨을 혼으로 승화시킨 영물靈物이 된다. 그것이 바로 진정한 자기瓷器의 세계다.

자기 하면 먼저 떠오르는 것은 청자다. 그것도 고려청자의 비췻빛을 떠올릴 만하다. 상감 문양마저 조성된 우아하고 기품 있는 자태 앞에 우리는 숨죽이며 감탄하지 않을 수 없다. 또 어떤 이는 백자를 떠올릴 것이다. 희다못해 형형하고 푸르둥둥한 기운마저 녹여 담아낸 둥글고 단아한 달항아리를 보노라면 너 나 할 것 없이 넋 나간 사람의 표정을 짓게 마련이다. 하지만 여기 청자도 백자도 아닌 것이 묘한 기운과 매력으로 우리에게 다가오는 것이 또 있다. 다름 아닌 분청사기다.

'분청사기'란 회색 또는 회흑색의 태토 위에 백토白土를 입히고, 그 위에 투명한 유약을 씌운 회청색의 사기라는 뜻으로 명명된 '분장회청사기粉粧灰靑沙器'의 약칭이다. 분청사기는 분장과 무늬를 나타내는 방식에 따라 상감·인화·박지·조화·철화·귀얄·덤벙 등의 다양한 표현기법을 쓴다. 그중에서도 귀얄붓으로 백토를 '쓰윽' 하니 발라 붓자국을 그대로 드러내는 귀얄기법과 백토물에 그저 '덤벙' 담갔다 꺼내는 덤벙기법이야말로 분청사기의 꾸미지 않은 고졸古拙한 멋을 극명하게 드러내는 것이 아닐까 싶다.

1930년대에 분장회청사기란 이름을 처음으로 언급한 한국미술사학의 태두 고유섭 선생은 『조선미술사』에서 분청사기의 멋과 고유함을 청자에 비견해서 이렇게 표현했다. 청자의 굽이 '발목이 드러나지 않은 예쁜 여자의 발맵시'라면 분청사기의 굽은 '발목이 드러난 순박한 농민의 발매'라고 말이다. 또 청자가 '세련된 몸맵시와 우아한 문아文雅성'을 뽐낸다면, 분청사기는 '야성과 토취'가 돋보인다고 강조했다.

말 그대로 분청사기에는 민중의 냄새내딤䄄村人膽한 활깻짓이 그대로 상징되어 있다. 고려청자의 위엄을 갖춘 엄격성과 조선백자의 단아한 조형미와는 사뭇 달리 다분히 토속적이고 민예적이며 각각의 산출된 지역의 특성마저 띤 분청사기의 '멋내지 않은 멋', 그 고졸한 미감은 이 땅의 도공들이 소박하지만 정직하게 채워넣은 혼에 다름 아니다. 대지로부터 흙의 숨을 담고, 뜨거운 불 속에서 혼을 주입해 단지 물건이 아니라 영물靈物이 되어 나타난 분청사기. 비록 청자나 백자처럼 스스로 뽐내지 않지만 드러내지 않고 자랑하지 않는 그 담담함이 진짜 매력인 분청사기. 이름 모를 도공이 '쓰윽' 귀얄붓으로 그어낸 흔적만큼 우리네 삶도 단출하고 소박담담할 수 있으면 좋으련만……

절문이근사, 문제에 부딪치고 마침내 깨는 힘

새해 첫 아침은 유난히 맑고 상쾌했다. 하지만 곧장 일어나지 않고 이부자리 안에서 이리저리 뒤척이다가 뇌리를 스친 한 문장 때문에 벌떡 일어났다. 그 한 문장은 다름 아닌 '절문이근사切問而近思'. 절실하게 묻고 가까운 일상에서 구체적으로 생각하라는 뜻이다. 『논어』 「자장子張」 편에 나오는 구절이다.
원문은 이렇다.

> 자하가 말했다. "널리 배우고 뜻을 돈독히 하며, 절실한 것을 묻
> 고 가까운 데서 생각하면, 인仁은 그 가운데 있다子夏曰 "博學而篤志,
> 切問而近思, 仁在其中矣." [10]

삶을 살아갈 때 피할 수 없는 것이 물음이다. 절실한 물음이
없으면 삶이 물렁해진다. 그 물음의 절실함만큼 삶은 단단해
진다. 절실한 물음이란 삶의 무게를 담고 있는 질문이다. 묻는
다는 것은 단지 의심하는 것이 아니다. 물음을 통해 더 단단한
확신으로 나아가는 일이다. 그래서 절실한 물음은 힘이 있다.
문제를 우회하는 것이 아니라 정면으로 부딪치고 마침내 깨는
힘이다. 삶은 숱한 벽과 난관에 가로막혀 있다. 하지만 절실한
물음은 그것을 적당히 얼버무려 우회하거나 구렁이 담 넘듯
하는 것이 아니라 반드시 파벽破壁한다. 즉 가로막힌 벽을 깬다.
그리고 돌파한다.
  절실한 물음이 있은 연후엔 생각을 해야 한다. 그 생각은 먼
데서가 아니라 가까이서 구체적으로 해야 한다. 한마디로 '근사
近思'다. 1175년 주희朱熹의 여조겸呂祖謙이 주돈이周敦頤, 정호程顥,

정이程頤, 장재張載 등 네 학자의 글에서 학문의 중심 문제들과 일상생활에 요긴한 부분들을 뽑아 편집한 책명이『근사록近思錄』이다. 이전에는 '근사'의 참뜻이 뭔 줄 몰랐다. '절문이근사'의 구절을 익히고 나서야 비로소 '근사'의 깊이와 의미를 조금이나마 알게 됐다. 아무리 고담준론高談峻論을 펼쳐도 자신의 구체적인 일상에서 배태되어 나오는 생각과 말과 글이 아니면 자신을 바로 세울 수 없고, 다른 사람들 역시 울릴 수 없다. 그래서 일상의 소소하고 가까운 것에서부터 구체적으로 사유한다는 것은 대단한 인식의 경지요, 실로 무서운 힘이다.

물음이 절실하다는 말은 그만큼 문제에 깊이 천착했다는 뜻이다. 그런데 두루 널리 배움 없이 깊이 천착하기란 불가능하다. 땅을 파더라도 넓게 파들어가야 깊이 들어갈 수 있다. 너무 좁게 파 들어가면 자칫 판 구멍 자체가 막힐 수 있어 되레 위험하다. 아울러 뜻을 돈독하게 함은 의지를 확고히 하기 위함이다. 절체절명의 순간에 확고한 의지를 갖기 위해, 결정적 순간에 후회 없는 판단을 내리기 위해 절실하게 묻는 것이 아니겠는가.

자고로 질문이 절실하면 반드시 그 안에 답이 있다. 질문이 허접하면 답도 허술하다. 우문현답愚問賢答이란 말이 있지만 실은 절문현답切問賢答이 있을 뿐이다. 절실한 물음의 답을 먼 데서 찾는 이는 하수다. 답은 항상 가까운 데 있다. 어설프고 선부른 이들이나 먼 데서 요란스레 떠들며 답 찾는 시늉을 한다. 그런 이들은 진짜 문제가 뭔지도 모른다. 문제 해결의 모든 실마리는 내 안에 있고 가까운 데 있으며 구체적인 것에서부터 찾아지는 법이다. 지금 나에겐 어떤 절실한 물음이 있는가? 나는 어떻게 물으며 나아갈 것인가. 정말이지 절실하게 물으라. 그리고 가까이서 구체적으로 생각해보라. 미래가 열리고 해법이 보일 것이다.

기적은 결코 요란하지 않다.

경이로움은 소리내지도
자랑하지도 않고,

고마운 도움의 손길은
소리 없이 펼쳐지며,

놀라운 삶의 기적은
고요함 속에 일어난다.

11

신뢰 :
약속의 무게

무어 중령과 채명신 장군

베트남전쟁 초기에 미 제7기갑부대 1대대장 해럴드 무어 중령은 미국을 떠나 베트남으로 향하기 전에 전 부대원을 모아놓고 이렇게 말했다.

"귀관들 모두를 무사히 살려서 다시 데려올 수는 없겠지만 한 가지는 약속한다. 전투에 투입되면 내가 제일 먼저 적진을 밟을 것이고 가장 마지막에 적진에서 나올 것이다. 단 한 명도 내 뒤에 남겨놓지 않겠다. 우린 살아서든 죽어서든 모두 함께 고국으로 돌아올 것이다."

1965년 11월 15일 무어 중령이 이끄는 미군 450여 명이 베트남의 이아 드랑 계곡에서 2000여 명의 월맹군에 포위당하고 말았다. 베트콩 잔당을 수색해 섬멸하라는 명령을 받고 이아 드랑 계곡에 헬기로 고공 침투를 감행했던 무어 중령과 그의 부대원들이 마주한 것은 베트콩 잔당이 아니라 사단급의 월맹 정규군이었다. 정말이지 역으로 몰살당할 위기에 처한 것이다.

그러나 도리어 무어 중령과 450여 명의 부대원들은 놀랍게도 월맹 정규군 1800여 명을 섬멸하고 200여 명을 퇴각시키는 혁혁한 전과를 올렸다. 물론 항공지원과 강력한 포병의 엄호를 받은 덕도 있겠으나 완전히 고립된 지형에서 네 배가 넘는 적과 싸워 승리할 수 있었던 진짜 이유는 다름 아닌 무어 중령의 '약속'과 그것이 지켜지리라는 부대원들의 철석같은 '믿음'이었다.

부대원들은 완전 고립되어 몰살당할 것이 뻔해 보이는 극한 상황에서도 "우리는 살아서든 죽어서든 함께 돌아갈 것이다"라는 무어 중령의 약속을 믿었다. 그 믿음 덕분에 부대원들은 숱한 사상자를 내면서도 결코 포기하지 않고 적을 향해 방아쇠를 당겼으며 칠흑 같은 어둠 속에서 백병전도 마다하지 않았다. 무어 중령 역시 헬기를 타고 후퇴하라는 상부의 명령마저 외면한 채 부대원들과 함께 끝까지 싸웠다. 그리고 마침내 적을 섬멸한 후 헬기로 귀환할 때도 약속한 대로 단 한 명의 전사자도 뒤에 남기지 않고 거둬 후송하며 가장 마지막까지 적진에 남아 있었다. 그는 끝내 약속을 지켰던 것이다. 무어 중령은 그 약속의 무게가 곧 생명의 무게임을 알았던 리더였다. 결국 리더십이란 리더의 '약속'이며, 그것을 지켰을 때 확보되는 '믿음과 신뢰'에 다름 아니다.

서울 동작동 국립현충원을 찾았다. 초입에 있는 2번 묘역에 닿았다. 그곳엔 모두 1033명 병사의 유골이 묻혀 있다. 하지만 이곳에 한 명의 장군이 함께 묻혀 있다. 초대 주베트남 한국군 사령관이었던 예비역 중장 채명신 장군이다. 2번 묘역에 묻힌 이들은 대부분 베트남전 참전 용사들이다. 채 장군은 살아생전에 "전우들과 함께 묻히겠다"고 말했다. 부하 장병들이라고 말하기보다 늘 '전우'라고 입버릇처럼 말했던 채 장군은 약속대로 그들과 함께 거기 묻혔다. 사병들과 똑같은 넓이의 묘역과 똑같은 키높이의 비석만을 갖춘 채!

문득 톨스토이가 쓴 「사람에게는 얼마만큼의 땅이 필요한가?」라는 글이 떠올랐다. 톨스토이는 그 글의 마지막 구절을 통해 결국 사람이 죽어서 차지할 수 있는 땅의 총량은 한 평 남짓이라고 하지 않았던가. 채 장군의 묘 앞에 서서 새삼 그 한

평의 위력이 참으로 대단하다는 것을 절감했다. 아니 거기 담긴 진정성 덕분에 때론 한 평이 백 평, 천 평, 만 평보다 크고 위대함을 깨달았다.

나는 그 한 평 남짓한 장군의 묘 앞에 서서 예를 갖춘 후 마음과 혼을 담아 거수경례를 올렸다. 묘비에 또렷하게 새겨진 채·명·신이란 세 글자가 눈물 글썽이는 내 눈 속에서 어른거렸다. 그런 가운데 나도 모르게 이렇게 되뇌었다. "그가 근 반세기 전 마음에 품었던, 전우와 생사고락을 같이하겠다는 약속을 죽어서도 끝끝내 지켜내는 정신 위에 오늘 우리 대한민국이 죽지 않고 서 있다"고!

『정관정요』에서 배워라

『정관정요貞觀政要』는 당 태종과 그의 신하들이 나눈 정치에 관한 언행록으로 역대 제왕들의 필독서였다. 비단 중국만이 아니라 우리나라에서도 대대로 왕의 필독서였고, 일본에서는 도쿠가와 이에야스가 애독하면서 민간에도 널리 읽도록 장려했다. 『정관정요』를 통해 배울 핵심 덕세를 몇 가지만 인급히

자면 이렇다.

  첫째, 백성을 먼저 생각하라.
  자고로 군주의 도리는 백성을 먼저 생각하는 것이다. 백성의 이익을 손상시켜가면서 자기 뜻을 관철하고자 함은 마치 자신의 넓적다리를 베어 배를 채움과 같다. 배는 부를지언정 몸은 쓰러져 곧 죽게 된다. 백성의 안녕이 국가의 근본이며 국력의 원천이다. 수 양제가 무기의 역량이 부족해 멸망에 이르렀는가? 그가 백성을 우습게 여겨 백성의 버림을 받았기 때문이다. 그래서 두려운 것이 민심이다. 군주는 배와 같고, 백성은 물과 같다. 물은 배를 둥실둥실 띄울 수도 있고 뒤집을 수도 있다.

  둘째, 귀를 더 크게 열어라.
  풀을 베고 나무를 하는 사람에게도 물어보라. 군주가 영명한 까닭은 자신의 생각과 다른 의견을 널리 듣기 때문이고, 군주가 어리석은 까닭은 편협되게 한쪽 이야기만을 듣고 믿기 때문이다. 옛날 요임금과 순임금은 사방의 문을 활짝 열어 천하의 현명하고 덕망 있는 선비들을 통해 시야를 넓히고 민간의 소리를 들어 백성의 정서를 살폈다. 반대로 진시황의 아들 진이세秦二世 호해胡亥는 깊숙한 궁궐에 숨다시피 하며 조고趙高의 말만 듣다가 천하가 붕괴되고 민심이 돌아설 때조차 그 실상을 알지 못했다. 현명한 군주는 귀를 열고 항상 자기의 단점을 고치려고 노력해 나날이 좋아진다. 하지만 어리석은 군주는 귀를 닫고 자기 단점을 스스로 옹호해 영원히 어리석어진다.

셋째, 사람을 진정으로 대하라.

사람을 대함에 있어 진정과 정성을 다하면 호胡와 월越 같은 오랑캐라도 한몸처럼 단결하게 되지만, 뜻을 얻은 후 다른 이들을 경멸하면 뼈와 살을 나눈 형제라도 곁을 스쳐가는 거리의 사람처럼 멀어진다. 나라를 얻는 데는 여러 사람의 힘이 합쳐지게 마련이다. 하지만 얻으면 독차지하고 싶은 것이 사람 마음이다. 그러나 독차지하려는 마음을 과감히 버려야 더 크게 얻는다.

넷째, 스스로를 경계하라.

서문표西門豹가 자신의 급한 성격을 경계해 무두질한 가죽을 허리에 찼던 것처럼, 동안우董安于가 자신의 마음이 너무 느긋함을 경계해 허리에 활을 차서 자신을 긴장시켰던 것처럼 스스로를 경계하라. 항시 문제는 밖이 아니라 안이다. 몸이 곧은데 그림자가 기울고, 윗사람이 훌륭히 다스리려고 노력하는데 아랫사람들이 혼란스러운 경우는 없다. 하천의 맑고 흐림이 수원水源에 달려 있듯 문제의 근원은 밖이 아니라 항상 내 안에 있다.

인심이 가장 깊다

훗날 정순왕후貞純王后가 된 어린 김씨는 오흥부원군 김한구의 딸로 15세 나이에 영조의 계비로 간택됐다. 간택 당시 영조의 춘추 66세였으니 자그마치 51세의 나이 차이가 났다. 심지어 영조의 아들인 사도세자보다도 열 살이 어렸다. 한마디로 조선 개국 이래 가장 나이 차가 큰 왕과 왕후였다.

1757년 정성왕후가 승하하자 삼년상을 치르고 영조는 아버지 숙종이 남긴 뜻에 따라 후궁들 중에서 왕비를 책봉하지 않고 새로 왕비를 간택했다. 후궁 희빈 장씨를 중전 자리에 앉혔다가 말로 다 못할 곡절을 치른 숙종으로서는 당연한 유지遺旨였으리라. 일단 간택령이 내려지면 전국의 15~20세의 양반집 규수들은 일체의 혼사를 멈추고 사주단자를 올려야 했다. 대개는 왕대비나 대왕대비가 간택의 최종 권한을 갖지만 임금이 직접 간택에 나선 경우도 있었다. 영조가 그랬다.

1759년 66세의 영조가 직접 간택에 나선 까닭은 늙은 남자의 엉뚱한 호기심의 발로는 아니었을 듯싶다. 그는 무수리 출신이었던 숙빈 최씨의 아들 연잉군의 지위에서 곡절 끝에 30세가 돼서야 왕위에 올라 52년간 재위하면서 조선왕조 사상 가장 오랜 치세를 누린 왕이다. 들어온 사주단자로 미뤄보아 어차피 새 왕비와는 45~50세의 나이 차가 날 것은 뻔한 이치였다. 그러니 그가 굳이 직접 왕비 간택에 나선 것은 여색을 밝힌 경망한 처신이었다기보다 오히려 최소한 말이 통하는 사람을 직접 찾고 싶은 간절한 마음 때문이었으리라.

영조는 간택 면접에서 규수들에게 한결같이 이렇게 물었다. "세상에서 가장 깊은 것이 무엇이냐?"고. 대체로 규수들은 "산이 깊다" "물이 깊다"는 식의 교과서적인 답을 했다. 그러나 훗날 정순왕후로 간택받은 어린 김씨는 "인심이 가장 깊다"고 답했다. 물론 그 물음에 정답이 따로 있었을 리 없다. 하지만 이 대답이 영조를 사로잡았다. 이에 영조는 다시 물었다. "가장 아름다운 꽃이 무엇이냐?"고. 이에 어린 김씨는 '목화꽃'이라고 답한 후 그 이유를 이렇게 덧붙였다. "목화꽃은 비록 멋과 향기는 빼어나지 않으나 실을 짜 백성들을 따뜻하게 해주는 꽃이니 가장 아름답다"고 말이다.

할아버지뻘 되던 영조가 이 말을 듣고 어찌 감탄하지 않았으랴! 말이 통하는 정도를 넘어 그 한마디 한마디에 나이에 걸맞지 않은 깊이와 너비가 있음을 영조인들 왜 느끼지 못했으랴. 결국 어린 김씨는 왕비로 간택돼 같은 해 음력 6월 22일 창경궁에서 혼례를 올렸다. 그 혼례의 전모를 담은 『영조정순왕후가례도감의궤英祖貞純王后嘉禮都監儀軌』를 보면 영조가 정순왕후를 데리고 궁으로 가는 50면에 달하는 〈친영반차도〉가 실려 있는데 379필의 말과 1299명의 인물이 등장한다. 그만큼 영조는 계비 정순왕후를 맞이하는 데 정성을 들였다.

1776년 영조가 83세를 일기로 승하했다. 정순왕후는 영조와 17년 남짓 산 셈이다. 그사이 영조의 아들 사도세자가 뒤주에 갇혀 죽는 희대의 사건도 있었다. 역사의 격랑 속에서 정순왕후 역시 세파에 시달렸다. 그녀에 대한 역사의 평가도 갈린다. 하지만 그녀가 열다섯 앳된 나이에 국모로 간택되는 순간에 했던 몇 마디는 지금도 우리를 울린다.

그렇다. 세상에서 가장 깊은 것은 인심人心 곧 사람의 마음이다. "열 길 물속은 알아도 한 길 사람 속은 모른다" 하지 않던가. 사람의 마음은 그렇게 깊은 것이다. 따라서 사람의 마음을 움직이려면 얕은 수로는 안 된다. 천근만근 같은 무게가 실려야 하고 태풍처럼 바닷속 깊은 심저까지 뒤집을 수 있어야 한다. 그리고 가장 아름다운 것은 스스로 뽐내는 겉멋과 향취가 아니라 목화꽃처럼 백성을 편안하게 하고 따뜻하게 만드는 철저한 자기희생의 자세 아니겠는가!

"귀관들 모두를 무사히 살려서 다시 데려올 수는 없겠지만

한 가지는 약속한다. 전투에 투입되면 내가 제일 먼저

적진을 밟을 것이고 가장 마지막에 적진에서 나올 것이다.

단 한 명도 내 뒤에 남겨놓지 않겠다.

우린 살아서든 죽어서든 모두 함께 고국으로 돌아올 것이다."

12

아버지 :
내 인생 최고의 스승

아버지가 남긴 세 마디

1943년 10월 19일 밤

하나의 물음표(?)로 시작된

나의 인생은

몇 개의 느낌표(!)와

몇 개의 말줄임표(…)와

몇 개의 묶음표(〈 〉)와

찍을까 말까 망설이다가 그만둔

몇 개의 쉼표(,)와

아직도 제자리를 못 찾아 보류된

하나의 종지부(.)로 요약된다[11]

　임영조 시인의 「자서전」이란 시다. 간략하지만 군더더기 없
이 저마다의 우리네 인생사를 능히 담아낼 수 있는 고농축의
시다. 시는 관념의 농축처럼 보이지만 기실은 행동으로 밀어
가는 힘이 있다. 그리고 굳이 외우려 하지 않아도 가슴에 오롯
이 새겨지듯 남는 시가 있게 마련인데 임영조 시인의 이 시 또
한 그러하다.

　그런데 비록 시는 아니지만 내 마음 깊숙이 자리잡고 있어
때때로 내 오장육부를 비집고 스멀스멀 올라오는 것이 있다.
굳이 '시'라고 내세울 그 뭣도 없는 단 세 줄짜리 글귀다. 하지
만 오래전부터 나도 모르게 읊조리며 외우고 있고, 내 마음 한
편에 아로새겨져 있기에 내게는 시 이상의 그 무엇이다. 다름
아닌 나의 아버지가 막내아들인 나의 중학교 졸업 앨범 첫 장
여백에 남겨놓으셨던 생의 마지막 흔적 세 마디다.

　　푸른 물 몰아치는 청석 낭가위

　　달 없는 파도 소리

　　이 …… 농쑥 해는 어씨 너 있을뇨

이 세 마디 흔적을 남기고 아버지는 채 반년도 안 지나 세상을 뜨셨다. 하지만 그 세 마디 글귀는 내 기억, 아니 내 속살에 아로새겨지듯 남아서 반세기 가까운 세월 동안 내 안에 뿌리를 내리고 그 무엇으로도 대체 불가한 '내 인생의 시'가 되었다.

평안남도 강서가 고향인 내 아버지는 6·25전쟁 당시 육로가 아닌 해로로 월남하셨다. 그 시대를 살아낸 이들이 다들 그러셨다지만 아버지도 숱한 죽을 고비를 넘기며 남으로 내려오셨다. 월남 후 사반세기가량을 더 사신 아버지가 시시각각 옥죄어오는 죽음을 앞두고 막내아들의 중학교 졸업 앨범 첫 장 여백에 남긴 세 마디 흔적이야말로 그 생사를 넘나든 인생 역정을 압축한 한 편의 인생 시였다. 그것은 절망으로 위장된 것처럼 보이지만 결코 포기하지 않는 희망이고, 결단코 한탄으로 그치지 않는 절절한 바람의 절정을 품고 있다. 끝이 안 보이는 절망의 터널일지라도 반드시 끝은 있게 마련이며, 아무리 어두워도 그 어둠은 곧 들이닥칠 해맞이 속에 산산이 부서질 수밖에 없다는 절대적 희망을 이야기하고 있는 것이다. 그래서 아버지의 시는 그 아들의 시가 될 수밖에 없었다.

아버지는 난리를 피해 고향 강서에서 70리 길을 걸어 진남포에 도착했다. 육로는 이미 막혀 있기에 거기서 해로를 통해 남으로 내려올 수밖에 없었다. 하지만 배를 구할 수 없었다. 급기야 도저히 배를 띄울 수 없다고 버티는 뱃사공의 멱살을 잡아끌다시피 해 간신히 쪽배 하나를 거친 바다에 띄웠다. 하지만 그 배는 아버지의 예상과는 다르게 북상하는 연근해 해류를 타고 더 북쪽인 신의주 근처 용사포 앞바다까지 올라갔다. 남하하길 싫어하던 뱃사공의 의도대로 된 셈이었다.

아버지는 뱃사공에게 더 먼 바다로 배를 몰아갈 것을 요구했다. 그러나 아버지가 탔던 배는 먼 바다의 높은 파고를 견디기에는 너무 작고 초라했다. 결국 아버지가 탄 배는 어느 이름 모를 섬에 표착했다. 아버지도 뱃사공도 정말이지 지치고 낙담했을 것이다. 삼킬 듯 넘실대는 파도를 피해 두 사람은 가파른 벼랑을 기어올랐다. 하지만 그곳은 더이상 오갈 데 없는 벼랑 끝이었다. 백척간두에 선 나의 아버지. 달빛조차 자취를 감춰 칠흑같이 어두운데 처얼썩 처얼썩 바위를 때리는 파도 소리만 요란할 뿐인 벼랑 끝에 섰을 때였을 것이다. 실로 생사기로의 절체절명의 위기 속에서, 어둠보다 더 캄캄한 절망의 시공간에서 당시 서른셋의 아버지는 "푸른 물 몰아치는 청석 낭가위 / 달 없는 파도 소리 / 아…… 동쪽 해는 어찌되었을뇨" 하고 스스로에게 되뇌듯 외쳤으리라.

하지만 두려움마저 삼켜버린 절망은 때로 높은 파고 속에서 진복되었다가 놀랍게도 고래가 뿜어내는 물물기처럼 다시 실

희망으로 솟구친다. 모든 희망은 극한의 절망 속에서 싹트게 마련이고, 절망의 깊은 밤을 지새워야 희망의 아침을 맞게 되는 법이다. 아버지도 그러했던 것이다. 그래서 아버지의 시에는 결코 놓을 수 없는 생의 절규가 스며 있다. 그리고 그 절규는 곧 어둠 속 절망을 몰아내는 희망의 씨앗이 되었다.

아버지는 어둠 속 절망과 벼랑 끝 위기를 딛고 끝끝내 남으로 내려와 사반세기의 세월 동안 인생의 후반전을 뛰면서 다섯 자녀를 세상에 내놓으셨다. 그리고 그 끝자락에 있던 막내아들이 중학교를 졸업하던 때, 이미 다가올 죽음을 예감하고 있던 아버지는 자신의 생에서 가장 힘들었지만 그래도 희망을 놓지 않았던 그 순간의 심경을 세 마디 글귀로 이제 막 시퍼렇게 인생을 시작해야 하는 어린 자식에게 유언처럼, 아니 유산으로 남긴 것이었으리라. 그 어떤 어둠 속 절망도 불현듯 솟구칠 동쪽 해와 같은 희망을 결코 저지할 수는 없다는 생생한 삶의 경험에서 우러나온 지침을, 아버지는 막내아들에게 세 마디로 남긴 채 그해 가을, 세상을 뜨셨다.

내 아버지는 1918년생이셨으니 100년도 전에 태어나셨는데 돌아가신 것은 45년 전인 1978년 가을이었다. 세는나이로는 육십이었지만 정작 환갑은 못 지내고 가셨다. 아버지가 돌아가시고 장례를 치르면서 묘소 앞에 자그마한 검은 돌로 비碑

를 세울 때 나는 아버지가 남겨놓은 흔적 같은 이 세 마디를 새겨넣자고 했다. 어찌된 일인지 집안 어른들이 고등학교 1학년생이었던 막내아들의 의견을 받아주셨다. 그래서 비석에 아버지가 막내아들의 중학교 졸업 앨범 첫 장 여백에 적어놓았던 생의 마지막 세 마디의 흔적이 새겨질 수 있었다.

그리고 세월이 지나 이제 내가 아버지가 세상 뜰 때의 나이가 되었다. 그 현실을 맞닥뜨리게 되었을 때 왠지 소름이 끼치도록 전율이 일었다. 하지만 이게 인생이구나 싶기도 했다. 그래서인지 아버지에 대한 생각이 요즘처럼 각별한 때가 없다. 더 자주 아버지가 남겨놓은 흔적 같은 세 마디를 나도 모르게 반복해서 읊조리게 된다. 그것을 통해 그 어떤 거창하고 거대한 절망의 기세도 결단코 작디작은 희망의 기운조차 이기지 못한다는 또하나의 진실을 되뇌면서 말이다. 희망은 결단코 그 어떤 절망 앞에서도 굴하지 않고 이겨내기에 희망이란 이름을 갖는 것이리라.

혹한의 거친 파고를 무릅쓰고 쪽배에 몸을 실어 남으로 향했던 아버지의 결행이 아니었다면, 지금 이 글을 쓰는 나는 세상에 없었다. 이름 모를 섬에 표착해 생존을 향한 처절한 사투 속에서도 끝끝내 희망의 끈을 놓지 않았던 아버지가 있었기에 나는 세상에 나올 수 있었다. 그리고 그렇게 태어난 아이가 중학교를 졸업할 즈음 아버지는 자신의 마지막을 알고 있었다. 그렇기에 그 막내에게 마지막 유언 같은 세 마디 글을 남겨 평생을 살아갈, 결코 고갈되지 않을 에너지를 유산으로 물려준 것이리라. 아버지가 사선을 넘던 그때처럼 어린 막내아들 역시 살면서 숱한 생의 사선들을 넘어왔다. 하지만 그 어떤 상황에서도 그 어떤 지경에서도 절망하지 않았고 다시 희망을 낙관하며 살고 있다. 후반생을 뛰고 있는 모든 이들에게 똑같이 말하고 싶다. 죽는 그날까지 결행하듯 저지르고 결단코 희망을 놓지 말라고!

나만의 '아버지 학교'를 열자

2001년 9·11 테러 당시 뉴욕시장이었던 루돌프 줄리아니의 아버지는 무명 복서였다. 이탈리아에서 이민 온 줄리아니의 아버지는 비록 배운 것도, 남긴 것도 변변치 않았지만 아들에게 항상 입버릇처럼 당부한 이야기가 있었다. "얻어맞을수록 침착해져라." 이는 줄리아니의 아버지가 몸으로 터득해 삶으로 가르쳐준 원칙이었다. 9·11 테러가 터지자 줄리아니는 본능적으로 "얻어맞을수록 침착해져라"라는 아버지의 당부를 떠올렸다. 그 덕분에 상상하기조차 힘든 가공할 테러로 인해 극한의 공황 상태에 빠졌던 위기 상황에서도 침착성을 잃지 않고 대처해 사태를 조기에 수습할 수 있었다. 그해 『타임』은 줄리아니를 '올해의 인물'로 선정했다. 줄리아니의 위기 타개 리더십에 감동한 엘리자베스 영국 여왕은 그에게 기사 작위를 수여했다. 또 9·11 이후 줄리아니의 인기는 더욱 치솟아 많은 뉴욕 시민이 연임 제한 규정을 고쳐서라도 그가 계속 시장으로 남아 있기를 바랐을 정도다. 이 모두가 무명 복서 출신이었던 아버지의 가르침을 따른 덕분이었다.

언젠가 몽골에 갔을 때의 일이다. 습도가 낮아서 밤하늘의 별들이 마치 자연학습 도감의 천체도를 보는 것처럼 너무나 뚜렷하고 선명했다. 내가 북두칠성에서 전갈자리에 이르기까지 별자리를 하나씩 찾아내 이름 부르자, 옆에 있던 건축가 승효상 선생이 어릴 적에 학교에서 자연 공부를 잘했나보다고 말을 건넸다. 나는 그저 빙그레 웃고 말았다. 실은 내가 기억하는 밤하늘의 별자리를 가르쳐준 것은 학교가 아니라 아버지였기 때문이다.

비단 별자리만이 아니었다. 초등학교 시절, 나는 시간을 계산하는 산수 문제를 유독 어려워했다. 보기에 안쓰러웠는지 이버지가 내게 셈하고 푸는 방법을 일러주셨다. 그런데 아버지의 계산법은 학교에서 가르쳐주는 방식과 사뭇 달랐다. 아버지의 방식이 더 쉬웠고 그 덕분에 문제를 더 잘 풀 수 있었다.

내가 아버지와 함께 산 세월은 15년 9개월이 전부다. 아버지는 내가 고등학교 1학년 때 세상을 뜨셨다. 하지만 그 절반인 8년여 동안 나는 '아버지 학교'를 다녔다. 그 8년은 병원에서 '암'이라고 사실상의 사망 통보를 받았던 아버지가 투병하며 버텨낸 기적이나 다름없는 세월이었다. 동시에 5남매 중 막내였던 내가 초등학교 3학년 때부터 고등학교 1학년이 될 때까지 성장통을 앓던 기간이었다. 투병하는 아버지와 성장통을 겪는 아들이 8년 동안 매일 두어 시간씩 마주한 곳이 바로 '아버지 학교'였다.

'아버지 학교'를 다닌 것은 내 인생 최고의 특혜였다. 내가 다닌 '아버지 학교'는 당연하게도 거창한 현판이 걸린 학교가 아니었다. 교재가 준비되어 있고 따로 교실이 마련된 학교도 물론 아니었다. 아버지가 몸져 누워 있던 방이 교실이었고, 병든 아버지의 결코 평탄치만은 않았던 삶의 곡절 많은 이야기들이 교재라면 교재였다. 그 학교의 유일한 선생은 아버지였고 유일한 학생은 나였다. 밤하늘의 별자리를 익힌 것도, 나름의 인생 셈법을 배운 것도 모두 거기에서였다. 결국 오늘의 나를 만든 것은 바로 그 '아버지 학교'였다.

　아버지의 존재 이유는 돈 벌어오는 게 전부가 아니다. 『아들에게 아빠가 필요한 100가지 이유』를 쓴 그레고리 E. 랭은 '아이의 자라나는 모습을 지켜보고자 하던 일도 멈추어, 아이에게 스스로 얼마나 소중한 존재인지 일깨워주는 아빠'의 중요성을 강조한 바 있다. 아버지 없는 아이의 사춘기는 '지도 잃은 탐험'과 같다. 아버지의 부재는 자라나는 아이에겐 더없는 재앙이다.

　그러니 많은 시간이 아니어도 좋다. 한 시간, 아니 30분, 그것도 힘들면 밥상머리에서 단 10분만이라도 아이에게 온전히 집중하는 시간을 가져보자. 그 순간이 모이고 쌓여 아이의 미래를 결정짓는다. 물론 자기 아이에게 마음 쓰지 않는 아버지는 없을 것이다. 하지만 마음과 낙하산은 펼치지 않으면 소용없다. 그 마음을 펼쳐 나만의 '아버지 학교'를 열자. 병든 아버지도 했던 일을 사지 멀쩡한 아버지들이 못할 게 뭔가. 학원 보내고 과외시키고 유학 보내는 것이 능사가 아니다. 밥 먹이고 옷 입히고 용돈 주는 게 다가 아니다. 내가 직접 붙들고 해야 할 일이 있다. 남이 대신해줄 수 없는 그 무엇이 있다. 나만의 '아버지 학교'를 열고 아비로서 해야 할 일을 하자!

아버지와 나, 나와 딸…… 인생은 재현된다

지금은 독일에서 발레리나로 활동하는 딸이 초등학교 2학년생일 때 그동안 타던 자전거의 보조 바퀴를 떼고 타겠다고 해 함께 자전거 수리점에 갔다. 좌우 양쪽의 보조 바퀴를 떼고 안장 높이를 적당히 높인 후 근처 학교 운동장으로 향했다.

누구나 그랬듯이 두발자전거를 처음 배울 때는 쉽지 않다. 딸도 예외가 아니었다. 자전거 핸들의 왼쪽 손잡이를 딸과 함께 잡고 안장을 오른손으로 거머잡은 후 딸에게 안심하고 페달을 힘껏 밟으라고 주문했다. 하지만 어린 딸은 페달을 밟기보다는 넘어지는 것이 두려워 자꾸 먼저 브레이크를 잡았다. 그러니 자전거가 나갈 턱이 없었다. 그리고 이내 넘어질 수밖에! 몇 번을 시도한 끝에 딸에게 이렇게 말했다.

"자전거는 페달을 밟아야 앞으로 가는 거야. 넘어질 것이 겁나서 먼저 브레이크를 잡으면 앞으로 결코 나갈 수 없어. 브레이크에서 아예 손을 떼. 그리고 열심히 페달만 밟아. 그러면 앞으로 나갈 수 있어. 넘어지는 것 겁내지 마. 멈추는 것은 그다음에 배우면 돼!"

그러자 딸은 흙 묻은 손으로 땀에 젖은 얼굴을 훔쳐 닦고 다시 자전거에 올랐다. 아빠의 말이 효력이 있었던 걸까? 아님

오기가 발동한 걸까. 딸은 몇 번의 시도 끝에 자전거를 타고 내달릴 수 있었다.

하지만 이내 눈앞에 조그마한 장애물이라도 있으면 주춤거리다 결국 또 넘어지고 말았다. 두려움 때문이었다. 장애물에 대한 두려움이 앞서 핸들을 움직이기보다 무작정 브레이크부터 잡았던 것이다. 그러나 눈앞에 보이는 장애물을 피하기 위해서라도 페달을 더 힘껏 밟아야만 했다. 그래야 속도가 나서 핸들도 조작하기 쉬워지기 때문이다. 딸은 넘어진 자전거를 힘겹게 일으켜 세우고 다시 페달을 밟았다. 비록 능숙하게 장애물을 피해 가며 타지는 못했지만 그래도 점점 나아졌다. 한시간 이상, 넘어지면 다시 일어나 페달 밟는 것을 반복한 딸의 얼굴은 발갛게 상기돼 있었다. 흠뻑 땀을 흘린 어린 딸은 이제 그만 타고 싶다고 말했다. 나는 딸과 다음 주말에 다시 타기로 약속하고 앞으론 혼자 출발하는 법, 핸들을 돌려 회전하는 법, 달리다가 브레이크를 잡고 서는 법 등을 차근차근 더 익히자고 말했다. 내 딸은 그렇게 난생처음 두발자전거를 타봤다.

내가 두발자전거를 처음 탄 것은 딸보다 한 해 늦은 초등학교 3학년 때였다. 아버지가 직접 안장 높이를 맞춰줬던 기억이 지금도 새롭다. 아버지는 내가 딸에게 했던 것처럼 그렇게 자전거 타는 법을 일러줬다. 하지만 아버지의 말대로 타는 일은 쉽지 않았다. 아마도 내 딸 역시 마찬가지였으리라. 이치적으로 맞는 말일지라도 막상 자전거를 처음 타는 입장에서는 아무 소리가 안 들렸을지 모른다. 돌이켜보니 나 역시 그랬다. 그러다가 어느 순간 스스로 터득했다. 페달을 밟으니 나아갔고 속도가 붙으니 핸들을 자유로이 돌릴 수 있었다. 물론 질주한 후에 브레이크를 잡고 설 수도 있었다.

반세기 전 나와 아버지의 모습이 십수년 전 나와 딸의 모습으로 재현되는 것. 이것이 인생이다. 그렇게 우리는 대를 이어 삶을 살아간다. 또 그렇게 우리는 나고 자라고 늙어간다. 뻔한 얘기 같지만 너무나 분명한 세상 이치가 이 자전거 타기에 담겨 있음을 새삼 깨닫는다.

내게 자전거 타는 법을 가르쳐줬던 아버지는 저세상으로 가신 지 벌써 45년이나 됐다. 아버지는 아들이 자전거 타는 모습을 7년 남짓 보시곤 돌아가셨다. 나는 아마도 딸이 자전거 타는 모습을 그보다는 오래 지켜볼지 모른다. 그리고 아버지가 내게 그랬듯이 내 딸이 인생의 고비와 갈림길에서 혹은 장애물 앞에서 헤매다 넘어졌을 때 이렇게 말해줄 거다.

"괜찮아. 일어나서 툭툭 털고 다시 페달을 밟아봐. 그래 그거야. 달려야 멈추는 것도 가능해. 그러니 페달을 밟아! 두려움 없이!"

13

꿈:
미래로 나아가는 동력

배니스터의 도전[12]

1954년 5월 6일. 로저 배니스터는 1마일 경주의 출발선에
섰다. 1마일을 4분 안에 달리기 위해서였다. 1마일은 1760야
드로 약 1.609킬로미터에 해당한다. 그런데 그때만 해도 1마일
을 4분 안에 달린다는 것은 불가능한 일로 여겨졌다. 1마일을
4분 안에 달리면 폐와 심장이 파열하고 인대가 끊어진다는 것
이 당시의 통념이었다. 하지만 옥스퍼드 의대를 다니던 아마
추어 육상선수 배니스터는 그 통념에 도전하기로 마음먹었다.
본래 배니스터는 1952년 헬싱키올림픽 1500미터 육상 경기의

강력한 우승 후보였다. 하지만 그는 4위에 머물고 말았다. 우승 후보가 4위에 그치자 박수갈채 대신 비난의 화살이 빗발쳤다. 배니스터는 새로운 도전을 통해 명예를 회복하길 바랐다. 하지만 다음 올림픽까지는 4년을 기다려야 했다. 그래서 그가 택한 도전이 바로 마魔의 '1마일 4분 벽'을 깨는 것이었다.

1마일을 4분 안에 뛰기 위해 배니스터는 4분의 1마일 트랙을 60초에 한 바퀴씩 돌아야만 했다. 출발선에서 총성과 함께 출발한 배니스터는 이를 악물고 4분의 1마일 트랙을 세 바퀴째 60초 안에 달렸다. 숨이 가빠오고 심장이 터질 것 같았다. 네 바퀴를 돌아 마침내 결승점에 들어온 배니스터는 격심한 고통속에 의식을 잃다시피 쓰러졌다. 잠시 동안 그의 눈에는 모든 사물이 흑백으로만 비쳤다. 산소 부족으로 온몸의 기관이 작동을 멈추는 듯했다. 하지만 그 순간 배니스터는 스스로 어떤 장벽을 깼다는 생각이 들었다. 그가 1마일을 3분 59초 4로 주파해낸 것이다. 인간 능력의 한계로 여겨졌던 1마일 4분 벽을 마침내 돌파한 것이다.

그런데 더욱 놀라운 사실은 배니스터가 마의 1마일 4분 벽을 깨고 난 뒤 한 달 만에 무려 10명의 선수가 다시 1마일 4분 벽을 돌파했다는 점이다. 그리고 일 년 후엔 37명이 그 4분 벽을 넘었고, 2년 후에는 그 숫자가 300여 명으로 늘어났다. 두

대체 어떻게 된 일일까. 1950년대 중반부터 인류가 빨라지기라도 했던 걸까. 아니다. 결코 넘을 수 없다고 생각했던 마음의 장벽을 배니스터라는 한 젊은이가 허물자, 사람들이 너도나도 따라서 허물었던 것이다. 한 젊은이의 통념을 깬 도전이 사람들의 마음을 '할 수 없어, 안 돼'에서 '할 수 있어, 돼!'로 움직이게 했고 그만큼 세상을 바꾼 셈이다.

결국 도전이 세상을 변화시킨다. 도전은 내 안의 숨은 위대함을 깨우는 일일 뿐만 아니라 다른 사람의 잠재 역량까지 일깨우는 삶의 각성제다. 도전 없이는 성장도 발전도 없다. 물론 도전은 때로 실패와 좌절을 수반한다. 하지만 그 실패와 좌절이 두려워 도전하지 않는 사람은 그 자리에 머물 뿐만 아니라 결국 쉼없이 도전하는 사람에게 뒤처지고 만다.

꿈을 사고 싶다

꿈을 사? 꿈을 팔고? 110여 년 전인 1910년 박해명이란 이가 길몽吉夢을 꿨다. 그는 이 꿈을 경주 옥산의 이언적 13세손인 이병유에게 팔았다. 한국학중앙연구원엔 그 꿈을 팔고 쓴 매

매계약서가 남아 있다. 거기 이렇게 적혀 있다.

"절박하게 돈을 쓸 데가 있어 음력 2월 23일 밤에 용과 호랑이를 본 좋은 꿈을 앞에 말한 사람에게 돈 1000냥을 받고 영영 매도한다. 뒤에 만약 잡음이 있으면 이 문서를 가지고 증거로 삼을 일이다."

『삼국유사』에도 꿈을 사고판 얘기가 있다. 삼국통일의 영웅 김유신에게는 보희와 문희라는 두 여동생이 있었다. 어느 날 보희는 '서악에 올라 소변을 보니 온 서라벌이 오줌으로 덮이는 꿈'을 꿨다. 기이한 꿈이기에 동생 문희에게 조심스레 얘기했다. 문희는 꿈 얘기를 듣자마자 얼른 그 꿈을 팔라고 언니를 졸랐다. 언니는 마지못해 치마 한 감에 자신이 꾼 꿈을 동생에게 팔았다. 그뒤 축국놀이를 하던 김춘추(훗날 태종무열왕)의 옷깃이 떨어지자 김유신은 자기 집에 들러 꿰매고 가라며 그를 집으로 이끌었다. 먼저 보희에게 옷깃을 꿰매라고 일렀으나 듣지 않자 결국 문희에게 꿰매게 했다. 이것이 인연이 돼 동생 문희는 김춘추의 아이를 갖게 되었으니 그가 훗날 삼국통일을 완성한 문무왕이다.

꿈을 산다는 것은 단순히 호기심이나 장난기의 발동이 아니다. 거기에는 절절한 무언가가 담겨 있다. 언제부턴가 대한민국은 그 진질힘마지 싱실힌 체 꿈이 죽은 사회다. 젊은이늘에게 꿈이 뭐냐고 물으면 바보 된다. 취직도 못해 안달인데 꿈은 무슨 놈의 꿈! 애 어른 할 것 없이, 배우고 못 배우고 가릴 것 없이, 돈 있고 없고를 떠나 모두 꿈을 잃은 채 산다. 그저 편하면 안주하고 힘들면 주저앉는다. 끝까지 악착같이 해보겠다는 녹기는 사라진 지 오래다. 배가 불러서가 아니다. 목숨 걸고 도전해볼 꿈을 상실했기 때문이다.

꿈꾸지 않는 순간 삶은 퍼석해진다. 꿈을 상실한 틈새마다 후회의 곰팡이만 피어오른다. 그게 늙는 거다. 아니 죽은 거다. 꿈은 미래로 나아가는 동력이다. 삶이 팍팍하고 절박할수록 꿈이 있어야 한다. 삶의 그 어떤 처지에서든 꿈이 있으면 뚫어낸다. 진심眞心이면 통하고 정심正心이면 뚫듯이 절실하게 꿈꾸면 반드시 이뤄진다. 기왕이면 큰 꿈이어야 한다. 제아무리 높은 벽도 꿈이 크면 넘게 마련이다.

오늘의 견딤, 내일의 쓰임

할아버지와 손자가 도낏자루를 구하러 산으로 갔다. 따라가던 손자가 발이 아파오자 말했다.

"여기도 나무가 많은데 왜 자꾸 더 깊은 산속으로 들어가세요?"

할아버지는 말없이 계속 산길을 올랐다. 이윽고 산 정상 가까이 있는 절벽 위에서 할아버지는 바위 틈새를 뚫고 나온 나뭇가지를 어렵사리 잘라냈다. 그것을 가지고 산을 내려오며 할아버지는 손자에게 말했다.

"절벽의 바위틈을 뚫고 나무가 뿌리를 내려 가지를 뻗으려면 얼마나 견뎌야 했겠니. 비바람도 폭설도 추위도 더위도 모두 견뎌낸 그놈을 잘라 도낏자루로 써야 평생 써도 부러지지 않는단다. 매사 모든 것이 견딤이 있은 연후에 쓰임이 있는 법이야."

1939년부터 1945년까지 6년간 계속된 제2차세계대전 당시 나치의 대학살, 즉 홀로코스트로 약 1100만 명이 목숨을 잃었다. 하지만 빅터 프랭클은 체코슬로바키아의 테레지엔슈타트, 폴란드의 아우슈비츠, 독일의 카우페링과 튀르크하임 등 죽음의 수용소를 무려 네 군데나 거치고서도 살아남았다. 그가 살 수 있었던 이유는 뭘까? '살아야 할 의미'를 잊지 않고 견뎠기 때문이다. 자기 미래에 대한 믿음을 상실한 사람은 더이상 살 수 없다. 하지만 '살아야 할 의미'를 지니고 견뎌낸 사람은 어떤 어려움도 뚫고 다시 미래를 만든다.

1972년 10월 13일의 금요일. 우루과이의 올드 크리스천스 럭비팀은 비행기를 타고 칠레로 날아가던 중 안데스산맥에 추락하고 말았다. 추락 당시 13명이 즉사하고 눈사태로 8명이 더 사망하는 등 결국엔 16명만이 살아남았다. 영하 30도의 극한 지대에서 그들은 동료 사망자의 인육을 먹으며 버텼다. 살려면 구조를 요청해야 했다. 난도 파라도와 로베르토는 눈 덮인 산을 타기 위한 어떤 장비도 없이 그저 몇 벌의 옷을 겹쳐 입고 운동화를 신은 채 해발 5000미터의 겨울 안데스를 넘어 100킬로미터를 걸어서 극적으로 구조 요청에 성공했다. 덕분에 안데스 산중에 남아 있던 동료 선수들도 모두 구출됐다. 그들은 72일의 사투 끝에 살아서 돌아왔다.

생환자 파라도는 말한다.

"안데스 산중에서 우리는 심장의 한 박동에서 다음 박동으로 근근이 이어가면서도 삶을 사랑했다. 놀랍게도 그 순간 인생의 매초 매초가 선물임을 깨달았다. 나는 생환 이래 그 처절했던 순간들을 잊지 않고 살아가려 애썼고, 그 결과 내 인생은 더 많은 축복으로 채워졌다. 그때의 경험에서 말한다. 숨을 쉬어라. 다시 숨을 쉬어라. 숨을 쉴 때마다 너는 살아 있는 것이다. 살아 있는 너의 존재를 사랑하라. 매 순간을 충실하게 살아가라. 단 한 순간도 허비하지 말고!"

그렇다. 견뎌내야 한다. 오늘이 아무리 힘들고 버거워도 포기하지 말고 버티며 견뎌라. 지금 포기하고 무너지면 당신 안의 영웅은 영영 빛을 못 보고 죽는다. 당신 안의 영웅이 놀랍게 빛을 발할 내일을 포기하지 마라. 지금을 버티고 견뎌 당신 안의 영웅을 살려내라. 스스로에게 외쳐라. "버텨라. 견뎌라. 내일은 온다!"고. 그때 오늘의 견딤이 곧 내일의 쓰임이 되리라.

꿈꾸지 않는 순간 삶은 퍼석해진다.
꿈을 상실한 틈새마다 후회의 곰팡이만 피어오른다.

그게 늙는 거다. 아니 죽은 거다. 꿈은 미래로 나아가는
동력이다. 삶이 팍팍하고 절박할수록 꿈이 있어야 한다.
삶의 그 어떤 처지에서든 꿈이 있으면 뚫어낸다.

진심眞心이면 통하고 정심正心이면 뚫듯이
절실하게 꿈꾸면 반드시 이뤄진다.

기왕이면 큰 꿈이어야 한다.
제아무리 높은 벽도 꿈이 크면 넘게 마련이다.

14

눈물:
영혼이 흘리는 땀

후회는 항상 뒤늦게 온다

　한 해의 끝자락에 서서 후회가 없다고 말할 수 있다면 얼마나 좋을까. 하지만 후회 없는 삶을 산다고 자부하는 이들에게도 후회는 항상 뒤늦게 오게 마련이다. 그만큼 후회는 피하기 힘든 복병이다. 거유巨儒 주희朱熹도 예외가 아니었나보다. 그는 살면서 피하기 힘든 '복병 같은 후회' 열 가지를 꼽았다. 이름하여 '주자십회朱子十悔'다.

　첫째, 불효부모사후회不孝父母死後悔다.

불효하면 부모가 돌아가신 뒤에 후회하게 마련이다. 아버지·어머니·장인·장모가 모두 세상을 뜬 '고아孤兒' 된 입장에선 더욱 절감하는 대목이다. 하지만 가시고 나서 후회해도 소용없다. 살아 계실 때 말 한마디, 낯빛 하나라도 제대로 해야 한다.

둘째, 불친가족소후회不親家族疏後悔다.

가족끼리 친하지 않으면 멀어진 뒤에 후회한다. 자식이든 배우자든 가까이 있을 때 잘해야 한다. 멀어진 뒤엔 소용없다. 자식은 품 떠나면 그만이고 부부는 멀어지면 남만도 못해지는 법이다.

셋째, 소불근학노후회少不勤學老後悔다.

젊어서 부지런히 배우지 않으면 늙어서 후회한다. 나이들어 공부하려면 분주하기만 하지 여간해서 성과 내기가 어렵다. 공부엔 다 때가 있게 마련이다. 그때를 놓치면 후회한다.

넷째, 안불사난패후회安不思難敗後悔다.

편안할 때 어려움을 생각하지 않으면 실패한 뒤에 후회한다. 제왕의 교과서라 할 『정관정요』에도 '거안사위居安思危'라는 말이 나온다. 편안함에 거할수록 위기를 생각하라는 뜻이다.

다섯째, 부불검용빈후회富不儉用貧後悔다.

풍족할 때 검약하지 않으면 가난해진 뒤 후회한다. 새뮤얼 스마일즈가 『검약론』에서 말했듯이 진정한 검약은 인색함이 아니라 적절함이다. 돈을 쓰지 말라는 것이 아니라 제때 제대로 쓰라는 것이다.

여섯째, 춘불경종추후회春不耕種秋後悔다.

봄에 밭을 갈아 씨 뿌리지 않으면 가을에 후회한다. 거둘 곡식이 없기 때문이다. 준비에 실패하는 사람은 결국 실패를 준비하는 셈이다.

일곱째, 불치원장도후회不治垣墻盜後悔다.

담장을 제때 손보지 않으면 도둑 든 뒤에 후회한다. 소 잃고 외양간 고쳐봤자 소용없다. 미리 챙기고 대비해야 한다.

여덟째, 색불근신병후회色不謹愼病後悔다.

여색을 삼가지 않으면 병든 뒤에 후회한다. 몸의 병도 문제지만 마음의 병은 더 깊게 마련이다.

아홉째, 취중망언성후회醉中妄言醒後悔다.

술에 취해 함부로 말하면 술 깬 뒤에 후회한다. 사람이 술을 마셔야지 술이 사람을 마셔버리면 감당이 안 된다. 마찬가지로 술이 말을 삼키면 감당할 수 없다. 자중해야 한다.

열번째, 부접빈객거후회不接賓客去後悔다.

손님을 제대로 대접하지 않으면 떠난 뒤에 후회한다. 손님만이 아니다. 기회도 마찬가지다. 기회는 손님처럼 온다. 성심성의껏 마음을 다해 대하지 않으면 스쳐갈 뿐이다.

지미 카터 전 미국 대통령은 "후회가 꿈을 대신하는 순간부터 우리는 늙기 시작한다"고 말했다. 그렇다면 이 말을 뒤집어서 "꿈이 후회를 뒤덮으면 우리는 나이는 들지언정 결코 늙진 않는다"고 말할 수 있지 않겠나. 그러니 우리 모두 새 꿈이 낡은 후회를 뒤덮게 하자. 그것만이 새로운 미래를 여는 가장 확실한 방법이다.

눈물의 맛

2012년 5월 24일 산티아고 데 콤포스텔라 대성당 앞에 섰다. 그리고 그 순간 나도 모르게 눈물을 흘렸다. 그 눈물은 땀과 뒤섞여 내 입가로 흘러내렸다. 맛이 짰다. 프랑스와 스페인의 국경에 있는 생장피에드포르를 출발해 피레네산맥을 넘기시작해서 때론 눈보라 속에, 때론 폭우 속에, 또 때론 살이 델 것 같은 뜨거운 태양 속에서 걷고 또 걸어 꼬박 44일째 되던 날에야 비로소 산티아고 가는 길을 걷는 순례자들의 성지인 그곳에 발을 디딘 것이었다. 그러니 내 속에서 눈물이 날 만도 하지 않았겠나. 물론 나의 발걸음은 거기서 멈추지 않았다. 다시 사흘을 내처 걸어서 대서양과 마주하는 땅끝 마을 피니스테레까지 기어코 갔다. 47일째 마지막 걷던 날 아침부터 비가 내렸다. 힘겹게 산등성이를 넘어 저멀리 대서양이 손에 잡힐 듯 보였을 때 또 눈물이 흘렀다. 빗줄기가 땀과 범벅되고 눈물에 뒤섞여 얼굴을 타고 내려 마른 입가를 적셨다. 정말이지 맛이 짰다.

사우나에서 흘리는 땀은 밍밍하지만 힘겹게 산을 오르며 흘리는 땀은 짜다. 마찬가지로 그저 값없이 흘리는 눈물과 분투하듯 살고 나서 흘리는 눈물은 그 맛부터 다르게 마련이다. 눈물의 화학적 성분이야 차이가 없을지 몰라도 눈물에 담긴 삶의 농도, 그 분투의 강도에 따라 맛이 다른 것이리라. 당연히 분투하는 삶이 흘리는 땀이 짤 수밖에 없듯이, 살려고 몸부림치는 사람이 흘리는 눈물 또한 짤 수밖에 없다.

함민복 시인의 산문 같은 시 중에 「눈물은 왜 짠가」라는 작품이 있다. 가세가 기울어 갈 곳이 없어진 어머니를 고향 이모님 댁에 모셔다드릴 때의 일을 담담하게 써내려간 시다.

설렁탕을 주문한 어머니가 "설렁탕에 소금을 너무 많이 풀어 짜서 그런다"며 국물을 더 달라고 해 아들의 투가리에 붓자, 아들은 국물을 그만 따르라고 어머니의 투가리를 쳐낸다. 울컥 치받치는 감정을 억제하려고 깍두기를 마구 씹어댔지만 참고 있던 눈물이 주루룩 흘러내리고 말았다. 그때 아들은 이렇게 중얼거렸다.

"눈물은 왜 짠가?"[13]

눈물은 단지 서러울 때만 짠 게 아니다. 인간이 절실하고 절박할 때 흘리는 눈물은 짜게 마련이다. 결국 눈물이 짜고 안 짜고는 그 눈물을 흘리고 뿌리는 이가 겪어내는 삶의 절박함과 절실함에 달린 것이리라. 게다가 기뻐서 흘리는 눈물과 슬퍼서 흘리는 눈물, 감격해서 흘리는 눈물과 격분해서 뿌리는 눈물의 맛이 어찌 같겠는가. 세상을 살다보면 억울한 일도 많고 속상한 일도 참 많다. 그런데 억울하고 속상할 때 흘리는 눈물은 짜지 않고 쓰다. 쓰디쓴 눈물을 삼켜본 이들은 안다. 이미 까맣게 타버린 속이지만 그나마 눈물이라도 흘리지 않으면 정말이지 끓인 속이 자신을 다 태워버려 재도 남기지 않을 것 같다는 것을. 그래서 화병이 도졌을 때는 울어야 약이다. 속이 죄다 타 까맣게 된 그때 흘리는 눈물은 쓰다. 그 쓰디쓴 눈물을 삼켜보지 않고서는 인생을 안다 할 수 없다.

눈부시게 화창한 봄날, 짙은 색 선글라스를 낀 채 인파 북적이는 도심 한복판을 걸으며 눈물을 흘려본 이는 안다. 그 눈물 맛은 정말이지 말로 형언하기 힘든 맛이다. 그때 흘리는 눈물은 짠 것만도, 쓴 것만도 아니다. 언젠가 후식으로 먹어본 미네랄 아이스크림의 맛이다. 단맛과 짠맛이 묘하게 뒤섞인 그 맛! 영혼이 흘리는 땀에 다름 아닌 눈물의 맛은 곧 인생살이의 맛 그 자체가 아니겠는가.

남자가 우는 법

울음은 삶의 정서적 순환에 없어선 안 될 것이다. 울 일이 있으면 울어야 한다. 실컷 울다보면 스스로 '이젠 그만 울고 일어서자'는 생각이 들게 마련이다. 그래서 실컷 우는 것이 되레 새희망과 새 힘이 되는 경우가 적잖다. 건축가 김중업 선생은 생전에 "집 어느 구석에서든 울고 싶은 데가 있어야 한다"고 말했다. 그렇다. 살다보면 울고 싶은 때가 있다. 하지만 정작 남의 시선을 의식하지 않은 채 혼자서 실컷 울고 싶은 데를 찾기란 쉽지 않다.

웃는 것이야 어디도 상관없다. 하지만 우는 것은 아무데서나 할 수 없다. 세상 풍파를 온몸으로 겪어내는 아버지가 요즘처럼 힘든 세월일지라도 자식들 앞에서 엉엉 울 수는 없는 노릇 아닌가. 물론 때로는 그렇게 우는 아버지의 가슴 절절한 모습을 아이들이 보고 느낄 필요도 있다. 그것이 아비와 자식들 간의 가장 진솔한 소통의 매개일 수 있기 때문이다. 하지만 대개의 경우 철없는 아이들은 아버지가 왜 그렇게 우는지 도통 모른다. 아예 관심조차 두지 않는다. 그래서 되레 아비의 마음을 더 아프게 한다.

요즘처럼 살벌한 세상에서 처절하게 몸부림치며, 때로는 구차하리만큼 아부하고 쩔쩔매며 살다보면 어딘가 숨어서 울고 싶은 때가 어디 한두 번이겠는가. 하지만 속시원히 울기는커녕 울음을 삼키고 숨겨야 하는 것이 인생일이다.

그럼에도 어쩔 수 없이 우는 남자들이 늘고 있다. 하지만 자존심 때문에, 또 남의 시선이 두려워 속으로 고개 숙인 채 홀로 눈물마저 되삼키며 울고 있다. 먼저 20대 후반에서 30대 초반의 남자들. 취직하면 장가가겠다고 마음먹는다. 취직한 다음에는 전셋집 마련할 돈이라도 모을 만큼 조금 안정되면 가겠다고 차일피일 미룬다. 그러는 사이 그만 사랑하는 사람마저 놓쳐버린다. 정말이지 울고 싶다. 하지만 이미 떠난 사람, 아쉬워하며 대놓고 울지도 못한다. 왠지 운다는 것이 자존심 상하고 스스로를 두 번 바보 만드는 일처럼 여겨지기 때문이다.

20, 30대 남자들은 '결코 너 때문에 울진 않겠다'는 자존심과 오기가 뒤섞여 애써 울음을 감춘다. 반면 40대 남자들은 현실에 무릎 꿇고 만 것이 억울하고 부끄러워 소리 내 울지도 못한다. 얼마 전 이제 막 40대 초입에 들어선 후배한테 전화가 왔다. 술을 한잔 걸친 듯했다. 그는 애써 냉정한 목소리로 회사를 그만뒀다고 말했다. 뜻밖이었다. 만나면 늘 회사 이야기만 늘어놓아 주변에서 그만 좀 하라고 핀잔까지 듣던 그였다. 청춘을 바쳐가며 그렇게 열심히 일해 평생 다닐 것만 같던 회사를 40대 초반에 그만뒀다니. 그는 애써 참고 있었지만 분명히 울고 있었다. 열심히 일해 이사도 되고 사장도 돼보겠노라던 청운의 꿈을 접고 더이상 발 디딜 곳조차 없게 된 현실 앞에 무릎

꿇은 것이 억울하고 분하고 또 부끄러워 속으로 울고 있었다. 그는 아마 아내 앞에서도 속시원하게 울 수 없었을 것이다. 점점 커가는 아이들 앞에서도, 심지어 선배인 내 앞에서도 그는 울 수 없었다. 그는 애써 힘든 기색을 감추고 그저 속으로 울었던 것이리라.

40대 남자들이 속으로 운다면, 50대 남자들은 고개 숙이고 운다. 여자에게만 폐경기가 있는 게 아니다. 남자들에게도 폐경기가 있다. 단지 정력이 감퇴했다는 이야기를 에둘러 말하는 것이 아니다. 그보다는 좀더 심리적인 문제다. 남자들의 폐경기는 한마디로 자신감의 상실이다. 뭔가 스스로의 당당함을 더이상 찾기 힘들어지는 나이가 50대. 새로 도전하고 확충한다는 것은 머릿속의 관념일 뿐 현실의 자기 모습은 점점 위축되고 있다. 살아온 삶을 돌아보면 왠지 허탈해지고 앞으로 살아갈 길을 내다보면 체증 걸린 듯 속이 답답해지는 것, 그것이 남자들의 폐경기다. 그 폐경기를 거친 남자들은 한결같이 고개를 숙이고 운다.

60대 이상이 되어 특별한 경우가 아닌 이상 일선에서 물러나 놀고 있는 대부분의 남자는 숨어서 운다. 때론 산에 올라 운다. 좋은 자리에 있을 땐 여기저기서 밥 먹자, 공 치자 하며 속 닥거리던 사람들도 어느새 사라져버린 지 오래다. 아내와는 각방을 쓴 지 오래고, 자식들은 품을 떠난 뒤 자기들 앞가림하며 살기도 바쁘다. 정말이지 혼자라는 생각이 몸서리쳐지게 엄습하면 남자는 조용히 울 곳을 찾아 숨어든다. 그리고 혼자 꺼이꺼이 삶의 숱한 애환마저 되새김질하며 운다.

물론 우는 것은 지극히 사람다운 일이다. 울어야 할 때 울지 않으면 그것이 쌓여 울화가 되고 울분이 되며 결국 나를 망친다. 고로 울 때는 제대로 울어야 한다. 그러니 더이상 숨어서 울지 말자. 고개 숙이고 울지도 말고 속으로 눈물 삼키며 울지도 말자. 이젠 이렇게 울자. 고개를 들고 하늘을 보며, 두 눈 똑바로 크게 뜨고, 눈물일랑 훔치지 말고 뚝뚝 떨구며, 아직 인생의 게임은 끝나지 않았노라고 선언하며, 두 주먹 불끈 쥐고, 이 악물고, 다음에 울 때는 기필코 기쁨과 환희와 감격에 겨워 울겠노라고 다짐하며 울자. 그렇게 실컷 울자. 막힌 속이 터지도록. 남자들이여, 진정 그렇게 울자.

15

절정 :
짧다, 그래서 소중하다

찰나刹那에 담긴 영원

절정이던 가을 단풍도 어느새 낙엽으로 변해간다. 그 절정과 낙하 사이의 시간적 여백이 너무 짧다. 하지만 그 시간이 길지 않고 짧았기에 더욱 절절하고 소중하게까지 여겨지는 것이 아닐까 싶다. 삶도 이와 다르지 않다. 모든 절정은 짧다. 아니 어쩌면 순간이다. 간혹 오래된 책들을 다시 뒤적이다가 어린 시절 곱게 물든 단풍의 낙엽을 골라 책갈피에 끼워놓은 것을 다시 마주하게 되는 순간이 있다. 단풍 든 낙엽의 윤곽이 책 속에 그리기라도 한 듯 스며 있을 때 또다시 느끼게 된다. 짧게 산

단풍의 그 여운이 얼마나 길고 깊으며 진한 것인지를! 이처럼 이미 낙하한 가을 낙엽 하나에도 길고 충만한 생명의 기억들이 담길 수 있는 것이다. 그러니 절정의 짧음을 탓하지 마라.

짧은 말이 긴 여운을 남기는 것도 마찬가지다. 구구절절 긴 이야기는 때로 흘려들어도 간명한 일침 같은 짧은 말은 새겨듣는다. 그래서 오히려 짧은 화두가 더 많은 생각을 불러일으키지 않던가. 성철 스님의 생활 속 화두는 "이 뭐꼬"라는 한마디로 압축된다. 1993년 11월 4일 해인사 퇴설당에서 열반에 드실 때 남긴 마지막 말 한마디 역시 "잘하그레이"뿐이었다. 그즈음에 성철 스님의 마지막 가는 길에 인사드리겠다며 사람들이 해인사로 몰려들어 산사로 향하는 길이 길고 길게 장사진을 이뤘지만 정작 스님의 가르침은 단박에 깨치고 단박에 닦는 돈오돈수頓悟頓修의 깨달음처럼 짧고 간명했다. 그래서 더욱 오래도록 기억되고 소중한 것으로 남아 있는지 모른다.

실천적인 경제학자이자 환경운동가이기도 했던 에른스트 슈마허는 "작은 것이 아름답다"고 썼다. 그런데 "작은 것이 아름답다"면 "짧은 것은 소중하다"고 말할 수 있을지 모른다. 『장자莊子』에서 이르길 "오리의 다리가 짧다고 길게 늘여주어도 괴로움이 따르고, 학의 다리가 길다고 잘라주어도 아픔이 따른다鳧脛雖短 續之則憂 鶴脛雖長 斷之則悲"고 했다. 단풍의 질징은 짧고 닉엽의 낙하는 길다. 고승의 화두는 짧으나 가르침은 가없이 길고 오래다. 우리 인생도 짧지만 소중한 순간들이 있다. 거기 진짜 인생의 참맛이 숨어 있다. 그 짧지만 소중한 순간순간을 결코 놓치지 말자.

어떤 마음의 사진을 찍고 있는가

내게는 눈감으면 떠오르는 사진 속 장면이 하나 있다. 1960년대 후반 유치원 다니던 시절 동구릉에 소풍 갔을 때 찍은 나와 어머니의 모습이다. 사진 속 어머니는 간신히 허리춤에 닿는 어린 아들을 뒤에서 감싸 안은 채 서 계셨다. 그때 어머니는 늦둥이 막내를 둔 40대 초반이었지만 여전히 고왔다. 그런 어머니가 일흔네 해 세상을 사신 후 돌아가신 지 이미 20여 년 세월이 지났다. 그새 막내였던 나는 이렇게 머리에 서리가 내렸고 육십 고개를 넘었다.

인생은 그런 순간들을 모아놓은 사진집과 다름없다. 토목공학과 교수로 성균관대 부총장까지 지낸 전몽각 선생은 딸이 태어나서 시집갈 때까지의 26년 세월을 고스란히 사진에 담았다. 1964년부터 시작한 일이었다. 카메라에 담긴 한 아이의 성장 과정은 실로 경이롭다. 제대로 눈도 뜨지 못하던 갓난아이가 어느새 몸을 뒤척이며 엄마와 눈을 맞춘다. 그러곤 이내 엄마의 손길마저 뿌리치며 걷기 시작하고 엄마를 따라 시장에도 함께 간다. 엄마를 흉내내 얼굴에 로션을 바를 만큼 커버린 딸은 어느새 단발머리 여학생이 돼 수예와 뜨개질도 익힌다. 거울 앞에서 교복 맵시를 내느라 여념이 없는 여고생 딸과 그 모습을 카메라에 담느라 순간 거울에 비친 희끗해진 머리의 아버지…… 마침내 한층 성숙한 숙녀가 된 딸이 대학을 졸업하고 사랑하는 이를 만나 결혼식장으로 들어서는 장면에 이르기까지 아버지는 한결같이 딸의 순간순간을 애정어린 시선으로 포착했다.

딸이 시집간 후 그 허전한 마음을 메우려 26년간 찍은 사진들을 하나하나 다시 살펴 인화해낸 아버지 전몽각은 1990년 '윤미 태어나서 시집가던 날까지'란 부제가 붙은 사진집 『윤미네 집』을 딱 1000부만 찍었다. 그 사진집은 결혼 직후 남편을 따라 미국 유학길에 오른 딸을 향한 아버지의 또다른 응원이었다. 그런 아버지 전몽각은 2006년 췌장암으로 세상을 떴다. 그리고 아버지가 사랑의 카메라와 마음의 렌즈로 담아냈던 사진만이 남았다.

아이가 자라 다시 자기의 아이를 키우며 아비와 어미의 처지와 입장이 됨으로써 우리는 비로소 철이 들고 어른이 된다. 물론 어린 자식이 자라나 다시 그만한 자식을 낳아 키우기까지는 적잖은 시간이 필요하다. 하지만 그 세월은 쏜살같다. 그 세월은 긴 듯하나 실은 '순간'이다. 아마도 그 순간의 의미를 아는 것이 인생일 게다. 그 순간을 위해 지금 우리는 어떤 마음의 사진을 찍고 있는가.

하늘을 나는 자전거

지금은 독일에서 발레리나로 활동하는 내 딸이 어렸을 때 함께 중국 시안에 간 적이 있었다. 진시황의 병마용兵馬俑을 보여주고 싶어서였다.

1974년 양즈파楊志發라는 농민이 우물을 파다가 우연히 발견한 진시황의 병마용은 1985년까지 발굴이 계속됐다. 하지만 흙속에 묻혀 있던 채색된 병마용들이 햇빛과 공기에 노출되면서 산화작용을 일으켜 색이 바래자 중국 당국은 색상 유지 기술을 개발하기 전까지 발굴을 전면 중단키로 했다. 이처럼 중단됐던 병마용 발굴 작업이 당시 재개됐다는 소식을 접한 뒤 딸아이를 데리고 곧장 중국 시안으로 날아갔다. 초등학교 1학년이었던 딸에게 병마용을 보여주고 싶은 마음에서였다.

진시황의 병마용은 모두 다르다. 얼굴 모양, 갑옷 형태, 들고 있는 무기 등이 그렇다. 병마용의 가장 큰 가치는 바로 그 '차이'에서 나온다고 해도 과언이 아닐 듯싶다. 모두 찍어낸 듯 같았다면 그 위용이 아무리 거대하다 해도 결코 경이롭지는 못했으리라. 게다가 세계 8대 불가사의에 속하는 진시황의 병마용은 그 무엇보다도 '불안'의 창안물이다. 자신의 사후 세계를 어떻게 하면 지켜낼 수 있을까 하는 불안의 강박관념이야말로 병마용을 만든 동력이었다. 하지만 그 병마용은 아무것도 지킬 수 없었다. 그 자체가 거대한 불안의 무덤이었을 뿐이다.

그런데 나는 그곳 병마용을 초등학교 1학년생이었던 딸에게 보여주고 싶었다. 단지 교육을 위해서가 아니었다. 먼 훗날 그 아이가 자라 짧지만 강렬했을 아버지와의 기억을 떠올릴 수 있게 남기고 싶었기 때문이다. 하지만 아버지와 어린 딸의 일생에 남을 스냅사진은 병마용이 아니라 뜻밖에도 장안성 위에서 찍혔다.

장안으로 더 잘 알려진 시안은 중국에서 흥망성쇠를 거듭했던 여러 왕조 가운데 지그마지 13개의 왕조가 수도로 삼았던 곳이다. 특히 중국이 가장 강성했던 한당성세漢唐盛世 시절의 수도가 바로 장안, 지금의 시안이다. 그 시안의 한복판에 명 태조 주원장이 다시 쌓은 장안성이 자리잡고 있다. 영화 〈ET〉를 보면 자전거를 타고 하늘을 나는 장면이 나온다. 그런데 실제로 장안성곽 위를 자전거를 타고 달리면 마치 하늘을 나는 것 같다. 그도 그럴 것이 높이가 12미터나 되는 성곽 위에 폭 12~14미터의 벽돌로 포장된 길이 직사각형 형태로 총 13.7킬로미터나 깔려 있다. 그 위를 자전거를 타고 질주해보라. 그야말로 하늘을 나는 느낌이 안 들겠는가.

키가 내 허리에 겨우 닿는 어린 딸을 2인용 자전거의 뒷자리에 앉혔다. 물론 딸아이의 발은 페달에 닿지 않았다. 어쩔 도리 없이 나 혼자 페달을 밟아야 했다. 처음에는 페달 밟는 발이 묵직했다. 그만큼 힘이 들었다. 게다가 바닥은 아스팔트처럼 매끄러운 길이 아니라 벽돌을 깔아놓은 탓에 울퉁불퉁해 균형잡기가 쉽지 않았다. 하지만 이내 딸아이를 태운 자전거는 거칠 것 없이 탁 트인 장안성곽 위를 지그재그로 신나게 질주했다. 정말이지 하늘을 나는 것만 같았다. 혼자 생각했다.

'만약 딸이 좀더 크고 내가 좀더 나이들면 그래도 이렇게 달릴 수 있을까?'

아니다. 오직 지금이다. 지금이 아니면 할 수 없는 거다. 나중은 없다. "나중에 하지 뭐" 하는 그 순간, 그 나중은 실종되고 미래는 사라진다. 그래서 지금이 바로 할 때다. '즉시현금 갱무시절 卽時現今 更無時節'이라 하지 않던가.

'지금이 할 때이고, 그때는 다시 없는 법!'

어린 딸을 뒤에 태우고 자전거 페달을 밟으며 순간 든 생각이었다. 정신이 번쩍 들었다. 그때를 놓치지 않고 이렇게 달릴 수 있다는 것에 감사했다. 그날따라 38도가 넘는 날씨 탓에 땀은 비 오듯 했지만 자전거를 타고 질주하며 맞는 바람은 시원하고 상쾌했다. 그리고 그 바람결에 실린 딸아이의 환호가 커질수록 내가 밟는 페달은 힘이 더해졌다. 자전거를 타면서 아버지와 딸은 하나가 됐다. 그야말로 내 생애 최고의 시간이었다. 정말이지 이대로 죽어도 좋다는 생각이 들 정도였다.

굳이 애써 움켜쥐려고 안달하지 마라. 내가 가질 수 있는 행복의 총량은 오늘 내가 호흡하는 그 바람과 환호만큼일 뿐! 삶은 어차피 바람 같은 것. 바람 부는 이 순간을 더 많이 사랑하자. 하늘을 나는 자전거는 날개가 따로 없다. 가장 사랑하는 이를 태우고 아낌없이 미련 없이 페달을 밟으면 저절로 날게 될 뿐……

간혹 오래된 책들을 다시 뒤적이다가

어린 시절 곱게 물든 단풍의 낙엽을 골라 책갈피에

끼워놓은 것을 다시 마주하게 되는 순간이 있다.

단풍 든 낙엽의 윤곽이 책 속에 그리기라도 한 듯

스며 있을 때 또다시 느끼게 된다.

짧게 산 단풍의 그 여운이 얼마나 길고 깊으며 진한 것인지를!

이처럼 이미 낙하한 가을 낙엽 하나에도 길고 충만한

생명의 기억들이 담길 수 있는 것이다.

그러니 절정의 짧음을 탓하지 마라.

3부

變 化 之 勢

변화지세

16

변화지세 :
저질러야 미래도 있다

삶의 변화구를 던져야 할 때

클린트 이스트우드가 주연한 영화 중에 〈내 인생의 마지막 변화구〉라는 작품이 있다. 한때는 메이저리그의 날리던 스카우터였지만 이제는 점점 퇴물 취급을 받는 주인공 거스(클린트 이스트우드 분)는 황반변성 증세마저 겹쳐 점점 시력을 잃어가면서 삶도 엉망진창이 돼가고 있었다. 이래저래 울적한 마음에 바에서 술 한잔을 하고 있던 중에 누군가 "왜 이렇게 짜증이야" 하고 말하자 거스는 "늙어서 그래!"라고 맞받는다.

왠지 그 말이 가슴에 아렸다. 그렇다. 누구나 자신이 하릴없이 늙어간다고 생각하면 짜증이 나게 마련이다. 물론 그 짜증에는 젊은 날에 대한 회한도 없을 리 만무하나 무엇보다도 어찌할 수 없는 세월의 속진速進 앞에 점점 무기력해지는 자신에 대한 실망감과 자괴감이 더 클지 모른다. 그러니 이런 무기력함에 저항할 인생의 변화구라도 던지고 싶은 심정이 왜 없겠는가!¹⁴ 삶의 모든 변화구는 생의 깊은 성찰의 소산이요, 결과물이다. 하지만 그것은 저지름에서 시작된다.

돈키호테라는 인물을 창조해낸 스페인의 작가 세르반테스는 동시대의 영국 작가 셰익스피어와 같은 날 죽었다. 1616년 4월 23일이다. 하지만 두 사람이 창조해낸 인물의 성격은 판이했다. 특히 돈키호테와 햄릿이 그렇다. 러시아의 작가 이반 투르게네프는 1860년 〈햄릿과 돈키호테〉란 제목의 강연을 통해 고민만 하다 아무것도 하지 못하는 '햄릿형 인간'과 엉뚱하지만 고집스럽게 목표를 추구하며 저지르는 '돈키호테형 인간'을 극명하게 대비시켰다. 물론 투르게네프는 쉼없이 저지르는 돈키호테의 손을 번쩍 들어줬다.

하지만 우리는 저지르는 데 익숙하지 않다. 아니 그 자체를 두려워한다. 그런데 여기 저지르기를 결코 두려워하지 않고 살아가는 동시대인이 있다. 바로 마르티나 나브라틸로바다. 한때 세계 여자 테니스 챔피언이지 '헐녀'로 불리던 사람이다.

나브라틸로바의 피에는 저지르는 그 무엇인가가 있다. 1956년 체코 프라하에서 태어난 나브라틸로바는 1973년 프로에 데뷔했고, 2년 뒤 공산체제의 조국 체코를 떠나 미국으로 망명했다. 이것이 그녀의 첫번째 저지름이었다. 그후 그녀는 윔블던 9회 우승 등 세계 4대 그랜드 슬램 대회에서 통산 20여 회의 우승을 거머쥐며 세계 여자 테니스의 최강자로 군림했다. 전성기 때는 무려 331주 연속으로 세계 랭킹 1위 자리를 지키기도 했다.

그녀의 두번째 저지름은 은퇴 후 5년 6개월 만에 테니스 코트로 복귀한 사실에 있다. 1994년 말 은퇴했던 나브라틸로바가 2000년에 코트로의 복귀를 선언하자 주변에서는 미친 짓이라고 비아냥거렸다. 하지만 그녀는 "시도하지 않는 것 자체가 실패"라며 그런 비아냥을 일축했다. 복귀 후 처음 몇 해 동안 그녀는 세간의 예상처럼 죽을 줬다. 하지만 드디어 2003년 나브라틸로바는 윔블던 혼합복식 우승을 거머쥠과 동시에 이 대회 최고령 우승 기록(46세)도 세웠다. 그리고 2006년에는 US 오픈 혼합복식에서 또 우승하며 저지름의 위력을 전 세계에 과시했다.

그녀의 세번째 저지름은 유방암 진단을 받은 뒤 10개월 만에 여전히 투병중인 몸으로 아프리카 최고봉 킬리만자로에 오른 일이다. 나브라틸로바는 언젠가 미국 ABC 방송의 〈굿모닝

아메리카〉에 출연해 유방암 진단을 받던 날 "눈물을 펑펑 쏟았다"며 "그날이 개인적으로는 9·11 테러를 당한 날이었다"고 털어놓았다. 하지만 그녀는 그 모든 것에 굴하지 않고 킬리만자로에 올랐다.

물론 저지른다고 다 되는 것은 아니다. 하지만 자고로 세상은 저지르는 자의 것이다. 저지름 없이 세상은 바뀌지 않고 변화하지 않으며 나아지지 않는다. 그야말로 저지르는 것이 새로움을 낳고 미래를 열며 위대함을 만든다. 저지름은 단지 몸부림이 아니라 생존에의 사투다. 자기 생의 마운드에 선 이만이 던질 수 있는 삶의 변화구다. 그러니 저지르자. 훗날 자기 묘비에 "우물쭈물하다가 내 이럴 줄 알았다"는 식의 비문일랑 남기지 않도록! 삶은 저지르는 사람의 몫이다. 저질러야 삶이 변한다. 저지르자. 모험을 감행하자. 모험이 없는 인생은 이미 죽은 인생이다. 모험이 없는 사회에 미래는 없다. 쓸데없이 잔머리 굴리며 인생을 허비하지 말고 과감하게 저지르고 도전하며 모험하자. 그래야 삶은 길을 연다. 다음 글은 내가 강연할 때 마무리하며 자주 읊던 내용이다.

"사람들 앞에서 웃는다는 것은 바보처럼 보이는 위험을 무릅쓰는 겁니다. 다른 사람에게 다가가는 것은 그에게 속을 수 있는 위험을 무릅쓰는 겁니다. 사랑한다는 것은 사랑받지 못할 위험을 무릅쓰는 겁니다. 믿는다는 것은 실망할지도 모를 위험을 무릅쓰는 겁니다. 노력한다는 것은 실패할지도 모를 위험을 무릅쓰는 겁니다. 그러나 모험은 감행돼야 합니다. 모험하지 않는 이들은 그 순간의 고통이나 슬픔을 피할 수 있을진 모르지만 결코 배울 수 없고, 느낄 수 없으며, 변화할 수 없고, 성장할 수 없으며, 사랑할 수 없고, 진정으로 승리할 수 없기 때문입니다."

도전과 모험이란 이름의 삶의 변화구가 필요한 까닭이 여기 있다.

'인생 춘곤증'을 극복하는 방법

온몸이 물먹은 솜마냥 무겁고 나른하다. 이유 없이 피곤하고 시도 때도 없이 졸음이 쏟아진다. 춘곤증이다. 춘곤증은 계절적 변화에 생체 리듬이 적응하지 못하는 것이 주된 원인이다. 하지만 아무리 그래도 계절적 춘곤증은 시간이 가면 해결되게 마련이다. 문제는 내 인생의 춘곤증이다. 너무 빠른 변화에 적응이 안 돼 삶 자체가 나른해지다못해 모래 수렁에 빠진

듯 허우적거리는 우리네 인생의 춘곤증. 어떻게 극복할 수 있을까.

첫째, 계절적 춘곤증의 특효는 숙면을 취하는 것이다. 인생의 춘곤증도 예외가 아니다. 숙면 같은 몰입이 필요하다. 빌 게이츠는 급변하는 세계에서 살아남아 새로운 활로를 열기 위해 1년에 두 번씩 누구한테도 방해받지 않을 자기만의 시공간 속으로 푹 잠기곤 했다. 거기서 꼬박 자기만의 시간을 갖고 숙면하듯 몰입했다. 그러면서 일주일에 100건이 넘는 보고서를 소화하고 전혀 새로운 구상을 토해냈다. 이것을 빌 게이츠는 자신만의 '생각주간Think Week'이라고 했다. 빌 게이츠식 인생 춘곤증 극복 방법이었던 셈이다. 뒤집어보면 인생의 춘곤증 그 자체가 시절 변화에 적응하려는 몸부림이다. 시절 변화에 적응하고 더 나아가 내가 변화의 주인이 되려면, 변화의 물결에 그저 휩쓸려가는 것이 아니라 그 한가운데에 버티고 서서 홀로 잠겨 몰입하며 온몸으로 변화를 느껴봐야 한다. 그래야 그놈의 변화가 뭔지를 알고 그것에 대응해 미래를 열 수 있다. 빌 게이츠가 했던 것처럼 말이다.

둘째, 춘곤증을 이기려면 적당히 걷는 것이 좋다. 땅을 밟고

맨발로 걸어보라. 특히 봄날의 땅은 겨우내 얼었던 것이 풀려 발이 땅으로 빨려드는 느낌마저 든다. 그런 땅을 밟으면 나도 모르게 겸손해진다. 『사막을 건너는 여섯 가지 방법』의 저자 스티브 도나휴는 자동차로 사막을 건너다가 그만 바퀴가 모래 수렁에 빠져 옴짝달싹 못하게 되었다. 그는 어떻게 그 위기를 탈출했을까. 다름아니라 바퀴의 바람을 살짝 빼내서 바퀴의 표면장력을 높인 후 다시 액셀러레이터를 밟아 모래 수렁에서 빠져나왔다. 마찬가지다. 인생이 춘곤증에 걸린 듯 노곤하고 나른해지다못해 모래 수렁에 빠져버린 것처럼 무기력해질 때는 겸손하게 자기 마음의 바퀴에서 자존심의 바람을 살짝 빼내보라. 그리고 액셀러레이터를 다시 밟아보라. 그러면 탈출할 수 있다. 살짝 자존심 줄이고 겸손의 마음 옷만 입으면 얼마든지 또다른 기회의 장이 열리게 마련이다.

셋째, 춘곤증이 오면 비타민 섭취가 필요하다. 특히 비타민 B1과 C다. 인생의 춘곤증에서도 마찬가지다. 삶의 비타민 B1은 "Be yourself!"다. 당신 자신이 되는 거다. 이제는 고인이 된 전설적인 CEO 잭 웰치의 신화를 있게 만든 한마디가 바로 "당신 자신이 돼라"는 것이었다. 남 흉내내지 말고 나 자신, 당신 자신이 되라는 말처럼 강력한 에너지를 품고 있는 말이 또 있겠는가.

삶의 비타민 C는 'Challenge', 즉 도전이다. 도전은 삶의 무기력한 표피를 뚫고 내 안의 숨은 금맥을 찾아내 노다지를 캐내는 일이다. 역시 지금은 고인이 된 억만장자 스티브 포셋이 환갑 나이에 홀로 제트기에 몸을 싣고 재급유나 중간 기착 없이 세계 일주에 도전했던 것 자체가 자기 인생의 진짜 노다지를 캐려는 일이었음을 알아야 한다. 그는 돈으로도 억만장자였지만 인생 그 자체에서도 진짜 부자였다. 그의 사전엔 인생의 춘곤증이란 없었다. 끊임없이 도전했기 때문이다.

자! 홀로 몰입하자. 겸손을 배우고 자존심의 바람을 살짝 빼자. 그리고 다시 나 자신이 되기 위해 기꺼이 도전하자. 이것이 인생의 춘곤증을 극복하고 진정한 삶의 승자가 되는 작은 비결 아닐까!

작고 미미한 것의 힘

본래 삶을 근원적으로 지탱하는 힘은 크고 육중한 것에 있는 것이 아니라 작고 미미한 것에 있다. 크고 육중한 것은 힌 순간에 날아가도 작고 미미한 것은 삶의 구석구석 어디에선가 질긴 생명력을 지속하기 때문이리라.

오래전에 무심코 꽃 한 송이를 작은 물컵에 담가두었던 적이 있었다. 며칠 안 가서 그 꽃이 시들자 작은 잎새가 대여섯 개 붙어 있는 줄기만 남았지만 버리지 않고 틈틈이 물을 갈아줬다. 믿어지지 않겠지만 정말 그렇게 1년을 넘겼다. 그런데 이게 웬일인가. 그중 작디작은 한 잎새 위에서 움 같은 것이 돋는 것이 아닌가. 그러더니 마침내 거기서 새 잎과 줄기가 작고 미미하지만 돋아났다. 정말 보잘것없어 보이는 작고 미미한 잎새에서조차 또 하나의 생명이 움트며 발원하는 것을 보면서 새삼 느꼈다. 작고 미미한 것일지라도 정말이지 놀랄 만큼 위대한 생명의 힘을 담고 있음을!

'위산일궤爲山一簣'라는 말이 있다. 산을 만들려면 삼태기 하나에 흙을 담아 옮겨 붓는 일부터 시작하게 마련이고, 그 산이 완성되는 것 역시 삼태기 하나를 더하느냐 못 더하느냐에 달렸다는 얘기다. 작고 미미한 것, 사소한 그것들이 결국 큰일을 이룬다. 인생은 어디서 어떻게 역전하는가? 큰 거 한 방에 그렇게 되기보다는 작고 미미한 것에서 역전의 씨앗은 배태된다. 작고 미미한 바늘구멍 같은 것이 끝내는 거대한 댐을 무너뜨린다. 모든 균열은 작고 미미한 데서 시작된다. 큰 구멍과 커다란 균열은 얼른 보고 두려워서라도 메운다. 하지만 작은 구멍과 미미한 균열은 으레 그러려니 하고 내버려두기 쉽다. 그것이 결국 호미로 막을 일을 가래로도 막지 못하게 하고 큰 삽이 아니라 포클레인을 동원해도 어림없게 만드는 사태의 시작이자 발단이다.

모든 일의 시작은 작고 미미한 것이다. 하지만 그 끝은 누구도 알 수 없다. 마찬가지로 작은 시작 없이 큰 결과는 기대할 수 없다. 작고 미미할지라도 첫발을 떼고 시작하는 것은 거대한 완성을 지향하는 놀라운 기적에 다름 아니다. 『성서』에도 있지 않은가. "시작은 미미하나 끝은 창대하리라." 세상을 지배하는 것은 으레 돈 있고 권력 있는 크고 위압적인 것들인 듯 보인다. 하지만 정작 세상을 바꾸는 진짜 힘은 돈 없고 권력 없는 작고 미미한 것들이다.

역사를 보는 시각에는 '거시사巨視史'도 있고 '미시사微視史'도 있다. 역사의 풍광을 '롱숏'으로 찍을 수도 있고 줌으로 끌어당겨 '클로즈업'해 찍을 수도 있다. 전자가 '거시사'라면 후자는 '미시사'다. 작고 미미한 것들을 제대로 보려면 카메라를 들고 길을 나서 산길 모퉁이에 핀 야생화를 찍는 사람처럼 하면 된다. 이른바 '줌인zoom-in의 리얼리티'를 보는 것이다. 그 작고 미미한 것들이 얼마나 큰 감동으로 몰려오는지는 찍어보기 못한 사람은 결코 알 수 없다. 초라하리만큼 작고 미미하게 피어 있는 들꽃이 카메라의 렌즈 안에 들어오는 순간 얼마나 황홀한 모습으로 스스로를 드러내는지…… 그 작고 미미한 들꽃을 찍으려면 찍는 이가 그만큼 낮아져야 한다. 때론 엎드려야 한다. 눈높이를 그 작고 미미한 것들에 맞춰야 한다. 그래야 그 작고 미미한 것들의 세계에서 진짜 놀라운 세상을 마주하게 되는 것이리라.

멈춤이 가장 어렵다

나이들어갈수록 제일 어려운 게 뭔가 곰곰 생각해보니 멈추고 그치는 일이다. 장황하게 늘어놓는 말을 멈추기가 어렵고, 늘 하던 버릇을 그치기도 쉽지 않다. 한번 재미 본 일이라 멈추고 그치지 못해 스스로 화를 자초한 경우도 적잖고 신세 망친 사례도 허다하다. 이쯤에선 멈춰야 할 텐데 하고 생각하면서도 선을 지나쳐 패가망신하는 일도 비일비재하지 않은가!

도대체 왜 이렇게 멈추지 못하고 그치지 못하는 것일까? 학교에서 액셀러레이터를 밟는 것은 배웠는지 모르지만, 정작 브레이크 밟는 법을 배운 기억은 별반 없다. 사실 학교에서는 진도 나가는 일에 대해서만 관심이 있을 뿐, 멈추고 그치는 일에 대해서는 거의 무관심하다. 자고로 큰 지혜는 멈춤을 알고, 작은 지식은 계략을 안다고 했다. 멈출 때 멈출 줄 아는 것은 정말 큰 지혜다.

문중자文中子라 불리던 중국 수나라 시절의 인물 왕통王通은 멈춤止과 멈추지 않음不止 사이가 성공과 실패의 분수령이자 큰일을 이루는 자와 용렬한 자의 경계라고 갈파했다. 문중가 왕통은 노상魯嬪 사상에 뿌리를 두면서 공맹孔孟의 가르침을 설파한 특이한 인물이다. 공맹의 일차적 가르침이 나아감과 채움의 원리라면 노장의 핵심적 가르침은 멈춤과 비움이다. 물론 나아가지 않는 이에게 멈춤은 의미가 없다. 하지만 나아감만 있고 멈춤이 없다면 그건 스스로 명을 재촉하는 일과 다름없다.

우리는 정말이지 멈출 줄 모르는 족속이다. 초고속 산업화와 고도성장기를 지나오면서 오로지 전진 또 전진해왔다. 멈춤은 우리 시대에 대한 배반처럼 여겨졌었다. 그래서인지 멈출 수 없고 그칠 수 없음은 우리 안에 유전인자처럼 각인되고 말았다. 멈춰보고 그쳐본 경험이 없었기에 멈춤과 그침에 대한 두려움이 내재화했는지도 모른다. 그래서일까? 멈춘다는 것은 지난 60여 년간 패배의 동의어였다. 멈춤 없이, 그침 없이 "그 사람 잘나간다, 그 회사 잘나간다"라는 소리를 들어야 직성이 풀렸다. 왜냐하면 그것이 성공을 의미한다고 착각했기 때문이다.

흔히 말하길 "잘나갈 때 잘해라"라고 말한다. 물론 옳은 말이고 맞는 말이다. 하지만 "그칠 때 그치고 멈출 때 멈추라"는 더 중요한 말이다. 한마디로 생과 사를 가름할 만한 말이다. 그래서일까. 우리의 옛 어른들도 멈추고 그치는 일의 중요함과 그 지극한 어려움을 모르지 않았기에 '지지당知止堂'이란 호를 지닌 이가 적잖았다. 말 그대로 멈춤을 알고 그침을 알아야 한다는 뜻이 담겨 있다. 연산군의 폭정을 비판하고 스스로 물러났다가 중종반정이 있은 후 다시 조정에 들어갔던 청백리 송흠宋欽의 호가 지지당이었다. 역시 연산군 시절에 벼슬하지 않고 감악산에 들어가 은둔했던 남포南褒 또한 지지당을 호로 썼다. 그는 권신 남곤의 형이었으나 권세에 물들지 않고 깨끗이 살아 당대와 후세 사람들에게 칭송을 받았다.

비단 우리의 옛 선비만이 아니다. 아시아 최고 갑부로 알려진 리카싱도 "멈춤을 안다"는 뜻의 한자어 '지지知止'를 사무실에 걸어놓고 늘 이것을 마음에 새긴다고 한다. 그러고 보니 난세일수록 멈춤의 지혜가 더욱 크게 다가오는 법인 듯싶다. 문중자 왕통이 '멈춤과 그침의 학' 즉 지학止學을 천명했던 중국 수나라 시대는 분열 끝에 통일은 이뤘지만 여전히 세월은 난세 중의 난세였다. 우리 조선의 연산군 시절 역시 난세 중의 난세 아니었던가. 자고로 난세에는 멈출 줄 알고 그칠 줄 아는 것이 지혜의 으뜸이요, 삶의 비책인 셈이다.

사람들 앞에서 웃는다는 것은 바보처럼 보이는
위험을 무릅쓰는 겁니다. 다른 사람에게 다가가는 것은
그에게 속을 수 있는 위험을 무릅쓰는 겁니다.
사랑한다는 것은 사랑받지 못할 위험을 무릅쓰는 겁니다.
믿는다는 것은 실망할지도 모를 위험을 무릅쓰는 겁니다.
노력한다는 것은 실패할지도 모를 위험을 무릅쓰는 겁니다.

그러나 모험은 감행돼야 합니다.
모험하지 않는 이들은 그 순간의 고통이나 슬픔을
피할 수 있을진 모르지만 결코 배울 수 없고,
느낄 수 없으며, 변화할 수 없고, 성장할 수 없으며,
사랑할 수 없고, 진정으로 승리할 수 없기 때문입니다.

17

위기 :
패배는 끝이 아니다

패배를 패배시켜라

　인간은 본래 영혼이 빛나는 존재다. 그것은 단지 신이 그의 모습대로 인간을 지었다 해서 그런 것만은 아니다. 인간의 영혼이 빛나는 진짜 이유는 그가 그 어떤 패배에도 굴하지 않아 왔기 때문이리라. 인간이야말로 패배를 패배시키면서 전진해 온 존재 아닌가.

　1974년 8월 9일 워터게이트 사건의 몸통이자 거짓말쟁이로 낙인찍힌 미국 대통령 리처드 닉슨은 하야 성명을 발표하고 백악관을 떠나야 했다. 세상의 가장 높은 권좌에서 날개는커녕 낙하산도 없이 곧장 추락한 형국이었다. 그는 말 그대로 최악의 대통령이란 오명을 쓴 채 역사의 뒤편으로 영영 사라지는 듯했다. 정말이지 철저하게 파괴된 모습이었다.

하지만 그로부터 20년이 지나 1994년 4월 22일 그가 81세를 일기로 서거한 직후 〈뉴욕 타임스〉 4월 25일자에 실린 윌리엄 사파이어의 명문 「미스터 컴백Mr. Comeback」은 닉슨을 '패배를 패배시킨 사람'으로 묘사했다. 그것은 대통령직에서 하야한 후 관뚜껑을 닫을 때까지 꼬박 20년 동안 닉슨이 자신에게 덮친 패배의 그림자 뒤집기를 끝끝내 포기하지 않았기에 가능했던 일이다. 그는 입버릇처럼 말했다. "인간은 패배했다고 끝나는 것이 아니라 포기했을 때 끝나는 것"이라고! 그렇다. 포기하지 않는 한 아직 끝난 게 아니다.

어니스트 헤밍웨이의 『노인과 바다』를 다시 읽으며 오직 한 구절에만 밑줄을 그었다.

"인간은 패배하도록 만들어지지 않았다······ Man is not made for defeat······"15

그 한마디를 곱씹고 또 곱씹었다. 그렇다. 비록 패배는 항상 어두운 그림자처럼 우리를 뒤쫓아다니지만 인간은 결코 패배하도록 만들어진 존재가 아니다. 그 패배를 패배시키며 끝끝내 포기하지 않는 게 진짜 승리이며 인간이 빛나는 영혼의 소유자인 증거다.

섀클턴의 위기 탈출 7계명

1915년 영국의 어니스트 섀클턴 경이 이끈 남극횡단탐험대는 웨들해 위에서 부빙에 갇힌 채 10여 개월을 표류하고 있었다. 결국 그들이 타고 있던 배는 죄어오는 얼음의 압력을 견디다못해 난파하고 말았다. 섀클턴과 27명의 대원들은 배에서 탈출해 부빙 위에 텐트를 치고 다시 5개월여를 버텨냈다. 그들은 79일 동안 해가 없는 남극의 겨울 혹한을 견뎌내야 했고, 식량이 바닥나 물개 기름으로 연명하기까지 했다. 그러나 그들은 난파한 배의 잔해로 다시 세 척의 보트를 만들고 자신들의 텐트를 찢어 돛을 달았다. 그리고 또다시 남극 바다에 배를 띄웠다. 추위, 배고픔, 향수 그리고 무엇보다 '절망'과의 처절한 싸움의 연속이었다. 결국 그들은 755일 만에 모두 살아서 돌아왔다. 기적이었다. 그러나 이유 있는 기적이었다. 과연 그들은 어떻게 살 수 있었나? 그 답이 여기에 있다.

　첫째, 주인으로 느끼게 하라.
　부빙에 갇히자 대원들이 동요하기 시작했다. 두려움이 번져
갔다. 불평분자도 생겨났다. 섀클턴은 두려움·동요·불평·불만
의 바이러스를 차단해야 했다. 그는 말로 설득하거나 달래려고
하지 않았다. 다만 그는 대원들이 스스로 탐험대의 주인임을
느끼게 했다. 주인은 결코 포기하지 않기 때문이다.

　둘째, 가볍게 하라.
　그들이 타고 갔던 배가 난파된 후 섀클턴과 대원들은 비상
식량이 저장돼 있는 폴렛섬까지 557킬로미터를 행군할 계획
을 세웠다. 행군에서 살아남기 위해서는 각자의 짐을 최소화해
야 했다. 섀클턴은 "줄여야 산다"고 말했다. 가볍게 할수록 생
존 가능성은 커진다.

　셋째, 무리한 계획은 즉시 그만두라.
　폴렛섬까지의 행군은 무리임이 곧 드러났다. 부빙 사이의 협
곡을 도저히 건널 수 없었다. 섀클턴은 즉시 행군 계획을 중단
했다. 오기를 부리지 않았다. 그는 포기해야 할 것을 빨리 포기

할 줄 알았다. 결국 그는 자신의 자존심보다 27명의 생명을 택했다.

넷째, 위기 상황에서도 준비하라.

새클턴은 위기 속에서도 기회를 엿보았다. 세 척의 보트를 만들었다. 언젠가 있을 항해를 대비했다. 바닥에 내팽개쳐졌을 때, 그래도 눈을 들어 하늘을 보는 사람은 산다.

다섯째, 최종 목표를 늘 기억하라.

새클턴은 세 척의 보트를 남극 바다 위에 띄웠다. 그리고 사투 끝에 폭 30미터 길이 15미터의 무인도에 닿았다. 그들은 정확히 497일 만에 땅 위에 선 것이었다. 아무리 작고 보잘것없는 땅이었어도 그것은 부빙처럼 흔들리지 않았고 갈라지지도 않았으며 물이 스며들지도 않았다. '안주安住'를 유혹할 만했다. 그러나 거기는 최종 목표가 아니었다. 살아남는 자들은 최종 목표를 혼동하지 않는다.

여섯째, 과감히 도전하라.

그들은 사우스조지아섬에 가야 했다. 그래야 살 수 있기 때문이었다. 보트 세 척 중 두 척은 심하게 파손되었다. 한 척만

띄울 수 있었다. 그나마 해류와 바람에만 의존해 항해할 수밖에 없었다. 그러나 삶의 기회는 과감히 도전하는 자에게 미소 짓는 법이다.

일곱째, 끝까지 책임져라.

섀클턴은 22명의 대원들을 엘리펀트섬에 남겨놓고 5명의 대원들만 데리고 보트를 띄웠다. 그들은 끝까지 희망의 돛대를 붙들었다. 기적이 일어났다. 사우스조지아섬의 서쪽 해안에 닿은 것이다. 그리고 다시 섬의 산 정상을 넘어 섬 동쪽에 있는 포경 기지에 닿았다. 마침내 살았다. 그러나 섀클턴은 여기서 그치지 않았다. 주위의 만류에도 불구하고 엘리펀트섬으로 되돌아갔다. 어쩌면 못 돌아올 수도 있는 그 악몽 같은 바닷길을 다시 거슬러 간 것이다. 끝까지 책임지기 위해서다.

마침내 그는 22명의 잔류 대원 모두를 살려냈다. 사람은 책임지는 만큼 존재한다. 세상이 온통 '위기'라는 말로 도배되어버렸다. 살아야겠다는 몸부림이 곳곳에서 처절하다. 살고 싶은가? 당연하지. 그렇다면 섀클턴의 남극횡단탐험대에서 배워라!

칭기즈칸처럼

"가난하다고 탓하지 말라. 나는 들쥐를 잡아먹으며 연명했다. 작은 나라에서 태어났다고 말하지 말라. 나의 병사들은 적들의 100분의 1, 아니 200분의 1에 불과했지만 세계를 정복했다. 배운 게 없다고 탓하지 말라. 나는 내 이름도 쓸 줄 몰랐지만 남의 말에 귀 기울이면서 현명해지는 법을 배웠다. 너무 막막해 포기해야겠다고 말하지 말라. 나는 목에 칼을 쓰고도 탈출했고 뺨에 화살을 맞고도 살아났다."

칭기즈칸의 말이다. 세상은 여전히 힘겹다. 숨이 턱까지 올라온다. 하지만 위기와 고난에 처했던 칭기즈칸보다 더 힘들다고 말할 수 있나. 칭기즈칸의 말을 듣는 순간 우리는 이 정도 힘들다고 기죽거나 좌절해선 안 된다고 스스로에게 되뇌어야 하지 않을까. 그리고 용을 쓰면서라도 스스로 '내일의 칭기즈칸'이 되기 위해 몸부림쳐야 하지 않을까.

백건우의 투혼이 부러운 까닭[16]

베토벤은 극도로 곤궁했던 1818년 영국 브로드우드사의 새 피아노 한 대를 선물 받았다. 그것은 빵도 아니고 돈도 못 되었지만 그가 이제껏 접했던 그 어떤 피아노보다도 강력한 해머를 장착한 말 그대로 '쇠망치 피아노' 즉 '함머클라비어Hammerklavier'였다. 베토벤은 이 신무기를 갖고 1819년 〈함머클라비어를 위한 대소나타〉를 작곡했다. 당시 마흔아홉 살의 베토벤은 이 곡을 쓰고 난 후에 "이제야 작곡을 알게 되었다"라고 고백했을 만큼 '함머클라비어'는 베토벤의 역사에서 하나의 분수령이다. 특히 그것은 피아노 소나타라고 하기보다는 차라리 오케스트라가 동원돼야 할 만큼 거대하고 웅장한 교향곡 같은 소나타다. 그래서 피아니스트들에게 '함머클라비어'는 결코 쉽게 넘볼 수 없는 거대하고 또 위험천만한 연주의 산이다. 마치 히말라야의 8000미터 고봉들 중에서도 죽음의 산으로 불리는 K2 같다고나 할까.

피아니스트 백건우가 베토벤 피아노 소나타 전곡 연주라는 대장정에 돌입해 그 막바지에 다다랐을 때다. '함머클라비어'라는 별칭이 붙은 〈베토벤 피아노 소나타 29번〉을 듣기 위해서 서울 예술의전당 콘서트홀에 들어서자, 그가 두드리는 건반은 거친 숨소리를 몰아내쉬고 있었다. 그도 그럴 것이 일주일 가까이 베토벤 피아노 소나타 전곡 연주를 계속해온 그였다. 그러니 과연 그가 '함머클라비어'라는 거대하고 위험천만한 연주의 산을 넘을 수 있을까 걱정이 앞섰다. 하지만 그는 천근만근 무거워진 발을 한 걸음, 한 걸음 내딛듯이 혼신의 힘을 다 쏟으며 그 거대하고 위험천만한 연주의 산을 힘겹게 올랐다. '함머클라비어'는 수많은 협곡과 크레바스를 가진 K2처럼 쉬이 정상을 내주지 않았다. K2가 수많은 알피니스트들을 공포의 크레바스에서 삼켰듯이 '함머클라비어'는 피아니스트 백건우를 삼켜버릴 듯했다. 베토벤이 남긴 그 거대한 연주의 산 앞에서 그는 초라하게까지 느껴졌다.

하지만 백건우는 투혼의 몸부림을 그치지 않았다. 마침내 그는 '함머클라비어'라는 거대하고 위험천만한 연주의 산을 기어이 올랐다. 마른 잔기침마저 참고 누르며 숨죽이던 청중들은 그의 처절한 투혼 담긴 연주에 박수를 그치지 않았다. 그리고 어쩌면 그 박수에는 넘어야 할 산을 바라만 보고 안주하던 자신들을 향한 질책이 숨어 있었는지도 모른다.

누구나 삶에는 넘어야 할 산이 있다. 하지만 대개는 평생 그 산을 처다만 보다 죽는다. 그 산에서 죽더라도 올라야 진짜 삶이 펼쳐짐을 모르진 않는다. 하지만 두렵고 겁나서 바라만 본다. 그러다 결국 인생의 막이 내리기 일쑤다.

자, 나의 산은 어디에 있나. 내가 넘다 죽어도 좋을 산은 과연 어디에 있나. 아직도 그 산을 발견조차 못했나? 아니면 눈앞에 두고도 오르지 못하나. 진짜 행복은 내가 넘다 죽어도 좋을 그 산을 발견하고 그 산을 오르고 또 오르다 거기서 죽는 것이 아닐까. 백건우의 투혼이 부러운 까닭이 바로 여기 있다.

비록 패배는 항상 어두운 그림자처럼

우리를 뒤쫓아다니지만

인간은 결코 패배하도록 만들어진 존재가 아니다.

그 패배를 패배시키며

끝끝내 포기하지 않는 게 진짜 승리이며

인간이 빛나는 영혼의 소유자인 증거다.

18

오만과 자만 :
내 안의 이토를 쏴라

"딴맘 먹지 말고 죽으라"

1909년 10월 26일 하얼빈역에서 조선 침략의 원흉이자 동양 평화를 위협하던 이토 히로부미를 처단한 후 현장에서 체포된 안중근 장군은 이듬해인 1910년 2월 14일 일제의 관동도독부 지방법원에서 일본제국형법 제199조에 의거, 사형을 언도받았다. 2월 7일 개시된 재판 이후 단 일주일 만의 일이었다. 그리고 사형 언도 후 40일 만인 3월 26일 안 장군은 전격 처형됐다. 그만큼 일제는 바쁘고 급했다. 그 서두름과 초조함이 안 장군의 위력을 방증한다.

안 장군은 최후진술을 통해 끝까지 자신이 '대한의군 참모 중장 겸 독립특파대장'의 신분이기에 일제 법정에서 재판받는 것 자체가 원천무효임을 선언하고 전쟁 포로로서 만국공법, 즉 국제법에 의해 재판받아야 마땅함을 천명했다. 하지만 그는 죽고 사는 것에 연연하지 않았다. 장남의 사형 언도 소식을 들은 안 장군의 어머니 조마리아 여사 역시 즉각 전갈을 보내 이렇게 당부했다.

"네가 만약 늙은 어미보다 먼저 죽는 것을 불효라 생각한다면 이 어미는 웃음거리가 될 것이다. 너의 죽음은 너 한 사람의 것이 아니라 조선인 전체의 공분을 짊어지고 있는 것이다. 네가 항소를 한다면 그것은 일제에 목숨을 구걸하는 짓이다. 네가 나라를 위해 이에 이른즉 딴맘 먹지 말고 죽으라."

실로 그 아들에 그 어머니였다.

1910년 3월 15일. 안 장군은 1909년 12월 13일부터 집필한 자서전 『안응칠 역사』를 92일 만에 탈고했다. 연이어 『동양평화론』을 쓰기 시작했지만 너무나 급히 진행된 사형 집행으로 인해 '서序'와 '전감前鑑' 부분만 쓴 채 미완성으로 남았다. 안 장군은 사형선고일 이후 '위국헌신 군인본분爲國獻身 軍人本分' 등 적잖은 유묵遺墨을 남겼다. 시시각각 다가오는 죽음 앞에서도 안 장군은 그만큼 의연했다. 더구나 그의 유묵은 단순한 붓글씨를 넘어 필묵으로 행한 또다른 전쟁이었다.

그해 3월 25일. 안 장군은 동생 정근과 공근을 마주한 자리에서 마지막 유언을 남겼다.

"내가 죽은 뒤 내 뼈를 하얼빈 공원 곁에 묻어뒀다가 국권이 회복되거는 고국으로 반장返葬해다오. 나는 천국에 가서도 또한 마땅히 우리나라의 회복을 위해 힘쓸 것이다. 너희들은 돌아가서 동포들에게 각각 모두 나라의 책임을 지고 국민의 의무를 다하여 마음을 같이하고 힘을 합하여 공로를 세우고 업을 이루도록 일러다오. 대한 독립의 소리가 천국에 들려오면 나는 마땅히 춤을 추며 만세를 부를 것이다."

그러나 우리는 110년이 넘도록 안 장군의 유해조차 찾지 못하고 있다. 통탄할 일이다.

다음날인 3월 26일. 안 장군은 모친이 보낸 흰 명주 한복으로 갈아입고 형장으로 나갔다. 임형 직전 "나의 거사는 동양 평화를 위해 결행한 것이므로 한일 간에 화합하여 동양 평화에 이바지하기 바란다"라고 말하고, 함께 '동양 평화 만세'를 외칠 것을 제의했지만 묵살됐다. 이에 안 장군은 몇 분간 묵도를 했다.

오전 10시 4분쯤 안 장군의 목에 밧줄이 걸렸다. 의사가 안 장군의 절명絶命을 확인한 시각은 오전 10시 15분이었다. 그날 오후 5시. 뤼순의 고등법원장 히라이시의 관사에서는 마나베 지방법원장, 미조부치 검찰관, 구리하라 형무소장, 미즈노 변호사 등 안 장군 재판 관련자들이 대거 참석한 가운데 음주와 가무를 곁들인 연회가 베풀어졌다. 안 장군의 죽음을 학수고대했다는 듯이. 하지만 안중근 장군을 그렇게 보낼 순 없다. 이제 우리의 심장에서 그를 살릴 차례다.

하얼빈을 울린 일곱 발의 총성

1909년 10월 17일 만주 시찰에 나선 68세의 추밀원 의장 이토 히로부미는 데쓰레이마루호를 타고 중국 다롄항을 향하고 있었다. 한편 30세의 대한의군 참모중장 안중근 역시 자신의 왼손 무명지를 끊어 대한 독립을 결의했던 연추 하리를 떠나 배편으로 블라디보스토크로 향했다. 그 며칠 후인 21일 두 사람은 각각 다롄과 블라디보스토크에서 기차에 올랐다. 도착지는 둘 다 하얼빈으로 같았으나, 기차에 올라탄 목적은 전혀 달랐다. 한 사람은 생의 마지막 야망을 대륙에서 불사르려고, 다른 한 사람은 그 생을 소멸시키고자 탔다.

하얼빈으로 향하기 직전에 이토는 러일전쟁의 격전지인 뤼순의 203고지를 돌아보고 시 한 수를 읊었다.

들은 지 오랜 그 이름 203고지久聞二百三高地
일만팔천 명의 뼈를 묻은 산이라네一萬八千埋骨山
오늘 올라보니 감개가 무량해今日登臨無限感
부질없이 산마루의 흰구름만 바라보네空看嶺上白雲還

러일전쟁에서 승리한 후 다시 만주를 탐하는 이토의 심중이 드러나는 시였다. 안 장군은 이에 응대라도 하듯 「장부가丈夫歌」를 지었다.

장부가 세상에 처함이여 그 뜻이 크도다丈夫處世兮 其志大矣
때가 영웅을 지음이여 영웅이 때를 지으리로다時造英雄兮 英雄造時
천하를 웅시함이여 어느 날에 업을 이룰꼬雄視天下兮 何日成業
동풍이 점점 참이여 장사의 의기가 뜨겁도다東風漸寒兮 壯士義熱
분개히 한번 감이여 반드시 목적을 이루리로다念慨一去兮 必成目的
쥐도적 이토여 어찌 목숨을 부지할꼬鼠竊伊藤兮 豈肯比命
어찌 이에 이를 줄 헤아렸으리오 사세가 본디 그러하도다豈度至此兮 事勢固然

동포 동포여 속히 대업을 이룰지어다同胞同胞兮 速成大業

만세 만세여 대한 독립이로다萬歲萬歲兮 大韓獨立

만세 만세여 대한 동포로다萬歲萬歲兮 大韓同胞

거사를 앞둔 25일 밤, 안 장군은 등불 아래서 여덟 개의 탄두 위에 십자 홈을 더 깊이 팠다. 당시 안 장군이 사용한 탄알은 탄두에 십자 홈이 파인 덤덤탄이었다. 인도의 공업도시 덤덤에서 만들었다고 해서 그런 이름이 붙었다. 덤덤탄은 표적을 맞히긴 어렵지만, 일단 명중하면 박힌 채로 탄체 내의 납을 분출하는 치명적인 탄알이다. 그 때문에 비인도적이라는 이유로 1907년 만국평화회의에서 사용을 금지했다. 하지만 고종의 밀서가 헤이그 만국평화회의에서 묵살당한 일을 분히 여겼던 안 장군은 그 회의가 금지한 탄알로 이토의 숨통을 겨냥했다. 안 장군의 브라우닝 7연발 권총에는 약실에 한 발, 탄창에 일곱 발 등 정확히 여덟 발이 장전됐다. 그것은 '빈틈없이 장전된 분노!' 그 자체였다.

"탕, 탕, 탕, 탕…… 탕, 탕, 탕."

1909년 10월 26일 오전 9시 30분 하얼빈을 울린 총성은 모두 일곱 발이었다. 안 장군이 쏜 첫 네 발 중 세 발은 모두 이토의 가슴과 복부에 명중했다. 나머지 한 발은 하얼빈 총영사 가와

카미 도시히코의 오른팔에 박혔다. 뒤에 쏜 세 발은 각각 비서
관 모리 다이치로의 왼팔, 만철滿鐵 총재 나카무라 고레키미의
오른발, 만철 이사 다나카 세이지로의 왼발을 관통했다. 마지
막 한 발이 남은 상황에서 러시아 헌병들이 덮쳐 총을 떨어뜨
린 안 장군은 곧장 '코레아 후라(대한 만세)'를 세 번 외쳤다. 그
리고 체포됐다.

　안 장군의 권총에는 한 발이 남아 있었다. 100년의 세월을
견뎌온 그 마지막 한 발로 우리는 이제 '내 안의 이토'를 쏴야
한다. 1909년 안 장군이 겨냥한 이토는 우리의 독립과 자유,
그리고 평화를 앗아간 일본제국주의 그 자체였다. 하지만 오
늘 우리가 겨눠야만 할 '내 안의 이토'는 분단과 분열, 그리고
끊임없는 분쟁과 파열음 속에서 진영논리로 쫙 갈려 여전히
정신 못 차리고 있는 우리 안의 오만과 편견, 몰상식과 부조리
다. 이제 그것을 향해 안 장군이 남긴 한 발을 쏴라!

진짜 적은 내 안에 있다

　칠흑 같은 어둠을 뚫고 문경새재 옛길을 걸었다. 걷는 내내

430년 전의 일들을 떠올렸다. 1592년 임진년 4월 13일(이하 음력) 고니시 유키나가가 이끄는 1만 8000여 명의 왜군 1진을 태운 왜선이 부산 앞바다를 가득 메웠다. 그들은 상륙하자마자 부산포를 함락하고 연이어 동래성을 쳤다. 그나마 동래부사 송상현이 반나절을 버텼지만 결국 이틀 만인 15일 왜적의 손아귀에 떨어졌다. 그후 왜군은 아예 거칠 것이 없었다. 말 그대로 파죽지세였다.

왜적의 침입 사실이 한양 조정에 알려진 17일 이후 열흘 남짓한 시간 동안 벌어진 크고 작은 일들 속에서 조선의 운명은 결정났다. 그리고 그것은 과거의 일이 아니라 당대에 이르기까지 500년 가까운 미래를 규정지었다. 왜적의 침략 소식을 듣고 대신들과 비변사가 빈청에 모여 임금을 뵙고자 했다. 그러나 선조 임금은 끝내 나타나지 않았다. 촌각을 다퉈 중대 결정을 내려야 할 때 최종 결정권자는 뒤에 숨어 있었다. 지금은 어떤가?

급한 대로 이일을 순변사巡邊使로 삼아 경상도로 내려보내려 했지만 병사가 없었다. 병사라고 해야 대부분 관복을 입고 옆구리에 책을 낀 채 나온 아전과 유생들뿐이었다. 결국 이일은 사흘이 지나도록 전장으로 떠날 수조차 없었다. 『징비록懲毖錄』을 쓴 류성룡은 뒤늦게 오합지졸을 이끌고 나선 이일이 상주에 닿아 왜군과 맞닥뜨리자 제대로 싸워보기도 전에 말을 버리고 의복도 벗어던진 채 머리도 풀어헤치고 알몸으로 달아났다고 적었다. 이것이 당대 조선 최고의 장군이란 이의 모습이었다.

이일이 패퇴했다는 소식이 전해지자 조정에서는 벌써부터 도망칠 궁리가 시작됐다. 하지만 상륙한 지 불과 10여 일 만에 상주까지 파죽지세로 치달은 왜군 역시 처음으로 난감한 상황에 처했다. 상주에서 문경 가는 길에 험준한 산세에 기대어 고모성이라는 옛 성이 있는데, 이곳에 조선 병사들이 매복해 있을 것이라 판단한 왜군은 척후병을 보내 몇 번씩이나 살펴보며 시간을 지체했다. 하지만 조선의 병사는 아예 없었다. 다만 조선의 험준한 지세만이 왜군을 하루라도 멈추게 했을 뿐이다. 만약 도망갈 궁리가 아니라 제대로 싸울 궁리를 했다면 왜군의 그런 심리와 상황을 간파해 역공할 수 있었을지도 모른다.

당시 영남에서 서울로 오려면 조령, 죽령, 추풍령 중 한 곳을 지나야 했다. 왜군 1진은 조령을 택했다. 바로 문경새재다. 그 조령에서 매복해 승부를 냈어야 했는데 조선 제일 명장이라 불리던 신립申砬은 어찌된 일인지 뒤로 물러나 충주 탄금대에 진을 쳤다. 결과는 참담했다. 후에 명나라 장수 이여송이 퇴각하는 왜군을 쫓아 조령을 지나가다 이렇게 탄식했다.

"이런 천혜의 요새지를 두고도 지킬 줄을 몰랐으니 신총병(신립)도 참으로 부족한 사람이로구나."

훗날 숙종 때 만들어진 조령 3관문에서 백두대간을 따라 마패령을 오르면 주흘산으로 이어지는 능선에 당도한다. 그 위에서 바라보면 조령의 깊은 협곡이 더욱 뚜렷하다. 임진년 당시 이 협곡에 매복해 양쪽에서 화공이라도 펼쳤다면 역사는 분명 달라졌을 것이다.

신립 장군의 패착의 근본 원인은 오만이었다. 임진왜란이 터지기 열흘 전쯤 류성룡이 왜군의 조총을 경계하라고 말하자 신립이 대구했다.

"아 그 조총이란 것이 쏠 때마다 맞는답니까?"

신립은 기마용병에 능한 장수로 두만강 유역 등 북방에서 혁혁한 공을 세운 바 있었다. 하지만 그 성공 전력이 자신의 발목을 잡았다. 신립은 자신의 기마용병술을 너무 확신한 나머지 조령에서의 매복 작전을 거두고 대신 탄금대에서의 일전을 꾀했다. 물론 그것은 결정적 패착이었다. 그 패착이 그후 500년 세월을 규정했다면 지나친 해석일까? 역사는 가정假定하지 않는다. 하지만 교훈은 남긴다. 밖에서 쳐들어오는 것만 적이 아니다. 진짜 큰 적은 내 안에 있다. 오만이 그것이다.

다시 읽는 『징비록』

『징비록』은 서애西厓 류성룡이 말년에 7년여에 걸친 임진왜란과 정유재란의 실상을 기록하고 후일에 있을지 모를 더 큰 우환을 경계하고자 쓴 책이다. 『징비록』의 제목 자체가 '내 지나간 일을 징계하고, 뒷근심이 있을까 삼가노라予其懲而毖後患'는 뜻을 담고 있다.

그런데 『징비록』을 읽노라면 기가 막힌 대목이 적잖다. 먼저 1592년 임진년 4월 13일(음력) 부산포에 상륙한 왜군이 한양, 곧 서울까지 오는 데 걸린 시간은 정확히 20일이었다. 거의 아무런 제지도 받지 않고 보병의 최고 속도로 그냥 쭉 걸어서 온 셈이다. 전쟁이 아니라 진군이었다. 그뿐이 아니다. 4월 30일 새벽에 임금(선조)은 한양을 포기하고 몽진蒙塵에 올랐다. 임금의 가마는 백성들의 곡성을 뒤로한 채 야반도주하듯 대궐을 빠져나와 동이 틀 무렵 사현(무악재)을 넘었다. 이때 남대문 안의 큰 창고에서 불이 나 연기와 불꽃이 하늘에 뻗쳤다. 한양을 버리고 간 임금과 조정에 대한 민초들의 분노의 불꽃이었다. 사수할 의지가 없는 임금과 조정을 백성이라고 존중하고 지킬 턱이 없었다.

백성의 통곡을 하늘이 아는지 임금을 태운 가마가 석교에 다다랐을 때부터 비가 내리더니 벽제역을 지날 즈음 빗줄기가 굵어져 혜음령을 지날 때엔 퍼붓다시피 했다. 마산역을 지나 임진강 나루로 갈 즈음 밭에 있던 촌부가 이렇게 울부짖었다.

"나라가 우리를 버리고 가니 이제 누굴 믿고 산단 말이오."

민초들이 마음 둘 곳 없는 나라는 더이상 나라가 아니었다. 결국 선조는 명나라와의 국경이었던 의주까지 파천播遷했다. 여차하면 국경을 넘을 판이었다. 명나라에 구원병을 요청함은 물론 심지어 우리나라를 합병해달라고까지 했다. 스스로를 지킬 힘을 갖지 못한 나라의 비애였다.

이듬해인 1593년 정월에서야 이여송이 이끄는 4만여 명의 명나라 원군을 앞세워 평양성을 탈환했다. 그리고 4월 20일, 1년여 만에 서울이 수복되었다. 성안의 백성들은 백에 하나도 성한 사람이 없었고, 굶주리고 병들어 차마 눈뜨고 볼 수조차 없었다. 거리마다 인마人馬 썩는 냄새가 진동했다. 심지어는 부자와 부부가 서로 뜯어먹기에 이르렀고至父子夫婦相食, 길가엔 뒹구는 뼈들이 짚단같이 흩어져 있었다. 생지옥이 따로 없었다.

이런 와중에 가토 기요마사에게 잡혀 있던 선조의 장자 임해군은 자신이 풀려나 돌아갈 수만 있다면 한강 이남의 땅은 어디든지 왜국의 요구내로 떼어주자고까지 했다. 당시 세자 영순위였던 임해군이 자기 한목숨 바쳐 나라를 지키겠다고 하긴커녕 적장에게 나라 절반을 떼어줄 테니 목숨만 부지해달라고 구걸했던 것이다.

책은 때로 세월의 무게만큼 읽힌다. 뼈저린 반성과 질책, 그리고 후대를 향한 준엄한 경고가 담긴 서애 류성룡의 유언 같은 『징비록』이 오늘에 이르러 더 무겁게 읽히는 것도 그런 까닭이리라. 비단 나라만이 아니다. 기업도, 가정도, 개인도 '징비'의 날 선 긴장감으로 다시 다잡아야 한다. 휴전선 철책만이 아니라 나와 우리 삶의 최전선을 다시 점검해야 한다. 그리고 오늘 '나와 우리의 징비록'을 다시 써야 한다. 바로 지금 말이다.

19

기적 :
스스로 기적이 되는 일

삶이 기적이고, 사람이 기적이다

　겨우내 마른 가지에 물이 오르고 새순이 돋고 꽃이 피는 과
정 자체는 우리에게 봄이 곧 기적이고 자연이 기적을 만듦을
새삼 일깨워준다. 하지만 그것 역시 기적으로서의 봄을 기다
려서 오는 것이 아니라 세상 만물의 기운이 스스로 기적을 만
들고 빚음으로써 가능한 일이 아닌가. 자연이 그러하듯 사람
역시 살면서 날마다 기적을 만들고 빚어야 한다. 그게 살아 있
을 이유다. 결코 특별한 존재만 기적을 만드는 것이 아니다. 우
리네 평범한 사람들도 날마다 기적을 만들 수 있고 빚을 수 있

다. 그 기적의 자궁은 다름 아닌 일상이다. 기적은 먼 데 있지 않다. 아주 가까이에 있다. 어제와 다른 오늘, 오늘과 다른 내일을 만드는 것! 그것이 기적의 레시피다. 날마다의 일상 속에서 만들어내는 작고 사소한 차이를 쌓고 쌓아 온축해서 마침내 발화하는 것이 삶의 기적이요, 생활 속의 기적 아니겠는가. 그렇게 보면 우리는 모두가 '기적의 생산자', '기적의 조리사'가 될 수 있다.

영화 〈브루스 올마이티〉에서 항상 불만에 차 있는 짐 캐리에게 창조주로 분한 모건 프리먼이 이렇게 말한다.

"자네 기적을 보고 싶나? 스스로 기적이 되게나!You want to see a miracle, son? Be the miracle!"

그렇다. 스스로 기적이 되자. 누가 기적을 보여주길 바라기 전에 내가 기적이 되자. '삶이 기적이고 사람이 기적'이다. 일상의 반복이 삶의 기적을 희석시키고 삶의 단조로움이 '사람이 기적이며 생이 기적임'을 덮어버리기 일쑤이지만, 그럼에도 불구하고 우리는 직시해야 한다. 우리 삶의 안팎으로 도처에 기적이 있다는 점을! 삶은 경이롭다. 나와 너 그리고 우리가 빚어낸 크고 작은 기적들을 날마다 확인하기에 더욱 그렇다. 어제와 다른 오늘, 그것은 기적이다. 오늘과 다른 내일, 그것 또한 기적이다. 그 안에는 차이라는 것이 숨어 있다. 그 차이의 지속과 차이의 온축을 통해 기적은 자란다.

헬렌 켈러의 가르침

헬렌 켈러가 어느 날 숲속을 다녀온 친구에게 물었다. 무엇을 보았느냐고. 그 친구는 별반 특별한 것이 없었다고 말했다. 헬렌 켈러는 이해할 수 없었다. 두 눈 뜨고도 두 귀 열고도 별로 특별히 본 것도 들은 것도 없고, 할말조차 없다니…… 그래서 비록 보지도, 듣지도, 말하지도 못했던 헬렌 켈러였지만, 만약 자신이 단 사흘만이라도 볼 수 있다면 무엇을 보고 느낄 것인지 미리 계획을 세웠다. 그리고 이것을 「내가 사흘 동안 볼 수 있다면Three days to see」이란 제목으로 『애틀랜틱 먼슬리』 1933년 1월호에 발표했다.

헬렌 켈러의 글은 당시 경제 대공황의 후유증에 허덕이던 미국인들을 잔잔히 위로했다. 우리가 무심코 마주하는 이 세계가 날마다 기적 같은 것임을 일깨워주었기 때문이다. 그래서 『리더스 다이제스트』는 이 글을 '20세기 최고의 수필'로 꼽았다. 한때 우리 영어 교과서에도 실렸던 그 내용은 대략 이랬다.

"첫째 날, 나는 친절과 겸손과 우정으로 내 삶을 가치 있게 해준 설리번 선생님을 찾아가 이제껏 손끝으로 만져서만 알던 그녀의 얼굴을 몇 시간이고 물끄러미 바라보면서 그 모습을 내 마음속에 깊이 간직해두겠다. 그러곤 밖으로 나가 바람에 나풀거리는 아름다운 나뭇잎과 들꽃들 그리고 석양에 빛나는 노을을 보고 싶다.

둘째 날, 먼동이 트며 밤이 낮으로 바뀌는 웅장한 기적을 보고 나서, 서둘러 메트로폴리탄에 있는 박물관을 찾아가 하루 종일 인간이 진화해온 궤적을 눈으로 확인해볼 것이다. 그리고 저녁에는 보석 같은 밤하늘의 별들을 바라보면서 하루를 마무리하겠다.

마지막 셋째 날에는 사람들이 일하며 살아가는 모습을 보기 위해 아침 일찍 큰길에 나가 출근하는 사람들의 얼굴 표정을 볼 것이다. 그러고 나서 오페라하우스와 영화관에 가 공연들을 보고 싶다. 그리고 어느덧 저녁이 되면 네온사인이 반짝거리는 쇼윈도에 진열돼 있는 아름다운 물건들을 보면서 집으로 돌아와 나를 이 사흘 동안만이라도 볼 수 있게 해주신 하나님께 감사의 기도를 드리고 다시 영원히 암흑의 세계로 돌아가겠다."

헬렌 켈러가 그토록 보고자 소망했던 일들을 우리는 날마다 일상 속에서 마주한다. 하지만 그것이 얼마나 놀라운 기적인 지는 모른다. 아니 잊고 산다. 그래서 헬렌 켈러는 이렇게 말했 다. "내일이면 귀가 안 들릴 사람처럼 새들의 지저귐을 들어보 라. 내일이면 냄새를 맡을 수 없는 사람처럼 꽃향기를 맡아보 라. 내일이면 더이상 볼 수 없는 사람처럼 세상을 보라"고! 내 일이면 더이상 할 수 없는 일임을 알게 되면 오늘 내가 할 수 있는 일들이 얼마나 소중하고 놀라운 기적 같은 일인지 뒤늦 게나마 깨달을 수 있을지 모르기 때문이다.

다음 칸은 희망이다!

'그제' '어제' '오늘' '내일' '모레' '글피' 등 우리가 과거, 현재, 미래의 여러 날들을 말하는 어휘 가운데 유독 내일來日만 한자 어다. 왜 유독 내일만 우리의 순수한 토박이말이 없는 걸까? 혹자는 옛날엔 사는 데 그 어떤 희망이나 바람도 가질 수 없을 만큼 힘들었기 때문에 그 희망이 담길 내일에 해당하는 토박 이 우리말 자체가 없던 것이 아닌가 하는 대담한(?) 추론을 내 놓기도 했었다. 그만큼 그 옛날 우리네 사는 것이 힘들었던 것은 사실이다. 하지만 분명한 것은 아무리 힘들었어도 희망을 담아낼 내일에 해당하는 우리말이 본래 없었던 것은 결코 아니라는 점이다.

『계림유사鷄林類事』라는 책이 있다. 중국 북송시대의 손목孫穆이 지은 백과사전적 견문서이자 어휘책이다. 그 책엔 손목이 고려 숙종 때인 1103년 서장관書狀官으로 개성에 왔다가 당시 고려인이 사용하던 360여 개 어휘를 추려 한자음을 달아 설명한 대목이 있다. '그제'는 '기재記載', '어제'는 '흘재訖載', '오늘'은 '오날烏捺', '내일'은 '할재轄載', '모레'는 '모로母魯'라는 식으로 우리말과 그것을 읽은 한자어를 병기해놨다. 물론 당시의 우리말과 중국말 모두 지금과는 음운상의 편차가 있어 지금 우리가 읽는 한자음대로 읽으면 당시 우리말 소리와 같지 않을 수 있다. 더구나 어제가 '흘재訖載'로 한자음 표기된 점을 감안하면 내일에 해당하는 한자음 표기 '할재轄載' 역시 'ㅎ'음 아닌 'ㅇ' 음에 가까운 '올재'로 읽는 것이 맞을 것 같다. 게다가 '올재'는 '올날'로 '내일來日'이란 이것을 한자로 뜻 표기한 것뿐이다. 실제로 중국에서는 내일에 해당하는 한자어가 '명천明天'이다. 그리고 이것이 일본으로 건너가 '명일明日'이 됐다. 이렇게 보면 '올날'이란 뜻인 내일의 순우리말 '올재'는 그 자체가 "희망 담은 닐이 온다"는 의미였으리라.

"내 비장의 무기는 아직 내 손안에 있다. 그건 희망이다."

나폴레옹의 멋진 말이다. 하지만 희망은 단지 무기가 아니다. 그 이상이다. 시인 박노해는 "사람만이 희망"이라고 했다. 그렇다. 희망은 돈에서 나오는 것도 권력에서 내뿜는 것도 아니다. 오로지 사람 속에 들어 있고 사람에게서 시작된다. 그래서 희망을 품은 사람 그 자신이 곧 희망이 된다. 작고한 김근태는 늘 이렇게 말했다. "인간의 진정한 가치는 그가 품고 있는 희망에 의해 결정된다"고. 그는 인간이 인간에 대해 얼마나 잔혹하고 악랄할 수 있는 존재인지를 고문의 나락 끝에서 직접 경험했던 이다. 하지만 그럼에도 그는 인간에게 절망하지 않았고 오히려 "희망만이 인간의 가치를 결정한다"는 것을 이 희망 없는 세상에 유언처럼 남겼다. 나는 그의 이 말이 움직일 수 없는 진실이라고 믿는다.

지금은 사라졌지만 예전에 지하철에서 외판하는 이들이 적잖았다. 어느 날 지하철에 올라탄 어떤 외판원이 팔 물건을 꺼내들고 승객들에게 이렇게 소리쳤다.

"제가 오늘 이것을 몇 개 팔았는지 아십니까?"

너무나 당찬 목소리에 승객들은 귀를 쫑긋 세웠다. 잠시 후 그 외판원은 너무나 당당하게 이렇게 말했다.

"하나도 못 팔았습니다. 하지만 저는 실망하지 않습니다. 저에겐 다음 칸이 있으니깐요!"

그 외판원에게 다음 칸은 희망이다. 희망을 버리지 않았기에 그는 한낱 멸시받는 외판원이 아니라 여전히 스스로 가치 있는 인간으로 당당히 다음 칸에 설 수 있었을 것이다.

물론 다음 칸이라고 해서 승객들이 너도나도 물건을 팔아준다는 보장은 없다. 하지만 그럼에도 불구하고 그렇게 되길 바라는 것이다. 어찌 보면 희망이란 대책 없는 것인지도 모른다. 그러나 그 대책 없는 희망이 막힌 담을 헐고 막힌 구멍을 뚫는다. 그때 헐고 뚫는 에너지는 다름 아닌 간절함과 절실함이다. 희망의 간절함에는 놀라운 에너지가 있고, 희망의 절실함에는 위대한 힘이 있다. 그것이야말로 세상을 바꾸는 희망의 동력이다.

공포를 몰아내는 힘

자전거는 세상에서 가장 정직한 물건이다. 오로지 내 발로 페달을 밟아 나아가기 때문이다. 그래서 나는 자전거 타기를 즐긴다. 투어 며 낙상 사고가 있었음에도 불구하고 말이다. 남이 궂고 추워져 자전거를 타기에 안성맞춤인 시기가 아닌 때에도 매 주말이면 어김없이 자전거의 페달을 밟았다. 어느 주말엔가 서울 방배동 집에서 출발해 동작대교 밑을 통과한 후 한강 남측의 둔치 위에 길게 이어진 자전거길을 따라 달렸다. 그리고 하남을 거쳐 팔당대교를 지나 옛 철로가 자전거길로 탈바꿈한 능내역과 북한강철교, 그리고 여러 개의 터널을 통과해 양평 군립미술관까지 나아갔다.

그다음 주말에 다시 양평역을 출발해 남한강 자전거길을 따라 충주까지 내달릴 때였다. 오후 나절 출발한 터라 강천섬을 휘감아 지난 후 섬강 다리를 지날 즈음 이미 어둠이 내리깔렸다. 하지만 어둠이 짙어질수록 섬강 다리 저편의 이름 모를 산 위에 걸린 아미 같은 초승달은 더욱 선명하게 빛났다. 가만 헤아려보니 음력 시월 초나흘 아닌가. 그 가늘고 섬세한 달이 섬강 위에 아른거리며 비춰졌다. 정말이지 달과 산과 강이 짙은 어둠 속에서 절묘한 조합을 이루며 뭐라 말로 다할 수 없는 정취를 자아냈다. 낮의 그 어떤 풍광도 감히 비길 수 없을 만큼!

페달 밟기를 멈추고 자전거에서 내려 그 장면을 카메라에 담아보려 했다. 하지만 그 당시 내가 지닌 휴대용 디지털카메라로는 어림없었다. 비록 카메라에는 담지 못했지만 내 마음의 렌즈에는 그 칠흑 같은 밤에 날 선 아미 같은 초승달과 봉우리마다 굵은 선의 윤곽이 뚜렷한 산의 자태, 그리고 달빛을 머금은 채 유유히 흐르는 강이 어우러낸 기묘한 정취가 고스란히 아로새겨졌다. 물론 아무도 없는 어둠 속에서 섬뜩한 공포가 엄습한 것도 숨길 수 없는 마음의 상태였다. 하지만 그 공포는 날 선 초승달이 단칼에 베어내고 말았다. 너무 날이 선 탓에 베어도 피를 뿌리지 않는다는 전설의 월광참도月光斬刀가 번쩍한 듯했다. 그것은 내 마음 한편에 웅크리고 있던 공포를 순식간에 도려내고 대신 희망과 용기를 달빛 가득 담아주었다. 그 덕분에 이제까지 내달려온 것보다 더 먼 길을 어둠과 공포에 굴하지 않고 질주할 용기와 끝까지 포기하지 않고 나아갈 담대한 희망이 내 온몸과 영혼에 번져갔다. 그리고 나는 다시 힘을 내 페달을 밟았다. 거침없이! 끝까지!

노벨문학상 수상 작가인 모옌莫言의 소설 중에 『달빛을 베다』(2006)라는 작품이 있다. 그 작품 서두에 실린 작가의 말 「공포와 희망」에서 모옌은 "공포 속에서 희망은 마치 암흑천지 속의 불빛처럼 우리가 앞으로 나아갈 길을 비춰주고, 아울러 공포와 싸워 이겨낼 수 있도록 용기를 북돋워준다"라고 했다.[17] 그렇다. 삶의 곳곳에 도사린 공포를 몰아낼 힘은 희망이다. 희망은 어둠의 공포만이 아니라 다가올 미래에 대한 두려움에서 맞서 이겨낼 용기다. 물론 그 희망은 누기 가지 주지 않는다. 내가 만드는 것이다. 스스로 크든 작든 희망을 만들고 그 주인이 돼야 한다. 내 두 다리가 페달을 밟아 자전거의 두 바퀴를 밀어가듯이! 내 마음이 희망의 날을 세워 어둠의 공포를 베어내 한줄기 빛이 새어 나오도록 만들듯이!

감사, 삶의 기적을 만드는 가장 단단한 바탕

이탈리아 피렌체의 산타마리아 델 피오레 성당은 르네상스시대의 대표적 건축물이다. 일본 영화 〈냉정과 열정 사이〉에서 준세이와 아오이가 10년 전의 약속대로 기적처럼 만나는 장면 덕분에 우리에게도 그리 낯설지 않다.

1436년 당대의 천재적인 건축가 브루넬레스키는 이 성당 위에 지름이 42미터, 높이가 114미터에 달하는 거대한 돔을 완성해 세상을 놀라게 했다. 고대 로마의 판테온 신전을 온고지신의 대상으로 삼은 것이라고 하지만 지금 봐도 기적 같은 일이다. 돔의 꼭대기에 닿으려면 가파르고 좁다란 463개의 내부 계단을 한 걸음씩 정직하게 올라야 한다. 마치 저마다의 인생길처럼.

오래전 그 계단들을 하나씩 밟으며 돔 꼭대기에 오른 일이 있었다. 때마침 다소 늦은 시간 때문인지 다른 때 같으면 줄을 서서 겨우 올라야 할 계단길이 텅 비어 있었다. 덕분에 나만의 '고독의 시공간'이 기적처럼 열렸다. 인적 끊긴 계단길을 혼자 오르며 고독과 한기, 그리고 섬뜩함과 비장감을 함께 느꼈다. 하지만 숨고 가파른 계단의 좌우와 천장에 가득한 사랑하는 이들의 고백 같은 낙서가 오히려 따뜻함과 온기溫氣를 채워줬다. 물론 장난 같은 낙서도 많았지만 그 숱한 사랑의 낙서들을 보면서 누구에게나 기적 같은 사랑이 있음을 새삼 깨달았다. 설사 헤어졌을지라도 그 사랑의 기억과 흔적은 어딘가 남아 만남과 사랑이란 삶의 기적을 증거하리라.

돔에 오르는 길목에서 마주한 화려하고 웅장하다못해 때론 공포(?)스럽기까지 한 천장화는『르네상스 미술가 평전』의 저자이기도 한 조르조 바사리의 작품이다. 마치 판도라의 상자가 열린 듯 천국과 지옥, 선과 악이 소름 끼칠 만큼 적나라하게 묘사된 숱한 장면들을 텅 빈 허공에서 홀로 마주하는 일은 그 자체가 한 편의 거대한 시네마스코프를 보는 것으로 착각할 만큼 놀랍고 기적 같은 경험이었다.

천장화에서 눈을 돌려 다시 인적 끊긴 더 좁고 가파르다못해 아찔하게 느껴지는 계단을 하나씩 디디고 돔 위에 오르자 세찬 바람과 함께 피렌체의 야경이 한눈에 들어왔다. 그 순간 마치 환영처럼 두 가지 생각이 동시에 스쳤다. 하나는 누군가 여기서 세상을 비관해 뛰어내렸을 것만 같은 찰나의 장면이고, 다른 하나는 지금 이 순간 이 자리에 세찬 바람을 맞으면서도 나 자신이 서 있을 수 있다는 것에 대한 솔직한 감사함이었다. 돔 위에서는 그저 서 있는 것과 떠밀리든 떨어지든 추락하는 것 사이에는 종이 한 장보다도 작은 차이만이 존재할 따름이다. 그런 의미에서 우리가 지금 각자의 자리에 서 있다는 사실 자체가 실은 기적에 다름 아니란 생각이 들었다.

오후 6시 정각이 되자 피렌체의 모든 교회들이 타종을 했다. 그 순간 산타마리아 노벨라에서 본 마사초의 〈성삼위일체〉 그림 밑부분의 누워 있는 해골상 위에 적힌 경구가 떠올랐다.

"나의 어제는 그대의 오늘, 나의 오늘은 그대의 내일."

섬뜩하지만 예외 없는 경고다. 지금 이 시간이 얼마나 소중한 순간인지를 깨닫는다면 우리의 삶은 틀림없이 달라진다. 지금 내가 몸부림치며 버티고 있는 이 순간이 내 삶의 기적 같은 순간들이고 더 나아가 내 삶의 최고의 순간일 수 있음을 잊지 말자.

사실 그 어떤 각오보다도 위대한 것은 감사다. 앞으로 뭔가를 해내겠다는 각오보다 지금껏 버티고 견뎌온 것에 먼저 감사하자. 이제껏 내가 살아온 삶 자체가 내가 미처 다 알지 못했던 크고 작은 기적으로 충일했던 하루하루였음을 스스로에게 잊지 말고 말해주자. 특히 자신이 삶의 가장 밑바닥에 있다고 생각하는 그 순간에 더 감사하자. 그것이 더 큰 기적을 만들 테니. 물론 삶은 기적 때문에 감사한 것이 아니다. 되레 가장 밑바닥이라 여겨지는 삶에서조차 감사함이 진짜 기적을 만든다. 자기 자신의 생에 대한 진정한 감사가 삶의 기적을 만드는 가장 단단한 바탕임을 잊지 말자.

어제와 다른 오늘, 그것은 기적이다.

오늘과 다른 내일, 그것 또한 기적이다.

그 안에는 차이라는 것이 숨어 있다.

그 차이의 지속과 차이의 온축을 통해 기적은 자란다.

20

라이벌 :
세상에서 가장 강한
상대의 정체

아홉 개의 싸움터

이러저러한 외국계 회사 사장 자리도 여러 번 꿰찼던 이가 지금은 흙을 만지며 소나무 분재를 하고 나름의 디자인 마인드를 담아 정원 만드는 일에 나섰다기에 지인들과 함께 찾아가봤다. 손수 고기를 구워내며 밥상까지 차리더니 술 한잔 들이컨 후 그는 이렇게 말했다.

"나에게 가장 큰 싸움은 시간과의 싸움이다. 언젠가는 내게도 그 시간이 어김없이 엄습해올 것이기 때문이다. 5년 전부터 누구한테도 나이를 말하지 않는다. 나이를 얘기하다보면 나도 모르게 좌절하기 때문이다. 그러다보니 정말 나이를 잊고 산다. 나는 오로지 오늘만 생각하고 산다."

이 말을 들을 때 삶의 결기가 느껴져 나도 모르게 소름이 돋았다. 그는 세상이 아니라 자기 자신과 싸우고 있었다.

"적이 원하는 시간에 싸우지 않고, 적이 좋아하는 장소에서 싸우지 않으며, 적이 생각하는 방식으로 싸우지 않는다."

베트남의 독립 영웅이자 20세기 최고의 명장 중 한 사람으로 꼽히는 보응우옌잡 장군의 말이다. 하지만 역으로 내가 원하는 시간에, 내가 좋아하는 장소에서, 적이 생각지 못하는 방식으로 싸운다는 것이 말처럼 쉽지 않음은 물론이다. 병법의 달인 손자는 『손자병법』「구지」편에서 아홉 개의 싸움터, 즉 구지九地를 다음과 같이 언급한 바 있다.

제후가 자기 땅에서 싸우면 그곳을 산지散地라 한다. 적지에 들어갔으나 깊지 않은 곳을 경지輕地라 한다. 내가 얻어도 이롭고, 적이 얻어도 이로운 곳을 쟁지爭地라 한다. 나도 갈 수 있고 적도 올수 있는 곳을 교지交地라 한다. 여러 나라에 접해 있어 먼저 도착하면 천하의 무리를 얻을 수 있는 곳을 구지衢地라 한다. 적지에 깊이 들어가 배후에 성읍이 많은 곳을 중지重地라 한다. 산림이나 험한 길, 습지 등 통과하기 어려운 곳을 비지圮地라 한다. 들어가는 길은 줍고 돌아오는 길은 멀어서 적이 적은 병력으로 우리의 많은 병력을 칠 수 있는 곳을 위지圍地라 한다. 신속하게 싸우면 살고 그렇지 않으면 죽는 곳을 사지死地라 한다.[18]

손자는 이 아홉 개의 싸움터에서 각각의 조건과 형편에 맞춰 용병지법用兵之法으로 대응해야 하는 바, 마음이 느슨해지는 산지에서는 싸우지 말고, 깊지 않더라도 일단 적지인 경지에서는 멈추지 말며, 팽팽히 맞선 쟁지에서는 섣불리 공격하지 말고, 피아가 교차하는 교지에서는 병력이 끊어지지 않도록 하고, 복잡하게 얽힌 구지에서는 외교를 잘하며, 적국 깊숙이 들어간 중지에서는 별수 없이 약탈하고, 행군이 곤란한 비지에서는 신속히 통과하며, 적에게 둘러싸인 위지에서는 살 계책을 세우고, 사지에서는 죽기 살기로 싸워야 한다고 했다.

하지만 손자의 가르침에 따라 맞닥뜨린 싸움터의 조건과 성격을 일일이 따져보기란 생각처럼 쉽지 않다. 더구나 그것이 결코 녹록지 않고 숨가쁘게 돌아가는 현실에서라면 더욱 그렇다. 그래서 우리는 계책이고 뭐고 다 집어치우고 오로지 물불 안 가리고 죽기 살기로 싸우는 것에만 익숙한지 모른다.

"남자는 전장戰場에서 빠르게 나이를 먹는다."

나폴레옹이 한 말이다. 하지만 전장에는 나폴레옹이나 손자만 있는 것이 아니다. 총칼을 들어야만 전장인가. 이미 사는 게 전장인데! 『손자병법』에 나오듯이 싸움터를 이리저리 분석하고 가릴 새도 없다. 한 번 전쟁을 치르면 또다른 전쟁이 기다렸다는 듯이 덮쳐오기 일쑤인 것이 우리네 삶이요, 일상 아닌가. 그렇다보니 하루도 쉴새없이 전장 같은 일상을 사는 이들은 너 나 할 것 없이 빠르게 나이를 먹는다. 나 역시 머리가 하얗게 셌다. 하지만 나이를 먹는 게 두려운 게 아니다. 늙어가는게 슬픈 게 아니다. 이렇게 죽자사자 싸우다가 어느 날 문득 삶의 마지막 관문 앞에 턱하니 놓이는 건 아닌가 하는 생각에 섬뜩할 따름이다. 어쩌면 남자가 가는 세월을 두려워하는 가장 근원적인 이유가 바로 이 대목에 있지 않을까 싶다.

그럼에도 전쟁 같은 삶은 '분투'를 요구한다. 싸움의 기술이 중요한 것이 아니라 왜 싸우는지, 무엇을 위해 싸우는지 그 분투의 의미를 깨닫는 게 중요하지 않겠는가! 분투의 진짜 의미를 깨닫는다면 끝까지 싸우다 죽어도 여한이 없을 것이기 때문이다. 싸움은 아직 끝나지 않았다!

나의 가장 강한 라이벌은?

존 애덤스와 토머스 제퍼슨은 1776년 미국 독립선언서에 함께 서명한 '건국의 아버지들'이다. 1785년에는 애덤스가 주영대사로, 제퍼슨은 주불대사로 나란히 나갔다. 대선에서도 맞붙어 앞서거니 뒤서거니 하며 당선됐다. 게다가 두 사람은 거의 한날한시에 죽었다. 독립선언서에 서명한 지 50년이 된 1826년 7월 4일 정오 무렵 애덤스는 가쁜 숨을 내쉬며 마지막 말을 뱉어냈다. "제퍼슨은 아직 살아 있다"고. 하지만 정작 제퍼슨은 그보다 30분 전에 이미 세상을 떴다. 처절하다못해 웃음마저 자아내는 라이벌의 삽화다.

카르타고의 명장 한니발은 기원전 183년 카르타고 원로원의 밀고로 로마군에게 위치가 노출되자 독배를 들이켜 자살했다. 그후 채 반년도 지나지 않아 호적수이자 라이벌이었던 로마의 푸블리우스 코르넬리우스 스키피오 아프리카누스도 세상을 떴다. 참 묘한 일이다. 라이벌이 죽으면 상대하던 라이벌 역시 사라지기 일쑤다.

'박치기왕' 김일과 '백드롭의 명수' 장영철은 1960년대 국내 프로레슬링계를 양분했던 라이벌이다. 하지만 1965년 11월 장영철이 "레슬링은 쇼"라고 발언한 것을 계기로 두 사람은 원수처럼 갈라섰다. 그후 40여 년이 지난 2006년 2월 병든 김일은 역시 투병중이던 장영철을 김해의 한 병원으로 찾아가 화해했다. 같은 해 8월 장영철이 죽자, 김일도 그해 10월에 세상을 떴다. 라이벌이 죽으면 남은 상대도 따라가는 것이 역사의 숨은 공식인가보다.

정치에서도 마찬가지다. 'YS 없는 DJ', 'DJ 없는 YS'를 과연 생각할 수 있을까? 없다! 라이벌은 서로에게 걸끄러운 존재임에 틀림없다. 하지만 서로에게 없어서도 안 될 존재다. 둘 중 한 사람이 없다면 상대도 존립할 수 없는 숙명의 관계가 라이벌이다. 라이벌은 서로를 긴장시키고 서로를 성장시킨다. 상대만 없다면 두 다리 쭉 뻗으며 만사가 형통할 것 같아도 실상은 그 없이는 아무것도 해낼 수 없는 관계가 라이벌이다. 왜냐고? 늘 눈엣가시 같은 라이벌이 있기에 한 번 더 조심하고, 두 번 더 따져보고, 세 번 더 긴장해 결국 자신을 세워내기 때문이다. 그러지 않았으면 진작에 무너지고 스스로 엎어졌을지 모른다. 라이벌에게 감사해야 할 이유가 바로 여기 있다.

라이벌이 꼭 타인만은 아니다. 아베베 비킬라는 1960년 로마올림픽과 1964년 도쿄올림픽에서 마라톤 2연패를 달성했다. 1968년 멕시코시티 올림픽 마라톤에서 3연패에 도전했지만 도중에 레이스를 포기하고 말았다. 그후 그는 재기를 꿈꾸며 훈련에 임하던 중 교통사고를 당해 하반신 마비의 중증 장애인이 됐다. 하지만 그는 포기하지 않았다. 아니, 포기하고 싶은 자신과 싸웠다. 1970년 그는 패럴림픽의 전신인 '스토크 맨더빌 게임스'에 출전해 양궁과 탁구 부문에서 우승했다. 그의 가장 강한 라이벌은 다름 아닌 '포기하고 싶은 자기 자신'이었던 셈이다.

'그만하면 됐다고 타협하는 나' '더이상은 안 된다고 투덜대는 나'. 결국 나의 가장 강한 라이벌은 바로 '나 자신'이다. 그 라이벌을 이겨야 진짜 승리자다.

절망에 맞서는 희망의 경주마, '하루우라라'

'하루우라라ハルウララ'. '화창한 봄날'이라는 뜻과 달리, 늘 지기만 하는 경주마의 이름이다. 120번 가까이 출전했지만 단 한번도 일등을 못해본 말이 바로 하루우라라다. 그것도 일본의 중앙 무대도 아닌 도사土佐현의 고치高知 지방경마장에서 말이다. 그런데 이 지기만 하는 경주마 하루우라라가 달리는 모습을 보려고 사람들이 일본 각지에서 고치 경마장으로 몰려들곤

했다. 사람들이 거기 모여든 이유는 하나였다. 희망을 보고! 느끼고! 결국엔 얻고! 나누기! 위해서였던 것이다.

도대체 지기만 하는 경주마가 무슨 희망을 준단 말일까? 하루우라라는 다른 말에 비해 작은데다가 나이도 들어 체력마저 떨어져 있었다. 하지만 경주에 임하면 반드시 한 번은 전력을 다해 치고나갔다. 그리고 지더라도 끝까지 포기하지 않고 달렸다. 정말이지 열심히 달렸다. 그런 모습이 열심히 살았지만 뭔가 잘 풀리지 않아온 사람들의 마음을 움직였으리라. 비록 계속해서 져왔지만 그래도 열심히 끝까지 달리는 하루우라라의 모습을 통해 사람들은 스스로 격려받고 위안받으며 거기서 새로운 희망마저 발견하려던 것인지 모른다. 그래서 하루우라라는 그 자체로 장기 불황에 빠졌던 일본 사람들에게 작지만 소중한 희망의 거처가 되었다. 물론 '오죽 희망 찾을 곳이 없었으면 말한테 희망을 찾을까' 생각할 수 있다. 하지만 그렇게라도 희망의 메시지를 찾고 싶을 만큼 절박했던 것 아니었을까?

남 얘기가 아니다. 우리도 사회 전체가 무기력의 늪으로 하염없이 빠져든 지 오래다. 우리 사회 전반을 휘감은 듯한 무기력증의 원인은 다른 무엇보다도 '희망의 상실' '희망의 부재'다. 그러니 무기력증에 빠져 있는 사회를 구하는 데 희망보다 더 약발 센 것은 없다. 희망보다 더 강한 동력도 없다. 희망은 다시 일어서게 만들고 막힌 곳을 뚫게 하며 앞으로 전진하게 하는 힘이다. 희망보다 더 큰 보물도 없다. 페르시아 원정을 떠나는 알렉산더대왕에게 "가장 아끼는 보물이 무엇이냐"고 한 신하가 묻자 단호하게 '희망!'이라고 대답했다지 않는가.

희망은 관념이 아니다. 밥이고 힘이다. 무인도에 고립된 사람이 죽는 이유는 먹을 것이 떨어져서가 아니라 희망을 상실해서다. 우리 현실도 마찬가지다. 아무리 큰 어려움이 닥치더라도 희망 있는 사람은 산다. 그러나 희망이 없으면 죽는다. 그래서 희망은 생존의 문제다. 취직할 수 있다는 희망만 있다면 백 번 아니라 천 번의 이력서라도 새로 쓸 수 있다. 다시 제대로 일할 수 있다는 희망만 있다면 그 무엇이든 하면서 버틸 수 있다. 신용불량자의 딱지를 떼고 다시 시작할 수 있다는 희망만 있다면 까짓 오늘의 수모는 참을 수 있다. 내 집을 마련할 수 있다는 희망만 있다면 지금의 단칸방에서도 견딜 수 있다. 내 자식들에게 내가 살던 것보다 더 나은 삶을 살 수 있게 해줄 수 있다는 희망만 있다면 오늘 겪는 고생은 충분히 감내할 수 있을 뿐 아니라 차라리 기쁨일 수 있다.

희망은 글로, 말로 만들어지는 것이 아니다. 실행이요, 실천이다. 그 희망은 포기하지 않고 끝까지 달려야 만들어진다. 하루우라라처럼 말이다.

닉슨이 마오쩌둥을 만났을 때

1972년 2월 리처드 닉슨은 미국 대통령으로서는 최초로 중국을 방문했다. 17일 백악관을 떠나 하와이와 상하이를 거쳐 베이징에 도착한 때가 21일 오전 11시 30분이었다. 미국 동부 시간으로는 일요일 오후 10시 30분, 텔레비전 시청률이 가장 높은 시간대였다. 닉슨에 앞서 7개월 전 베이징에 잠행해 미·중 수교의 카펫을 깔았던 헨리 키신저는 그의 회고록에서 닉슨의 베이징 도착 순간을 "매우 폐쇄적인 비밀 클럽에 들어온 느낌"이라고 묘사했다.

마오쩌둥毛澤東은 자금성에 깊숙이 은거해 베일에 싸인 생활을 하고 있었다. 키신저는 다섯 차례에 걸쳐 마오를 만날 수 있었지만 그때마다 갑작스럽게 부름을 받곤 했다. 대통령인 닉슨도 예외가 아니었다.

마오쩌둥의 집무실은 세계에서 가장 많은 인구와 성장 잠재력을 지닌 나라의 최고 지도자를 위한 거처라기보다 한 학자의 조용한 서재에 가까웠다. 마오는 책의 숲에 둘러싸인 거인처럼 그곳에 있었다. 그는 사람의 마음을 꿰뚫으며 약간 조롱하는 듯한, 그리고 인간의 약점과 이중성에 관한 한 전문가인 자기를 결코 속일 수 없다고 경고하는 듯한 미소와 함께 상대를 찬찬히 응시했다. 그래서 샤를 드골을 제외하고 마오처럼 노골적이고도 응집된 의지력을 세련되게 지닌 사람을 만나본 적이 없다고 키신저는 회고했는지 모른다.

키신저는 마오가 풍기는 권위에 대해서도 더이상 마땅히 표현할 방법이 없다고 말했다. 그만큼 마오는 그 전모가 결코 드러나지 않은 거인이었다. 그런 마오에게 닉슨은 실질적인 파트너가 못 됐다. 닉슨이 그를 만나 양국이 공동으로 주의를 기울여야 할 사항을 제시했을 때 마오의 반응은 정중하면서도 확고한 것이었다. 키신저는 당시 마오의 반응을 자신의 회고록에 이렇게 기술해놓았다.

"그런 문제들은 이 자리에서 토의할 성질의 것이 아닙니다. (…) 나는 철학적인 문제를 토의하고 있는 겁니다."

사실 그에 앞서 닉슨은 총리 저우언라이周恩來의 최측근이자 부총리인 차오관화喬冠華에게 마오 주석이야말로 자신과 '철학적 대화가 가능한 사람'으로 생각한다고 말한 바 있었는데, 이 말이 마오에게 이미 전달돼 있었던 것이다.

키신저는 마오의 대화 방식을 "마치 자금성의 안뜰과 같다"고 말했다. 자금성은 하나의 거대한 미로다. 자금성은 깊이 들어갈수록 그 규모가 조금씩 비례적으로 변화해 좀처럼 전모를 드러내보이지 않았다. 마오가 하는 말도 함축성이 깊어 오랫동안 생각해야만 그 뜻을 이해할 수 있었다. 닉슨은 그의 회고록에서 마오와의 회담이 '기분좋은 회담'이었다고 기록했지만, 정작 이 회담 속에는 바그너 오페라의 서곡처럼 그 의미가 뚜렷해지기까지는 깊은 생각이 필요한 암시와 은유가 곳곳에 산재해 있었다. 닉슨은 그것을 간과하고 있었다. 아니 결코 읽어내지 못했다.

전쟁 같은 삶은 '분투'를 요구한다.

싸움의 기술이 중요한 것이 아니라 왜 싸우는지,

무엇을 위해 싸우는지 그 분투의 의미를 깨닫는 게

중요하지 않겠는가!

분투의 진짜 의미를 깨닫는다면

끝까지 싸우다 죽어도 여한이 없을 것이기 때문이다.

싸움은 아직 끝나지 않았다!

21

연습:
기적과 마법의
진짜 비밀

누구에게나 마감시간이 있다

시간은 쏜살같다. 늘 그렇듯 시간이 지나면 어느새 세밑이 코앞에 닥치고, 한 살 더 먹으며 언제나처럼 또 다짐한다. 새해엔 정말 잘해보겠다고 말이다. 하지만 일상의 쳇바퀴 속에서 그동안 뭘 했나 하는 자괴감이 해마다 겪는 해일처럼 덮쳐오게 마련이다. 그리고 또 그렇게 한 해 두 해 살다보면 어느새 꼼짝없이 마주하게 될 것이다. 혼자 힘으로 양말도 신지 못하게 되는 그런 삶의 종착역을!

너나없이 삶의 종착역이 있듯 누구에게나 마감시간이 있다.

어떤 이는 매일 또는 한 달에 한 번, 또 누구는 분기별로, 또는 일 년에 한 번 마감시간을 맞이한다. 그리고 언젠가는 단 한 사람의 예외도 없이 삶의 마감시간을 마주하게 된다. 그런데 그나마 매일, 매달, 매 분기, 매년의 마감시간이 언제인지는 알 수 있지만 정작 자기 삶의 마감시간이 언제인지는 아무도 모른다. 그 예측 불가한 삶의 마감시간을 향해 우리는 너나없이 가고 있는 것이다.

사실 마감시간 이야기가 나왔으니 하는 말이지만, 신문사만큼 마감시간에 충실한 곳도 없다. 아무리 좋은 글, 좋은 기사라도 마감시간을 넘기면 소용없는 법! 그 마감시간 안에 들어와야 한다. 매일 발행되는데도 불구하고 기사가 채워지지 않은 채 군데군데 흰 여백으로 구멍 난 신문은 없다. 어떻게 해서든 마감시간에 맞춰 수많은 기사와 글이 속속 들어온다. 마감 10분 전까지도 안 될 것 같던 글들이 홈플레이트를 향해 죽기 살기로 몸을 던지는 야구선수처럼 마감시간에 맞춰 슬라이딩해 들어온다. 바로 이것이 '마감시간의 힘'이다.

그렇다면 정작 마감시간이 갖는 힘의 원천과 비밀은 뭘까? 다른 게 아닌 절실함과 절박감의 힘이리라. 그 절실함과 절박감이야말로 죽을힘을 다해 끝까지 뛰게 만드는 그 무엇이 아닐까 싶다. 그래서일까? 마감시간에 쫓기듯 쓴 글이 어요 잡고 쓴 글보다 낫다는 속설도 있다. 절실함과 절박감이 있다면 자신의 잠재 역량을 총동원해 젖 먹던 힘까지 다 불러내 쓰기 때문이 아닐까 싶다.

삶은 그 자체로 마감시간을 향해 가는 열차와 같다. 때때로 이런서런 역들에 서기도 하지만 결국 언젠가 마주할 그 마감시간을 향해 달리고 있는 셈이다. 물론 그 마감시간이 언제가 될지는 아무도 모른다. 그렇기 때문에 오늘이 마지막일지도 모른다는 비장감 속에 더 열심히 달려야 하지 않겠는가. 그런 절실함과 절박감이 내 안의 위대함을 깨운다.

생을 견디게 하는 기록의 힘

이전에 일기를 쓰지 않은 것은 아니었다. 초등학교 시절 방학 숙제로 밀린 일기를 쓰느라 애먹었던 기억은 차치하고라도 중·고등학교 시절부터 대학 마칠 때까지 10여 년에 걸쳐 꽤 꾸준히 일기를 쓴 적도 있었다. 게다가 이곳저곳 여행할 때마다 쓴 기행 일기도 여럿 있긴 했다. 하지만 새삼 일기를 다시 써야겠다고 생각하게 된 보다 직접적인 계기는 『일기로 본 조선』이란 책 때문이었다. 우리 조상들이 쓴 열두 편의 서로 다른 내용과 형식의 오래된 일기의 편린들을 접하면서 문득 다시 일기를 써야겠다고 다짐했다.

일기와 관련해 몇 가지 책들이 떠오른다. 하나는 구한말 의료선교사였던 이가 쓴 『알렌의 일기』다. 이것은 일기를 넘어 우리 근대 역사의 중요한 사료에 다름 아니다. 또한 산파였던 마서 무어 밸러드가 1785년부터 1812년 77세를 일기로 죽을 때까지 27년간 썼던 『산파일기』도 그 자체로 생활사의 걸작이다. 이 일기에 따르면 그녀는 816명의 아이를 받아냈다. 그녀 스스로도 아홉 자녀를 낳았고 그중 셋이 어릴 때 죽었다. 일기 그 자체가 인생을 웅변하는 듯하다. 아니 일기가 곧 역사였다.

물론, 일기라고 해서 반드시 종이 노트에 펜으로 적어야 할 이유는 없다. 스마트폰으로 누군가에게 문자 보내듯 나 자신에게 써서 보내도 그만이다. 앱 시장에 들어가 보니 아예 일기장 애플리케이션도 여러 가지가 제공되고 있었다. 그것도 무료로! 하지만 나는 이제껏 써오던 '에버노트' 앱에 그냥 '일기' 항목을 추가해 적어가기로 했다. 자고로 글은 여기저기 흩어놓는 것보다 한곳에 모아두는 게 상책이라 생각했기 때문이다. 사실 일기가 꼭 글이어야만 할 이유도 없다. 그날 가장 인상 깊었던 장면을 사진에 담아 남겨도 좋다. 물론 그 밑에 몇 마디 부를 달아도 괜찮다. 그것이 쌓이면 아주 근사한 자기만의 기록이 될 것이다. 하지만 이러니저러니해도 일기만은 아날로그 방식을 고집하고 싶다면 그 또한 좋다. 글을 쓰든 그림을 그리든 '손맛'이란 게 있지 않은가.

일기의 힘은 지속하는 데 있다. 우리는 지나온 생에 대한 연민보다 앞으로 살아가야 할 나날들에 대한 애정으로 일기를 쓴다. 그래서 일기는 단지 매일매일 뭔가를 기록한다는 것 이상의 의미를 갖는다. 그것은 결코 놓아버릴 수 없는 자기 삶에 대한 담담한 애정이며 절절한 생의 소통이다. 안팎으로 위기다. 삶이 힘겹다. 뭐 하나 제대로 되는 일도 없어 보인다. 하지만 그럴수록 일기를 쓰자. 일기를 쓰는 것이야말로 스스로의 생을 견디게 하고 촛불처럼 흔들리는 삶을 붙들어주리라.

면도날 vs. 쇠붙이

최초의 흑인 홈런왕 행크 에런은 이렇게 말했다.

"매일 정신이 아득할 정도로 많은 시간을 연습에 쏟고 나면 이상한 능력이 생긴다. 다른 선수들에게는 없는 능력이 생긴다는 말이다. 예를 들면 투수가 공을 던지기 전부터 그 공이 커 브냐, 직구냐를 알 수 있게 된다. 그리고 날아오는 공이 수박덩 어리처럼 크게 보인다."

결국 연습의 힘이 마법을 만든다. 아니 세상의 모든 기적과 마법의 진짜 비밀은 연습에 있다.

영화 〈바람의 파이터〉의 실제 인물이자 '극진極眞 가라테'의 창시자인 최배달은 생전에 이렇게 말했다.

"일천 일의 연습을 '단鍛'이라 하고, 일만 일의 연습을 '연鍊' 이라 한다. 그런 혹독한 단련이 있고 나서야 비로소 승리를 기 대할 수 있다."

그렇다. 승리는 끊임없는 연습과 단련의 결과일 뿐이다.

김연아는 '잠자는 시간을 빼놓고는 연습'이라 할 만큼 지독 한 연습 벌레였다. 그 덕분에 열아홉 살 어린 나이에 은반의 여 제가 됐다. 프로 골퍼 최경주는 하루 8시간씩 4000번 이상 공 을 쳐내는 피나는 연습 끝에 세계무대에 우뚝 섰다. '슈투트가 르트의 강철 나비'라 불렸던 발레리나 강수진은 한 시즌에 토 슈즈를 수십 켤레씩 버릴 만큼 연습에 연습을 거듭하며 무대 에 올랐다. 그녀는 말한다. "더 못한다고, 이 정도면 됐다고 생 각할 때 그 사람의 예술 인생은 거기서 끝나는 것"이라고. 예술 과 운동만이 아니다. 천재로 불린 레오나르도 다빈치도 말했다.

"세상에는 고군분투 대신 나태와 오만함에 몸을 맡겨버리는 천재들로 넘쳐난다. 그들은 한때 면도날이었을지 모르지만 결국 번쩍임과 예리함을 잃어버린 채 아무 의미도 소용도 없는 쇠붙이로만 살아가야 하리라."

그렇다. 타고난 재능만 믿고 게으른 자는 결국 쇠붙이로 녹슨다. 하지만 끊임없이, 우직하게 연습하고 단련하는 이는 날 선 면도칼이 될 수 있다. 날 선 면도날이 될 것인가, 녹슨 쇠붙이로 남을 것인가? 그 선택과 결단 앞에 나와 너, 그리고 우리 모두 예외 없이 서 있는 것이다.

우리 삶이 작품이다

서울의 올림픽대로를 달리다 암사동 선사유적지 방향으로 진입해 들어선 초입에 흑돼지고기와 김치찌개를 파는 식당이 하나 있다. 겉보기엔 여느 식당과 다를 바 없지만 그 안에 들어서면 사뭇 분위기가 다르다. 불황이라는 그림자를 찾을 수 없을 만큼 식당 안에 사람들이 꽉 차 있기 때문만은 아니다. 삼삼오오 둘러앉아 고기를 굽고 술잔을 나누는 사람들의 얼굴에 너 나 할 것 없이 생기가 돌기 때문이다.

뭔가 다른 이 식당은 비계 섞인 돼지고기를 숭숭 썰어 넣어 얼큰하게 끓여 내놓는 김치찌개가 일품이다. 이 식당에선 그 김치찌개를 '작품'이라 부른다. 주방장이자 주인장인 남정현 씨는 한겨울인데도 흰 반팔 티셔츠에 희고 높은 주방장 모자를 쓰고 한 손엔 굵직한 대나무 봉을 들고 손님들 사이를 돌아다닌다. 그러다가 "김치는 잘라 먹지 말고 찢어 먹어라, 고기는 이렇게 먹고, 반찬은 저렇게 먹어라" 하며 밉지 않은 참견을 한다. 그러면서 손님의 음식 먹는 품새가 맘에 안 들면 들고 있던 죽봉으로 애교스럽게 어깨를 '탁' 치고 내려친

다. 마치 참선하는 선승들에게 졸음이라도 들라치면 어김없이 내려
꽂히는 장군죽비같이!

때로 맘에 들게 식사하는 손님들이 있거나 기분이 동하면 주인장
은 허리춤에 찬 앞주머니에서 빳빳한 천 원짜리 다발을 꺼내 한 장
씩 나눠주기도 한다. 그리고 덕담을 한마디씩 건네는 일도 잊지 않
는다. "복 많이 받고 살아라, 여행길에 좋은 운 있어라" 하는 식이다.
그래서 식당 안 분위기는 그저 먹는 데서 그치지 않고 사뭇 훈훈하
다. 물론 식사를 끝내고 돌아가는 손님들도 그냥 가지 않는다. 주인
장한테 허리 굽혀 인사하기를 주저하지 않는다. 인사하지 않고 곧
장 신발을 신고 나가는 손님은 예외 없이 불려 세워져 "배웠으면 선
생님께 인사하고 가야 한다"는 점잖은(?) 타이름을 주인장한테 듣기
십상이다. 그렇다고 주인장이 결코 권위적이지도 않다. 오히려 틈만
나면 현관에 어지럽게 널려 있는 손님들의 신발을 손수 가지런히 정
리해놓을 정도로 겸허한 마음을 지녔다.

식당이 문 닫을 시간이 되면 주인장은 어김없이 손님들에게 "오
늘도 아침부터 저녁까지 꼬박 일하고 하루 일과를 마칩니다"라고 정
중하게 보고하며 허리 굽혀 인사를 올린다. 그런 그를 보노라면 김
치찌개만이 '작품'이 아니라 하루하루의 일상과 삶 자체를 정직하고
치열하게 살아내는 그의 삶이 곧 '진짜 작품'이라는 생각이 든다.

우리의 삶은 누구나 작품이 될 수 있다. 사소한 붓놀림 하나하나

가 모여 다채로운 색상과 훌륭한 질감이 숨쉬는 작품을 만들듯, 사소해 보이지만 열과 성을 다하는 하루하루가 쌓여 놀라운 삶의 작품을 만든다. 설사 지금까지 살아온 생이 만족스럽지 않다 해도, 마음만 고쳐먹으면 누구나 자기 삶을 멋진 작품으로 만들 수 있다.

세월은 힘겹고 시대는 우울하다. 하지만 그래도 우리 삶은 여전히 작품이 그려지길 기다리는 하얀 캔버스다. 무엇을 그리고 어떻게 만들 것인지는 나 자신에게 달렸다. 그러니 마음 단디 잡고 더 애써 몸부림치며 살아보자. 하루하루가 멋진 삶의 작품이 되도록!

삶은 그 자체로 마감시간을 향해 가는 열차와 같다.

때때로 이런저런 역들에 서기도 하지만

결국 언젠가 마주할 그 마감시간을 향해 달리고 있는 셈이다.

물론 그 마감시간이 언제가 될지는 아무도 모른다.

그렇기 때문에 오늘이 마지막일지도 모른다는

비장감 속에 더 열심히 달려야 하지 않겠는가.

그런 절실함과 절박감이 내 안의 위대함을 깨운다.

22

미완:
완성의 씨앗

내 마음의 일자진

　자고로 진법陣法의 세계에서 가장 두렵고 힘든 것이 다름 아
닌 일자진一字陣이다. 이순신과 조선수군은 "바다가 운다" 하여
'울돌목' 곧 '명량鳴梁'이라 이름 붙여진 곳에서 13척의 배로 일
자진을 쳤다. 한마디로 죽을 각오를 한 것이다. 그리고 왜적선
133척(배후까지 합하면 330여 척)을 맞아 거의 몰살시켰다. 이것
이 그 유명한 명량대첩이다.

　1592년 임진왜란 초기에 이순신과 조선수군은 옥포·합포·
적진포·사천·당포·당항포·율포 해전 등을 거쳐 한산대첩을 이

뤄내 명줄이 끊어져가던 조선을 살렸다. 하지만 조선을 구한 이
순신은 선조 임금의 시기가 발동하며 한양으로 압송돼 1597년
3월 4일(이하 음력) 졸지에 한양으로 압송돼 투옥되는 처지가
됐다. 군공을 날조해 임금을 기만하고 가토 기요마사의 머리
를 잘라오라는 조정의 출항 명령에 응하지 않았다는 것이 표
면의 이유였다. 이순신은 의금부의 신문을 받던 중 우의정 정
탁의 변호로 가까스로 출옥해 4월 1일부로 백의종군했다. 그
와중에 4월 13일 모친상을 당했지만 임종은커녕 장례도 치르
지 못했다. 그런 장군의 심정이 어떠했겠나.

한편 이순신을 제치고 삼도수군통제사로 올라섰던 원균은
7월 16일 칠천량해전에서 참패해 이순신이 5년 동안 단단하
게 구축해낸 조선수군을 일거에 궤멸의 위기로 몰고 갔다. 그
후 열흘도 채 안 된 7월 23일 이순신이 다시 삼도수군통제사
로 복귀했지만 그에겐 단지 12척의 배만 남아 있었다. 그러나
이순신은 포기하지 않았다. "신에게는 아직 열두 척의 배가 있
습니다尙有十二隻"라는 불퇴전의 의지로 수군 재건에 나섰다. 흩
어진 병사들을 모으고 백성들을 끌어안았다. 전선을 수리해
12척에 한 척을 더했고 군량미도 확보했다.

학익진鶴翼陣과 같은 진법을 펼치려면 최소한 수십 척의 배가
필요했다. 이순신은 단 13척의 배만 있었기에 일자진 이외에

다른 진을 구사할 길이 없었다. 그것은 스스로를 사지로 몰아넣고 적을 유인하는 극단의 방법이었다. 일자로 늘어선 13척의 배 밑으로는 바다가 울 정도로 빠른 물살이 순류와 역류로 뒤엉키고 있었다. 배가 한자리에 멈춰 버티기조차 쉽지 않았다. 너를 죽일지 나를 죽일지 알 수 없는 소용돌이가 거세게 바다를 울리는 울돌목에서 이순신과 조선수군은 생즉사 사즉생生則死 死則生의 각오로 버텼다.

8월 19일부터 한 달여에 걸쳐 왜적선과 숨바꼭질을 한 이순신의 조선수군은 운명의 그날 9월 16일, 13척으로 펼쳐낸 일자진으로 왜적선 133척 중 31척을 바다에 수장시키며 말 그대로 명량대첩을 세웠다. 하지만 채 한 달도 안 돼 10월 14일 이순신은 겉면에 '통곡慟哭'이란 두 글자가 씌어 있는 편지를 전해 받았다. 셋째 아들 면葂의 전사 소식이었다. 왜적들이 울돌목에서 이순신에게 당한 분을 충청도 아산까지 찾아 들어가 애면 이순신의 가족들에게 푼 것이었다. 하지만 이순신은 흔들림이 없었다.

지금은 울돌목 위로 다리가 놓였다. 진도대교가 그것이다. 물살은 여전해서 평균 초속 5.5미터다. 가히 바닷물이 울 만하다. 427년 전 이순신이 들었던 그 바다의 울음을 오늘 나도 듣는다. 영화 〈명량〉에서 이순신으로 분한 배우 최민식이 용틀임하듯 소용돌이치는 울돌목을 내려다보며 이렇게 혼잣말을 하는 대목이 있다.

"두려움을 용기로 바꿀 수 있다면……"

그렇다. 순류와 역류가 교차하는 삶의 격랑 위에서 결연한 마음으로 다짐해보자. 나도 내 마음의 일자진을 치겠노라고! 두려움 없이, 주저함 없이! 용기를 갖고!

끝까지 한다는 것

1967년 10월 9일. 남미 볼리비아의 산중에서 총성이 울렸다. 그리고 서른아홉 살의 한 사내가 눈을 뜬 채로 죽었다. 죽어서도 결코 꿈은 포기할 수 없다는 듯이. 그의 이름은 체 게바라! 체는 아르헨티나의 명문가 출신이었다. 의대를 다녔고 남들처럼 출세할 꿈도 있었다. 하지만 젊은 시절 여행을 통해 굶주리고 억압받는 남미의 민초들을 접한 후 새로운 세계에 대한 열망과 변혁에의 불꽃을 죽는 그 순간까지 지폈다. 그는 피델 카스트로와 함께 쿠바혁명을 결행했다. 하지만 혁명이 성공한 후 장관·국립은행 총재·사령관 지 등 모든 기득권을 버리고 다시 새로운 혁명의 전장으로 향했다. 그리고 타국 볼리비아의 산중에서 죽었다. 체는 부모에게 보낸 편지에 이런 내용을 담았다. 사는 내내 어떤 고난 속에서도 진실을 찾고자 애썼고, 죽음조차 실패라 여기지 않는다고.

그렇게 그는 끝까지 갔다. 끝까지 간다는 것은 비록 미완성일지라도 슬프도록 아름다운 것이다. 그래서 그가 죽은 지 반세기가 훌쩍 지났지만 여전히 세계 곳곳에서 그를 기억하고 흠모한다. 단지 파이프를 물고 베레모를 쓴 걸개그림의 이미지로서만이 아니라 진정한 인간의 풍모로서 말이다.

어차피 삶은 미완성이다. 하지만 끝까지 함으로써 미완성은 완성을 품어낸다. 그리고 언젠가 그 미완성의 씨앗은 완성의 열매를 맺는다. 그러니 여기서 멈추지 말자. 여기서 그치지 말자. 미완성을 두려워 말고 끝까지 함으로써 그 안에 완성의 씨앗을 배태시키자. 그것이 삶을 사는 오늘 우리의 자세 아니겠는가.

자만의 빈틈

1912년 4월 10일 낮 12시 15분 타이타닉호는 영국 사우샘프턴항을 출항해 다음날 아일랜드의 퀸스타운에 정박해 승객을 더 태웠다. 대부분 신대륙 미국으로 향했던 가난한 노동자와 농민들이었다. 이로써 타이타닉호는 2206명을 태우고 뉴욕으로 첫 항해를 시작했다. 그때만 해도 그것이 마지막 항해가 되리라고는 그 누구도 상상하지 못했다.

월터 로드가 쓴 『타이타닉호의 비극 A Night to Remember』(1955)에 따르면 타이타닉호에 타고 있었던 총 2206명은 남자 1662명, 여자 439명, 어린이 105명이었다. 이중 선장을 포함한 선원이 898명(남자 875명, 여자 23명)이었다. 그리고 1등석에 322명(남자 173명, 여자 144명, 어린이 5명), 2등석에 277명(남자 160명, 여자 93명, 어린이 24명), 3등석에는 709명(남자 454명, 여자 179명, 어린이 76명)이 타고 있었다. 하지만 총 2206명 중 구조된 사람은 703명뿐이고 나머지 1503명이 사망했다. 성인 남자의 경우 생존자는 315명인 반면 사망자는 1347명에 달했다. 특히 3등석의 경우 55명만 생존하고 399명이 죽었다. 반면 성인 여자 중 생존자는 336명이었고 사망자는 103명으로 그중 3등석에 탔던 이가 81명이었다. 어린이는 생존자 52명, 사망자 53명이었다. 하지만 1등석(5명)과 2등석(24명)의 어린이는 모두 살았으나, 3등석의 경우엔 23명만 살고 53명이 죽었다. 결국 안타깝게도 3등석에 탔던 사람들이 훨씬 많이 죽었다. 정말이지 가슴 아픈 '불편한 진실'이 아닐 수 없다.

5만 2000톤의 타이타닉호는 당시 세계에서 가장 큰 배였다. 배 길이가 약 882.5피트(약 268미터)로 당시 세상에서 가장 높은 빌딩이었던 엠파이어스테이트빌딩을 눕혀놓은 것보다도 길었다. 굴뚝 높이만 75피트(약 22미터)나 되었다. 풍차 크기의 스크루를 3개나 돌리는 엔진은 4층 빌딩 높이와 맞먹었다. 이 배엔 호화 객실과 고급 레스토랑은 물론 수영장, 체육관, 도서관 등 없는 것이 없어 '떠다니는 궁전'이라고 불렸다.

사고가 났던 14일 오전에는 원래 해상 사고가 날 것을 대비해 구명보트 타는 연습을 하도록 되어 있었으나 선장이 승객들의 불편을 이유로 취소시켰다고 한다. 타이타닉호에 준비된 구명보트 등에는 모두 1178명이 탈 수 있었다. 하지만 구조된 사람은 703명뿐이었다. 정작 구명보트의 자리는 적잖게 비어 있었다. 선장 경력 26년의 에드워드 스미스는 타이타닉호의 첫 항해가 끝나면 은퇴할 계획이었다. 그래서 그는 본래 뉴욕 도착 예정일인 17일보다 하루 일찍 도착해 승객들을 놀라게 하고 타이타닉호의 첫 항해를 축하하며 자신의 은퇴도 멋지게 장식할 요량으로 23노트의 빠른 항해를 명령했던 것이다. 게다가 빙산 출현의 경고도 6~7회나 있었지만 그는 자신의 노련함만 믿고 이를 무시했다. 14일 밤 망루에 있던 두 사람이 빙산을 발견했다고 다급하게 알려왔지만 그 거대한 타이타닉호의 속도를 늦추기엔 너무 늦은 때였다. 결국 그날 밤 11시 40분쯤 뉴펀들랜드 해역에서 타이타닉호는 빙산과 비끼듯 충돌하고 말았다. 본래 타이타닉호는 배 밑의 수밀격실水密隔室이 4개까지 물에 차도 침몰하지 않도록 설계됐으나 빙산과 충돌하면서 5개에 바닷물이 들이쳐버렸다. 결코 침몰하지 않을 것이라고 믿었던 타이타닉호는 충돌 후 두 시간 사십 분 만인 15일 새벽 2시 20분에 세번째와 네번째 굴뚝 사이가 반으로 갈라지면서 바닷속으로 영영 사라져갔다. 참으로 거대한 침몰이었다.

자고로 위기는 항상 가장 큰 것, 가장 튼튼한 것, 가장 견고한 것이라고 믿었던 것에 덮치게 마련이다. 왜냐하면 거기에는 자만의 빈틈이 있기 때문이다. 우리의 삶, 우리의 정치, 우리의 기업도 예외가 아닐 것이다. 100여 년 전 타이타닉호의 비극을 새삼 떠올리며 자만의 빈틈, 스스로 경계해야 하지 않겠나!

어차피 삶은 미완성이다. 하지만 끝까지 함으로써

미완성은 완성을 품어낸다.

그리고 언젠가 그 미완성의 씨앗은 완성의 열매를 맺는다.

그러니 여기서 멈추지 말자, 여기서 그치지 말자,

미완성을 두려워 말고 끝까지 함으로써

그 안에 완성의 씨앗을 배태시키자.

그것이 삶을 사는 오늘 우리의 자세 아니겠는가.

23

사랑:
오직 그것만이
우리를 견디게 한다

손숙과 강효를 이어준 기억

1963년 대학 진학 후 고대극회에서 연극 〈삼각모자〉로 데뷔한 배우 손숙은 대학을 중퇴하고 〈상복을 입은 엘렉트라〉(1968년)를 통해 본격적인 연극 인생을 시작할 즈음 어느 날 서울 필동의 효성의원을 찾았다. 일본식 목조건물 1층에 있던 그리 크지 않은 병원 안은 마치 여느 집의 작은 응접실 같았고 그곳엔 1년 365일 하루도 빠짐없이 자리를 지키는 의사 한 분이 있었다. 그는 정말이지 '히포크라테스 선서' 그 자체와 같은 인물이었다. 그의 이름은 강동완! 일제강점기에 교토제국대학

의학부를 나온 내과의사였던 그는 몸의 아픈 곳만 치료하는 의사가 아니었다. 그는 진료받으러 온 환자들과의 잔잔한 대화 속에서 그들의 마음의 상처와 영혼의 상흔마저 어루만졌다. 배우 손숙에게도 마찬가지였다. 그는 그녀에게 이렇게 말해주곤 했다.

"배우는 삼대가 기도해야 나온단다. 그러니 배우로서의 자존감을 잃지 말고 분발해라."

배우 손숙은 그 말을 평생 마음에 담아 배우로서의 자존감을 스스로 지켜올 수 있었다고 고백했다.

환자가 없는 시간에도 변함없이 병원을 지키고 있던 의사 강동완이 틈만 나면 하는 일이 있었다. 다름아니라 괴테의『파우스트』를 번역하는 일이었다. 하지만 그것은 책 출간을 위한 일은 아니었다. 멀리 떨어져 있던 세 아들 건, 진, 효에게 보내주기 위함이었다. 아버지는 세 아들에게 거의 매일같이『파우스트』의 몇 문장을 번역해 거기에 주석을 달고 연관된 자신의 단상을 담아 보냈다. 일상에서 편지는 사라지고 이메일 보내는 것도 귀찮아 카톡과 문자로 '슝' 소리를 내며 단문을 날려버리는 것으로 끝나는 이 시대엔 상상하기조차 힘든 일이다. 이렇게 보면 그 시절이 비록 가난했지만 더 행복했고, 힘겨웠지만 더 인간적이었는지 모른다.

뉴욕의 줄리아드 음대에서 바이올린을 전공하던 셋째 아들 효는『파우스트』의 번역문과 주석 그리고 단상이 담긴 아버지의 편지를 받아볼 때마다 눈시울을 적셨다. 그는 서울대 음대를 다니다가 1964년 도미해 유학하고 있었다. 사실 그것 자체가 기적이었다. 가난한 나라의 젊은 음악 학도가 몇 분간 선보인 단 한 번의 연주를 들은 후 전격적으로 후견인이 돼줬던 바이올리니스트 벌 세노프스키가 그해 내한 공연 개런티 500달러를 몽땅 유학비용으로 제공한 덕분이었다. 이뿐만 아니라 그는 장학금을 받도록 주선함은 물론 자기 집에서 숙식하도록 배려해줬다. 하지만 유학 기간 내내 아들 효의 내면을 붙들어준 것은 다름 아닌 아버지의 편지였다. 그후 그는 마침내 줄리아드 음대의 교수가 돼 지난 반세기 가까운 시간 동안 장영주, 길 샤함, 김지연 등 바이올리니스트와 리처드 용재 오닐 같은 비올리스트 등 헤아리기 힘들 만큼 많은 제자를 키워냈다.

　여러 해 전 줄리아드 음대의 작은 강의실에서 강효 교수가 학생들을 지도하는 모습을 옆에서 지켜볼 기회가 있었다. 그는 학생이 연주하는 내내 듣고 기다려줬다. 그러곤 연주가 끝난 후 특유의 조용하고 온화한 말투로 몇 마디를 건넬 뿐이었다. 그것은 마치 아버지가 아들에게 말없이 보낸「파우스트 편지」와 다를 바 없었다. 이래라저래라 잔소리하지 않고 오로지 파우스트 몇 문장만 담긴 아버지의 편지가 아들을 키웠듯이 다시 그 아들 강효는 전 세계의 수많은 제자를 줄리아드 음대와 예일대에서 그렇게 키워냈다. 그 묵묵한 기다림 속에서 기적은 또다시 기적을 낳은 것이다.

그로부터 얼마 뒤 배우 손숙과 강효 교수가 만난 자리에 나도 합석한 일이 있었다. 처음 만난 두 동갑내기는 한 사람에 대한 기억으로 이야기꽃을 피웠다. 젊은 시절 배우로서의 자존감을 잃지 않도록 격려해줬던 의사 강동완과 유학 간 아들에게 「파우스트 편지」를 써서 보낸 아버지 강동완을 둘은 각각 그러나 함께 기억하고 있었다. 그 모습을 옆에서 지켜보며 나는 이런 생각이 들었다. 누군가에게 기억되는 한 그 사람은 죽은 것이 아니다. 그 기억 속에 살아 있다. 이제 스스로 묻지 않을 수 없다. "과연 나는 무엇으로 기억될 것인가?"라고. 이 물음 앞에 그 누구도 비켜설 수 없듯이 나 역시 이 물음 앞에 날마다 한 걸음씩 더 다가서고 있다!

살아 있음의 증거, 사랑

나는 다섯 살 터울의 막내 누나를 좋아한다. 아마도 어릴 적 함께 많이 놀아준 기억 때문이리라. 그 막내 누나가 오래전 교회의 권사로 임직했을 때 일이다. 권사 임직 예배가 있던 날 막내 누나가 입고 나온 한복은 어딘지 모르게 낯이 익었다. 아니나다를까 그 한복은 돌아가신 어머니가 권사 은퇴를 하던 날 입으시고 훗날 막내 누나가 권사가 되면 꼭 입으라고 신신당부하며 남겨놓은 한복이었다. 막내 누나는 키가 170센티미터이고 돌아가신 어머니는 160센티미터가 채 안 되셨는데 일부러 막내 누나 치수에 맞춰 한복을 지은 후 당신께서는 대충 접어 입으셨다고 한다. 그 얘기를 누나한테 들으면서 나는 애써 눈물을 참았지만 속으론 얼마나 울었는지 모른다. 비록 예전에 만든 것이라 다른 분들이 입은 한복보다 때깔은 덜 났을지 모르지만 막내 누나가 입은 한복은 그 누구의 것보다 아름다웠다. 거기에는 어머니의 속 깊은 사랑이 녹아 있었기 때문이다.

"사랑하고 사랑받는 건 살아 있음의 증거다."

〈톨스토이의 마지막 인생〉이란 영화에서 가장 인상 깊었던 대사다. 이 영화의 원제는 〈종착역 The Last Station〉! 러시아의 대문호 톨스토이의 파란만장한 82년 생애는 러시아 남부의 아스

타포보역에서 종지부를 찍는다. 지금은 톨스토이역으로 이름이 바뀐 바로 그곳이 그의 삶의 실제 종착역이다. 그렇다면 나와 우리의 종착역은 어디가 될까? 물론 지금으로선 알 수 없다. 다만 그 삶의 종착역에 다다랐을 때 끝내 웃을 수 있기를 바랄 뿐이다. 모든 삶은 처음이나 중간이나 마지막이나 예외 없이 고통과 아픔을 수반한다. 하지만 그렇기 때문에 더더욱 사랑해야 한다. 더 많이 더 아름답게 더 치열하게…… 오직 사랑만이 우리를 견디게 할 것이기에!

1000여 명의 전쟁고아를 살린 위대한 손

미국인 목사 러셀 블레이즈델. 우리는 까맣게 잊고 지냈지만 그는 6·25전쟁 당시 1000여 명의 고아를 살린 위대한 사랑의 실천자였다.

1950년 6·25전쟁은 참혹했다. 그것은 군인들만의 전쟁이 아니었다. 아이들은 더 혹독하게 생존에 몸부림치도록 내몰렸다. 부모의 사지가 찢겨 널브러진 가운데 남겨진 핏덩이도 있고, 피란 행렬에 엄마 손을 놓쳐버려 울부짖는 철부지도 숱했다. 하지만 자기 피란 가기도 바쁜데 누가 그 핏덩이를 거두고 울부짖는 철부지를 감싸안겠는가.

전쟁의 최고 피해자는 아이들이다. 그들은 못 먹고 못 입고 못 씻어 병든 길고양이처럼 전장과 거리를 떠돌았다. 그러다 석병으로 오인받아 총 맞고 또 지뢰 밟아 죽기도 했다. 1950년 7월 한국 주둔 미 제5공군사령부에 중령 계급의 군목으로 배속된 블레이즈델은 그들을 그렇게 죽게 놔둘 수 없었다. 그는 전장을 떠도는 고아들을 데려다 보살피기 시작했다. 그는 미 공군 군목이기에 앞서 전쟁고아들의 아버지였다.

그해 9월 인천상륙작전으로 전기를 마련해 순식간에 서울을 수복하고 평양으로 진격해 북진하면서 압록강의 물을 수통에 담는 감격의 여운이 채 가시기도 전에, 전황은 또 뒤집혀 그해 말엔 다시 서울을 떠나는 피란 행렬이 줄을 이었다. 블레이즈델은 군부대 차량들에 고아들을 실어 더 남쪽으로 보냈지만 역부족이었다. 서울엔 여전히 1000명 이상의 고아가 남아 있었다.

다시 전쟁의 한복판에 남게 된 1000여 명의 고아. 블레이즈델은 이들을 사지에 남겨둘 수 없었다. 간절함에는 기적이 따르는 법! 그는 미 공군의 작전 책임자를 설득해 기적적으로 C-54 수송기 16대를 확보했다. 그리고 미 해병대의 트럭을 동원해

1000여 명의 고아를 김포로 옮긴 뒤 수송기에 태워 제주도로 피신시켰다. 유난히 추웠던 1950년 12월 20일의 일이었다.

하지만 이 일로 블레이즈델은 미 공군의 감찰 조사를 받았고 결국엔 옷을 벗어야 했다. 그후 블레이즈델 목사는 일본에 머물면서도 옷·식료품·의약품 등을 제주도에 있는 고아들에게 보냈다. 그러나 전쟁이 끝나면서 1000여 명의 전쟁고아를 구해낸 그의 위대한 사랑은 잊히고 말았다. 전후인 1957년 록 허드슨이 주연한 〈전송가戰頌歌·Battle Hymn〉라는 영화에 전쟁고아 1000여 명의 수송 작전이 묘사된 바 있지만 거기엔 어찌된 일인지 당시 작전의 공이 온통 딘 헤스라는 이름의 미 공군 중령에게 몰려 있었다. 하지만 블레이즈델은 굳이 자신을 내세우지 않았다.

블레이즈델 목사는 90회 생일이던 2000년 9월 한 통의 편지를 받았다. 뜻밖에도 그것은 "50년 전 한국전쟁 당시 당신이 펼친 고아 구출 작전에 대해 깊은 감사를 드린다"는 윌리엄 코언 당시 미 국방장관과 헨리 셸턴 미 합참의장 등 미군 수뇌부 네 명의 이름으로 된 감사 편지였다.

블레이즈델 목사 덕분에 목숨을 건진 1000여 명의 고아도 이제는 70대를 훌쩍 넘겨 여든을 바라보는 나이가 됐다. 물론 그들 중 일부는 이미 고인이 됐을지 모른다. 하지만 이 땅에는 그 1000여 명의 고아가 뿌린 씨앗들이 분명히 존재한다. 아니, 어쩌면 우리 모두가 그 씨앗의 일부일지 모른다. 1000명이 넘는 고아를 구한 블레이즈델. 우리에게는 그를 다시 기억해내고 추념해야 할 분명한 의무와 가치가 있다. 그는 1000여 명의 고아를 살렸다지만 그것은 곧 우리의 미래를 살린 것과 다름없기 때문이다.

두려움의 매혹

대개 둘이 여행하면 사소한 일이나 감정의 뒤틀림으로 다툰다. 그래서 심지어 돌아올 때는 각자 돌아오기도 한다. 셋이 만나서 가면 둘이 편을 이뤄 남은 한 사람을 왕따시키기 십상이다. 둘이 한 사람 바보 만드는 일은 언제나 쉽고 흔하다. 그렇다보니 아무래도 혼자 여행하는 편이 좋겠다 생각하기 쉽지만 정작 해보면 힘들고 외롭다. 그래서 사람들은 다시 둘, 셋이 모여 복닥거리며 함께 길을 떠나곤 한다. 물론 그들 사이의 미묘한 갈등 역시 예외 없이 반복되겠지만!

이처럼 누군가와 동행하는 일은 결코 쉬운 일이 아니다. 하지만 동행하는 이들 사이의 어쩔 수 없는 반목과 갈등을 풀어주고, 서로를 다시 이어주며 하나로 묶어줘, 끝내는 감싸고 얼싸안을 수 있도록 만드는 것은 묘하게도 서로의 아픔과 상처다. 어쩌면 진정한 동행의 의미는 그 아픔과 상처를 나누는 여정이리라. 일상을 떠나면 대개 심리적으로 무장해제된다. 그래서 뜻하지 않게 이런저런 이야기를 꺼내놓는다. 물론 거기에는 굳이 하지 않아도 될 이야기도 적잖다. 심지어 기억조자 하고 싶지 않은 마음속 깊은 상처마저 지신도 모르게 털어놓는다. 그것도 때론 술 한잔 걸치지 않은 맨정신으로 말이다. 애써 그것을 감추지 않고 털어놓게 만드는 힘이 여행에 숨어 있는 듯싶다. 어쩌면 그래서 알베르 카뮈는 여행을 가리켜 "두려움의 매혹"이라고 했는지도 모르겠다.

나름대로 자기 인생을 살아내는 이라면 누구나 예외 없이 아픔과 상처가 있게 마련이다. 그것들은 잔혹한 더위에도 녹지 않을 만큼 심중 깊숙이 얼음처럼 박혀 있다. 그래서 그것을 녹이려면 남다른 체온이 필요하다. 때로 그것은 자기 혼자만의 체온으로는 녹일 수 없기에 다른 누군가의 온기가 절실하리라. 무라카미 하루키가 쓴 『색채가 없는 다자키 쓰쿠루와 그가 순례를 떠난 해』에서 '쓰쿠루'도 그랬다. 순례를 통해 '상처가 곧 소통의 바탕'임을 깨달은 그는 '사람의 마음과 마음은 상처와 상처로 깊이 연결된 것'이라고 말한다.

그렇다. 우리를 연결시키는 것은 서로의 상처와 아픔이다. 상처 없는 인간은 누군가를 진정으로 품어낼 수 없다. 아픔 없는 사람이 누군가와 진정으로 친구가 될 수 없는 것과 같은 이치다. 삶은 기쁨만으로 충일할 수 없다. 우리의 생은 스스로에게 상처 입히기를 즐기는 것이 아닐까 싶을 만큼 아프다. 하지만 이열치열以熱治熱하고 이독제독以毒制毒하듯 상처를 치유하는 것은 또다른 이의 상처요, 아픔을 극복하는 것 역시 또다른 누군가의 아픔이다. 단지 "그도 알고 보면 나 못지않게 힘들었어"라는 피상적인 위안만이 아니다. 진짜 아파봤기 때문에 진정으로 보듬을 수 있다. 상대를 보듬고 품어내는 진정한 포옹은 바로 그 상처와 아픔을 끌어안는 것이다.

> 자신이 '그 사람'이 아니며 '그 사람'이 될 수 없는 한 아무도 '그 사람'의 마음을 알 수 없다. 아무리 가깝고 사랑하는 관계라 하더라도 단지 이해한다고 믿고 있는 데 불과할 뿐이다.[19]

나의 산티아고 순례기이자 고백록인 『마지막 한 걸음은 혼자서 가야 한다』의 한 구절이다. 그렇다. 인간은 누군가를 온전히 알 수 없다. 그래서 우리가 서로에게 다가서기 위해 할 수 있는 거의 유일한 일은 자신의 아픔과 상처를 감추지 않는 것이리라. 그것이 서로를 소통시킬 바탕이 되어줄 터이니! 그 아픔과 상처를 조금씩 나누는 가운데 세상은 조금은 더 살 만한, 아니 조금은 더 숨쉴 수 있는 그런 곳이 되지 않겠는가.

4부

本 來 面 目

본래면목

24

본래면목:
오늘, 무엇을
찾을 것인가

"무엇이 너의 본래면목이냐"

1967년 성철 스님이 해인총림의 초대 방장으로 취임한 그해 겨울은 유난히 추웠다. 그 추위도 아랑곳 않고 참선에 용맹 정진했던 선승들은 동안거(겨울 참선 기간) 때 성철 스님으로부터 일곱 차례에 걸쳐 법문을 들었다. 그후 그 법문 내용은 성철 스님이 조계종 종정으로 추대된 이듬해인 1982년 『본지풍광本地風光』이란 제목으로 출간됐다.

성철 스님은 출간 직후 "그나마 부처님께 밥값 했다"고 말할 정도로 『본지풍광』에 대해 깊은 애정을 표했다. 하지만 『본지

풍광』은 정통 선가의 화두와 게송을 다루고 있어 선승이 아닌 일반인이 읽기엔 아주 어려웠다. 한문투로 전통적인 법문 형식에 따라 책을 구성했기에 난해할 수밖에 없었다. 이에 성철 스님의 상좌였던 원택 스님이 녹음된 성철 스님의 육성 법문을 구어체 그대로 풀어 다시 한 권의 책으로 내놓았다. 그 제목인즉『무엇이 너의 본래면목이냐』다.

그 화두 같은 제목을 접하는 순간 나는 얼어붙는 것만 같았다. 오래전 열반에 드셨던 성철 스님이 되살아나 "이 뭐꼬?"라고 질책하며 이 풍진 세상을 향해 장군죽비를 내려치는 것 같았기 때문이다. 처음에는 그 장군죽비를 맞을 사람이 나 아닌 남이라고 생각했다.

하지만 이내 깨달았다. 성철 스님이 육성으로 꾸짖듯 말하는 '무엇이 너의 본래면목이냐'라는 화두는 결코 남을 향해 손가락질하고 폄훼하라고 만든 언어적 무기가 아님을 말이다. 그것은 무엇보다도 나 스스로를 향한 진솔하고 준엄한 질책이 되지 않으면 안 된다. 도대체 우리는 과연 몇 가지의 얼굴과 면목으로 살아가는 것일까. 이중, 삼중, 아니 카멜레온처럼 그때그때 편의적으로 자신의 면목을 바꿔가며 살아온 것은 아닌지 돌아볼 일이다. 어쩌면 너무나 오랫동안 스스로를 속여왔기에 그 지기기만에 길들어지고 포박당해 되레 그것이 자신의 본래면목인 것처럼 착각하고 있는지도 모른다. 그러니 이제 거울 앞에 서보자. 그리고 조용히 스스로에게 물어보자. '무엇이 나의 본래면목이냐'고.

초심, 그 본디 마음

"당신은 오늘 무엇을 찾을 것인가?"

전주 한옥마을을 거닐다가 우연히 찻집의 담장에 걸린 그 노란색 걸개 속 문장이 차 마시는 내내 뇌리에 맴돌았다. 별생각 없이 어슬렁거리듯 걷다가 무심코 들어선 찻집에서 마주한 그 문장에 솔직히 한 대 얻어맞은 것 같았다. 딱히 무엇을 찾기 위해 그곳을 간 것도 아니었지만 "당신은 오늘 무엇을 찾을 것인가"라는 문장 덕분에 '나는 오늘 무엇을 찾고 있는가?' 하고 진지하게 생각하게 되었다. 흔히 뼛속이 비어가는 것을 '골骨다공증'이라고 하니 생각이 비어가는 것은 '사思다공증'이라 할 만할 텐데 꼭 그런 느낌이었다. 살면서 아무 생각 없는 때가 간혹 필요하기도 하겠지만 그래도 생각 좀 하면서 살아가야 할 때가 당연히 더 많지 않겠나. 특히 나 자신의 본래면목에 대해서 생각한다면 말이다. 한참을 말없이 차만 마시다가 결국 스스로에게 "나는 오늘 무엇을 찾을 것인가?" 하고 되물었다.

바로 그때 부지불식간에 떠오른 단어가 하나 있었다. 다름 아닌 '초심初心' 곧 처음 마음이었다. 그런데 정작 나의 삶이든 일이든 관계에서든 초심, 그 본디 마음이 무엇이었나 생각해보니 가물가물하다. 정말이지 사다공중이 아닌가 의심될 정도다. 처음 마음은 어디로 갔는가? 알 수 없다. 그러니 실종 신고라도 내서 찾아와야 할 판이다. 초심이나 다짐 같은 것을 기억하지 못한다면, 아니 애초에 갖고 있지 않았다면 스스로에게 나지막한 목소리로 이렇게 말해야 할지 모른다. "왜 이러고 사니?"라고! 그렇다. 정녕 오늘 내가 찾아야 할 것은 어디론가 가출해버린 그 본디 마음 아니겠는가? 처음 마음, 본디 마음, 그것을 오늘 찾아야 한다.

무언가를 찾는 까닭은 한편에서는 허전해서이고 다른 한편에서는 절박해서다. 그런데 단지 허전해서 뭔가를 찾으면 으레 엉뚱한 일을 저지르기 십상이다. 허전할 때는 이리저리 뭔가를 찾아서 헤맬 것이 아니라 자중자애自重自愛해야 마땅하다. 하지만 그것이 어디 그렇게 말처럼 쉽겠나. 그러니 옆구리가 허전해서 헤매다가 경을 치고, 마음이 허전해서 헤매다가 사람도 잃고 돈도 잃기 일쑤다. 반면에 아주 절박해서 뭔가를 찾겠다고 몸부림치면 막힌 삶의 돌파구가 열리고 살아갈 길이 트이기 마련이다. 기실 절박함보다 더 큰 창조의 힘은 없다. 모든 창조는 절실함과 절박함의 산물이고 진짜 미래는 벼랑 끝에 서야 열리는 법! 그렇기에 절박함에는 놀라운 돌파의 에너지가 담겨 있다. 결국 오늘을 버티고 내일을 살아내기 위해서는 정녕 절박하고 절실하게 "나는 오늘 무엇을 찾을 것인가?" 하는 물음 앞에 정면으로 서서 정직하게 맞서야만 한다. 그래야 창조도 있고 미래도 있다.

정작 살면서 우리가 찾는 것은 무엇인가? 돈? 자리? 권력? 이름? 명예? 하지만 막상 그런 것은 찾으면 찾을수록 허접해진다. 그리고 결국엔 사라진다. 정녕 스스로 오늘 찾아야 할 것은 순전한 마음의 근육, 처음 가졌던 본디 마음 아니겠는가.

뒤축 닳은, 낡은 구두에게

구두를 신기 위해 신발장을 연다. 몇 켤레의 구두 중 잠시 머뭇거리다 제일 굽이 많이 닳은 것을 골라 신는다. 그리고 현관문을 나서며 스스로에게 되물었다.

"왜 하필 이 구두지?"

구두는 온몸의 하중을 받는다. 삶의 무게를 그대로 떠안고 지탱하는 것이 구두다. 오죽하면 굽이 닳겠는가. 구두굽이 닳는 것은 그만큼 삶이 무겁고 고단하다는 방증이다. 그래서 굽이 많이 닳은 낡은 구두를 보고 있노라면 왠지 모를 측은함마저 느껴진다. 거기엔 굽이 닳아 없어질 만큼 부지런히 때론 정신없이 뛰어다닌 자기 삶에 대한 남모를 연민과 애정이 담겨 있기 때문이리라. 뒤축이 닳아 뭉툭해진 구두굽을 물끄러미 바라보며 결코 무심할 수 없던 까닭이 여기에 있다.

지난 세월 동안 이 구두는 어떠했나. 유난히 매서웠던 추위 속에서 삶의 무게를 고스란히 짊어지고 찬바람 쌩쌩 이는 길을 걷던 구두는 꽁꽁 얼어붙기 일쑤였다. 눈이라도 내리는 날이면 구두는 미끄러지기 십상이었고, 염화칼슘에 범벅된 눈이 진창으로 둔갑해 질척거리면 구두는 진흙 뻘 속에 잠긴 꼬막 신세가 되어버리곤 했다. 그런가 하면 한여름 구두는 땀에 절어 고약한 냄새에 질식할 정도였고 폭우라도 쏟아지는 날에는 구두 속까지 흥건하게 물이 스며들어 퉁퉁 붇기가 다반사였다. 하지만 구두는 불평하지 않았고 불만을 토로하지도 않았다. 묵묵히 못난 주인을 부지런하다못해 미련할 만큼 이곳저곳으로 실어날랐다. 때론 들어놓지 말았어야 할 곳에 구둣발을 들여놓기도 했고 또 때론 오래 머물러야 했던 곳에서 더이상 참지 못하고 뛰쳐나온 주인의 성마름을 묵묵히 받아주어야 했다. 그 주인이 누구던가. 바로 나 자신 아닌가.

예전에 식당을 찾아가면 으레 구두를 벗고 곧장 방으로 들어가는 경우가 적잖았다. 그런데 식사를 마치고 다시 구두를 찾아 신으려고 하면 종업원은 손님의 신발을 사진이라도 찍어두었다가 확인한 후 내놓는 듯이 정확하게 주인을 찾아 구두를 들이민다. 틀리는 경우가 거의 없다. 어떻게 그 많은 구두를 다 기억하느냐고 묻자 그 종업원이 말하길, "구두를 보면 그 주인을 금방 알아요. 구두는 주인을 닮거든요"라는 대답이 돌아왔다. 그렇다. 구두는 그것을 신은 사람을 닮기 마련이다.

닳고 닳은 구두를 보면 그것을 신은 사람의 자세, 걸음걸이뿐만 아니라 그의 인생마저 미루어 짐작할 수 있다. 그동안 우리는 너 나 할 것 없이 자신의 구두를 신고 때론 당당했고, 때론 문전박대 당하기도 했으며, 신이 나서 날아갈 것 같기도 했고, 풀이 죽어 땅속으로 꺼져 들어가고 싶기도 했다. 말 그대로 '일희일비'했고 이리저리 밤거리를 헤매기도 했으리라. 하지만 그 모든 게 숨길 수 없는 자기 인생이었다. 내 인생의 굵고 큰 행보는 물론이거니와 세세하고 소소한 행로까지 굽 닳은 낡은 구두는 모두 알고 있으리라. 이제 그 구두가 내게 말한다. 제발 쓸데없이 길거리 헤매며 다니지 말라고. 구두는 무슨 고생이냐고. 아무리 화가 나도 길거리의 전신주를 차거나, 길바닥의 보도블록을 내리치진 말라고. 구두는 또 무슨 생고생이냐고. 제발 덜 헤매라고. 제발 덜 발길질하라고.

구두는 진창이든 돌길이든 가리지 않는다. 때로는 더러운 것을 밟기도 하고 고통을 대신하기도 한다. 그것이 구두의 본분이라 믿으며! 오늘 우리가 구두를 다시 생각해보는 일은 가장 낮은 것, 아니 가장 낮은 곳에 놓인 것들이 우리 삶의 화려함과 우쭐함을 위해 얼마나 소리 없이 희생했는지를 잊지 않기 위해서다. 삶의 무게를 버티며 묵묵히 인생의 길을 함께 해온 구두. 그 뒤축 닳은 구두에게 진심으로 고마운 마음을 전한다.

"고맙다, 구두야!"

다시 신발끈을 단디 묶자!

내가 마흔 살에 얻은 늦둥이 딸은 공교롭게도 나와 같은 초등학교를 나왔다. 이 학교에서는 해마다 가을이 되면 운동회가 열리는데 딸은 운동회의 마지막을 장식하는 계주에 선수로 출전해서 운동장한 바퀴를 뛴다는 사실 자체로 이미 운동회가 열리는 날 아침부터 들떠 있었다. 딸이 초등학교 시절 가장 소망한 바가 6년 내내 계주대표가 되는 일이었으니 마음이 들뜨는 게 당연했으리라. 운동화 끈을 단단히 매고 일찌감치 학교로 향하는 아이를 물끄러미 바라보다가 나도 모르게 엄지를 추켜세워 기운을 북돋워줬다.

딸이 뛰는 모습을 보려고 운동회가 끝날 즈음 내가 다녔던 초등학교로 갔다. 여느 초등학교 운동회도 마찬가지겠지만 운동회는 정말이지 장날이 따로 없을 만큼 사람들로 붐볐다. 딸이 뛰는 모습을 보려면 인파 사이를 비집고 들어가지 않으면 안 되었다. 계주를 뛰는 딸의 모습을 놓치고 싶지 않아 안면몰수하고 사람들 사이를 관통하듯 뚫고 들어갔다.

그런데 딸아이가 속한 백군은 10여 미터나 뒤처져 있었다. 결국 한참 뒤처져 바통을 이어받은 딸아이는 실망하는 기색도 없이 머뭇거리지 않고 냅다 내달렸다. 그러곤 놀랍게도 운동장 한 바퀴를 도는 사이에 역전을 시키는 것이 아닌가. 운동장은 역전의 스릴을 맛보느라 탄성과 환호가 엇갈리며 더욱 뜨겁게 달아올랐다. 결국 딸이 다음 주자에게 바통을 이어줄 때는 되레 5미터가량 앞서게 되었다. 그리고 바통 터치를 끝낸 딸아이는 기쁨을 드러내지 않은 채 애써 아무렇지도 않다는 듯 그저 가쁜 숨을 몰아쉴 뿐이었다. 물론 속으로는 환호했으리라. 누군가를 이겨서가 아니라 비록 작은 것이지만 아이가 그토록 간절히 꿈꾸던 것을 해냈으므로!

자기 자리로 돌아간 딸은 다시 몸을 수그려 신발끈을 조였다. 아침에 운동회에 출전하러 나갈 때 신발끈을 조여 매듯 다시 매는 것이었다. 그때 물끄러미 그 장면을 바라보던 나는 혼자 이렇게 중얼거렸다. "그래, 인생은 크고 작은 경주의 연속이지. 이길 때도 있고 질 때도 있지. 하지만 이기고 나서든 지고 나서든 반드시 다시 신발끈을 매거라. 삶은 마지막에 이기는 사람이 진짜 이기는 것이니까!" 자, 이제 역전 계주에 나서듯 나의 신발끈을 다시 한번 단디 묶자!

정작 살면서 우리가 찾는 것은 무엇인가?

돈? 자리? 권력? 이름? 명예?

하지만 막상 그런 것은 찾으면 찾을수록 허접해진다.

그리고 결국엔 사라진다.

정녕 스스로 오늘 찾아야 할 것은 순선한 마음의 근육,

처음 가졌던 본디 마음 아니겠는가.

25

얼굴:
스스로에게 책임을
진다는 것

바라볼 얼굴, 존중할 얼굴, 어루만질 얼굴

"바라볼 얼굴, 존중할 얼굴, 어루만질 얼굴들이 있기에 우리 세계도 존재한다."[20]

이탈리아의 신학자 이탈로 만치니가 자신의 유언과도 같은 마지막 저서 『얼굴들이 돌아오게 하소서』에 남긴 말이다. 언젠가 서울 예술의전당 한가람미술관에서 열렸던 유서프 카쉬와 몇몇 한국 작가들의 사진전에서 바라볼 얼굴, 존중할 얼굴, 어루만질 얼굴을 새삼 마주할 수 있었다.

바라볼 얼굴.

카쉬가 1956년에 찍은 오드리 헵번의 얼굴은 정말 매혹적이다. 속눈썹을 길게 드리운 채 지긋이 감은 눈에는 마치 우주가 담긴 듯하다. 오똑한 콧날은 더없는 자존감을 드러내 보이고, 짙게 그려진 눈썹과 단아하게 빗겨진 머리는 범접하기 힘든 여신의 도도함과 순진한 처녀의 청순함이 묘하게 뒤섞여 조화를 이룬다. 얼굴의 윤곽선과 입술, 그리고 이어진 귀의 선은 그 자체가 깎은 듯한 조각이요, 예술이다. 심지어 옷깃으로 감춰진 목선까지도! 그 얼굴을 바라보노라면 누구나 울렁거리는 가슴을 부여잡고 빠져들게 마련이다. 하지만 이내 마음속의 욕망은 희미해지고 순백의 오롯한 정화를 체험하게 된다. 헵번이 말년에 아프리카의 병들고 굶주린 아이들을 헌신적으로 돌보았던 장면이 오버랩돼 더욱 그렇다. 정말 바라보면 볼수록 고귀하고 아름다운 얼굴이다.

존중할 얼굴.

역시 카쉬가 1941년에 찍어 『라이프』 표지에 실었던 윈스턴 처칠의 얼굴 사진에는 제2차세계대전에 임하는 그의 단호한 의지가 그대로 담겼다. 적당히 찌푸린 미간은 유난히 빛나는 눈빛과 어우러져 절체절명의 위기를 헤쳐나갈 방향을 향한 획신과 흔들림 없는 시선을 드러내 보인다. 선 굵은 콧날과 굳게 다문 입은 더할 수 없는, 불굴의 의지를 담고 있다. 히틀러의 총 공세 앞에 "결코, 결코, 결코 항복하지 말라"는 처칠의 단호한 음성이 들리는 듯하다. 정말이지 그의 얼굴을 보고 있노라면 포기란 있을 수 없고, 좌절은 죄악처럼 느껴진다. 그것은 패배감을 떨치고 승리를 만든 얼굴이기 때문이다. 당시 영국인들은 처칠의 얼굴을 보며 불안을 떨치고 미래를 포기하지 않았다. 그런 의미에서 그의 얼굴은 믿고 따르며 존중할 얼굴이다. 지금 우리에게 가장 아쉬운 것이 그런 얼굴 아닐까.

어루만질 얼굴.

카쉬의 작품들과 함께 전시된 한국 작가들의 작품 중 사진 작가 김동욱이 2002년에 찍은 고 피천득 선생의 얼굴은 삶의 기억들을 애써 더듬으며 어루만지고 있었다. 검은 뿔테 안경 너머로 살포시 감은 눈에는 회한이 드리워져 있었고, 검버섯 핀 얼굴은 고단했던 삶의 역정을 결코 감추지 않았다. 깊게 파인 이마의 주름과 애써 정갈하게 깎아냈다지만 여전히 남아 있는 코밑의 수염뿌리는 힘겨웠던 인생 역정 속에서 지켜온 삶의 자존감 같은 것을 느끼게 만든다. 그리고 그런 얼굴 위에 살며 시 얹힌 주름 많은 손끝은 자신의 지나온 삶을 연민 속에 어루만지고 있었다. 아니 어쩌면 평생 세 번 마주했던 아사코와의 인연을 떠올리며 애써 상념을 떨치면서 어루만지고 있는지도 모를 일이었다.

피천득이 그리운 까닭

> 오월은 금방 찬물로 세수를 한 스물한 살 청신한 얼굴이다.
> ……그러나 …… 밝고 맑고 순결한 오월은 지금 가고 있다.[21]

금아琴兒 피천득의 수필집 『인연』에 나오는 「오월」이란 글의 처음과 끝 대목이다. 거문고나 가야금 같은 현絃을 타는 아이라는 뜻의 호, '금아'처럼 평생을 은근한 울림으로 살다 간 피천득.

고 피천득 선생은 1910년 경술생이다. 서울 청진동에서 태어났고 일찍이 상하이로 건너가 후장滬江대학에서 영문학을 공부했다. 다시 서울로 돌아와 1937년부터 서울 중앙고등학원 교원으로 시작해, 광복 후에는 서울대 사범대 교수로만 30년 가까이 봉직했다. 그리고 2007년 97세를 일기로 세상을 떴다.

별다른 굴곡 없이 산 삶처럼 보이지만 그의 삶의 뒤안길에는 전쟁과 이별, 그리고 상흔과 고독이 도처에 숨어 있다. 그가 상하이에서 영문학을 공부하던 시절은 만주사변이 터지고 중일전쟁이 본격화되던 때였다. 그러나 신기하게도 피천득의 수필에서는 그런 세월의 곡절과 상처가 거의 느껴지지 않는다. 그것은 그가 시대를 외면하고 살아서가 아니다. 되레 그의 잔잔한 일상의 힘이 전쟁의 포효마저도 녹여냈기 때문이리라.

피천득은 애써 현실을 도피하지 않았다. 오히려 그 어떤 삶의 질곡에서도 소박한 아름다움과 사랑 그리고 삶의 애잔한 추억을 그냥 흘려버리지 않았다. 그 덕에 소란스럽다못해 처절했던 그 시대를 견디어낼 수 있었다. 어쩌면 지금 우리도 그러해야 하지 않을까 싶다.

> 그리워하는데도 한 번 만나고는 못 만나게 되기도 하고, 일생을 못 잊으면서도 아니 만나고 살기도 한다. 아사코와 나는 세 번 만났다. 세 번째는 아니 만났어야 좋았을 것이다.[22]

오랜 세월 마음속에 품고 새겼던 청순한 여인의 그 모습을 더 오래 간직하고 싶은 마음이 애잔하게 전해져, 읽는 이들로 하여금 오랜 여운을 갖게 했던 명수필 「인연」의 끝 대목이다.

피천득의 수필은 비록 빛은 바랬지만 그래서 더 소중히 간직할 수밖에 없는 한 장의 스틸 사진과 같다. 그만큼 자칫 스쳐 지나갈 수 있는 일상의 순간순간이 채색도 가감도 없이 포착돼 있다. 더구나 그런 피천득의 수필에서는 아련한 세월의 향수마저 느껴진다. 짧게는 60년, 길게는 70~80여 년 전의 시대적 사건들이 그를 덮쳤음에도 불구하고 그 일상적인 삶의 모습들이 지녔던 향기는 신기하리만큼 고스란히 온존돼 있다. 한마디로 피천득의 수필에는 시대가 아무리 미쳐 돌아가도 결코 멸절시킬 수 없는 인간과 일상에 대한 따뜻함과 애틋함이 묘하게 배어 있다.

수필은 일상을 떠나서는 존립할 수 없다. 일상의 깊이와 넓이만큼 수필은 존재한다. 일상이 말하게 하는 것, 그것이 수필이다. 일상의 고민, 번뇌, 기쁨, 성취 등이 수필을 수필답게 한다. 피천득의 수필에 우리를 일깨우는 힘이 있다면 그것은 다름아니라 그의 글이 우리에게 "너 자신의 소중한 일상을 재발견하라"고 끊임없이 자극하기 때문일 것이다.

피천득의 글을 읽노라면 그는 전쟁과 분란의 한가운데서도 일상의 사랑과 평화를 씨줄·날줄로 자아나간 사람이란 생각이 든다. 비상함이 일상의 모든 것에 우선하는 가치처럼 돼버린 이 시대에 피천득의 글을 다시 읽고 믿하는 사람이 여기 있다.

정갈한 수채화 같은 한 편의 수필을 통해 우리의 애잔한 삶을 어루만지고 결코 포기할 수 없는 일상의 소중함을 일깨워줬던 피천득! 이 황망한 시절에 그가 새삼 그리운 까닭이다.

고흐의 자화상과 김수환의 "바보야"

반 고흐는 37년이란 세월만 이 세상에 있다 갔다. 게다가 그가 그림을 그린 기간은 27세 때부터 권총 자살로 세상을 하직한 날까지 딱 10년뿐이다. 하지만 그 10년 동안 그는 900여 점의 유화와 드로잉 1100여 점을 남겼다. 특히 삶의 마지막 70일을 보낸 프랑스 북부 오베르쉬르우아즈에서만 80여 점의 유화 작품을 그렸다. 하루에 한 작품 이상을 미친듯이, 아니 정말 미쳐서 그렸다. 하지만 정작 이 대단한, 아니 위대한 화가의 작품 중 살아생전에 팔린 것은 〈붉은 포도밭〉(현재 모스크바 푸시킨미술관 소장)이란 유화 작품 하나뿐이다. 그나마도 400프랑이란 헐값이었다. 결국 반 고흐는 동생 테오 외엔 당대에 아무도 알아주지 않는 화가였다. 그는 자살하기 2년 전인 1888년 10월 24일에 이렇게 썼다.

언젠가는 내 그림이 물감값과 생활비보다 더 많은 가치를 가지고 있다는 걸 다른 사람도 알게 될 날이 올 것이다.[23]

자신의 혼이 담긴 그림을 고작 '물감값보다 더 많은 가치' 운운해야 했을 만큼 세상은 그를 철저히 외면했고 그의 삶은 울울하고 답답했다. 하지만 반 고흐 사후 100년이 된 1990년 5월 그가 말년에 의탁했던 의사 폴 가셰를 그린 〈닥터 가셰의 초상〉이 뉴욕의 크리스티 경매장에서 8250만 달러라는 사상 초유의 경매가에 팔렸다. 참 얄궂은 세상사다.

반 고흐는 40여 점의 자화상을 남겼다. 반 고흐의 자화상에는 그 울울함과 얄궂은 세상사를 대하는 묘한 눈빛이 고스란히 담겨 있다. 자화상의 라틴어 어원은 '프로트라헤레protrahere'다. "끄집어내다, 발견하다, 밝히다"라는 뜻이다. 결국 '자기를 끄집어내어 자기 마음을 발견하고 내면세계를 밝히는' 것이 자화상이다. 고 김수환 추기경이 모교인 동성고 100주년 기념전에 '바보야'란 글씨가 적힌 자화상을 출품해 화제가 된 바 있다. 그는 말했다. "안다고 나대고, 어디 가서 대접받길 바란 내가 제일 바보같이 산 것 같다"고. 하지만 그것은 곧 너 나 할 것 없이 우리 모두의 자화상이었고, 김 추기경이 대신 해준 우리 모두의 고백이었으리라.

윤동주의 「자화상」

물론 자화상은 그림으로만 가능한 것이 아니다. 윤동주의 시 중에 「자화상」이 있지 않은가.

산모퉁이를 돌아 논가 외딴 우물을 홀로 찾아가선
가만히 들여다봅니다.

우물 속에는 달이 밝고 구름이 흐르고
하늘이 펼치고 파아란 바람이 불고 가을이 있습니다.

그리고 한 사나이가 있습니다.
어쩐지 그 사나이가 미워져 돌아갑니다.

돌아가다 생각하니 그 사나이가 가엾어집니다.
도로 가 들여다보니 사나이는 그대로 있습니다.

다시 그 사나이가 미워져 돌아갑니다.

돌아가다 생각하니 그 사나이가 그리워집니다.

우물 속에는 달이 밝고 구름이 흐르고 하늘이 펼치고

파아란 바람이 불고 가을이 있고

추억처럼 사나이가 있습니다.

우리도 결국 그 추억처럼 있는 사나이가 아닐까?

피천득은 애써 현실을 도피하지 않았다.

오히려 그 어떤 삶의 질곡에서도 소박한 아름다움과 사랑

그리고 삶의 애잔한 추억을 그냥 흘려버리지 않았다.

그 덕에 소란스럽다못해 처절했던 그 시대를

견디어낼 수 있었다. 어쩌면 지금 우리도

그러해야 하지 않을까 싶다.

26

흔적 :
자기 결대로 산다는 것

자기 결대로 살려는 위대한 몸부림

　무대 위에 선 사람은 중년의 사내들이었다. 개중에는 평범하다못해 전기기타를 둘러메고 서 있는 모습이 되레 어색하게 보이는 이도 있었다. 특히 50대 중반인 듯 보이는 밴드 기타리스트는 희끗희끗하게 세어버린 짧은 상고머리에 반팔 와이셔츠와 펑퍼짐한 양복바지를 입은 전형적인 이웃집 아저씨였다. 하지만 연주가 시작되자 놀랍게도 그에게서 가장 강력한 감흥이 폭발하듯 터져나왔다.

　그 기타리스트의 손은 빠르게 움직였다. 그런데 그의 오른

손 검지와 중지 두 손가락이 뭉툭하게 잘려 있는 것이 눈에 꽂혔다. 순간 직감했다. 프레스에 잘린 손 같았다. 1980년대엔 학생운동을 하다 위장 취업해 서툰 몸짓으로 프레스에서 선반 작업을 하던 중 그만 손가락을 잘린 이들이 적잖았다. 그 기타리스트도 그런 경우인지는 알 수 없었다. 누군가 옆에서 그를 '조 사장'이라고 불렀다. 아마도 젊은 시절 보컬 그룹을 만들어 활동하다 중단한 채 생활 전선에 뛰어든 후 직접 프레스에 선반 작업을 했을 수도 있다. 뭉툭하게 잘려나간 손은 비록 작지만 기업을 일궈가던 삶의 고투어린 흔적일지도 모르겠다는 생각이 들었다. 어쨌든 그는 잘린 손가락 사이에 피크를 낀 채 연주에 몰입하고 있었다. 하지만 이제 먹고살 만해져 여흥을 즐기기 위해 무대에 섰다고는 결코 보이지 않았다. 그의 강렬한 연주는 끊어진 자신의 결을 다시 찾고 잇기 위한 치열한 몸부림처럼 느껴졌다. 그래서 누군가 "멋지다!"라고 말한 것에 나는 이렇게 되받아 말했다.

"저건 그저 멋있는 게 아니라고! 처절한 거야. 피 터지게 처절한 거!"

어떤 이유에서든 현실에 가로막혀 제쳐둘 수밖에 없었던 자신의 결을 되찾으려는 몸부림의 무대였기 때문이다.

로버트 프로스트는 「가지 않은 길」에서 이렇게 말했다.

아, 나는 다른 날을 위해 한 길은 남겨두었네

길은 길로 이어진다는 것을 알지만

나는 다시 돌아올 것을 의심하네……

　그렇다. 우리 삶은 선택이란 이름 아래 어떤 길을 산다. 하지만 그것은 선택이기보다는 떠밀림이라고 말해야 옳을지 모른다. 그렇게 갈 수밖에 없었던 길이다. 게다가 일단 어떤 길에 들어서면 여간해선 다시 돌아 나오기 쉽지 않다. 못마땅해도 그냥 가는 도리밖에 없어 보인다. 그런데 조 사장이라 불리는 그 중년의 기타리스트는 젊은 시절에 '가지 않은 길'이 아니라 '가지 못한 길'을 이제서야 먼길 돌아와 다시 걷고 있는 것만 같았다. 아마도 그것이 자기 결대로 사는 것임을 절절하게 느꼈기 때문이리라.

　내 앞자리에 앉은 여인이 그 기타리스트의 아내라고 누군가 내게 일러주었다. 비록 뒷모습만 보았을 뿐이지만 나는 그녀의 시선이 어디를 향하고 있는지 직감했다. 그녀는 남편에게서 눈을 떼지 못했다. 가고 싶었던 길을, 정말 하고 싶었던 일을 삶의 어쩔 수 없음 때문에 내려놓고 접었어야 했던 한 남자에 대한 미안함과 연민의 속 깊은 눈길이 뒤에 앉은 내게까지 느껴졌다. 삶의 먼길을 에둘러 이제야 정말 하고 싶은 일을 뒤늦게나마 다시 하고 있는 남편의 모습을 바라보는 아내의 눈길은 따스했다. 그 눈길을 받아서인지 무대 위의 남자는 멋쩍게 웃고 있었다. 그 모습을 보는 나는 외려 눈물이 났다. 아니 고마웠다. 자기 결대로 살아보겠다고 몸부림치는 그 모습이 눈물나게 고맙고 아름다웠다. 그날 그는 정말이지 자기 인생의 콘서트를 펼치고 있었다.

사람은 저마다 결이 있다. 하지만 그 결대로 산다는 것이 쉽지 않다. 아니 자기에게 어떤 결이 있는지 아예 모르는 경우도 허다하다. 그나마 자기 결이 무엇인지 아는 사람은 지혜로운이다. 그리고 자기 결대로 살려고 몸부림칠 때 사람은 가장 아름답고 행복하며 위대하다.

아름다운 손이 값진 삶을 빚는다

'손으로 말하다Speaking with Hands'란 주제 아래 미국의 컬렉터 헨리 불의 소장 작품들을 펼쳐놓았던 전시를 본 기억이 있다. 거기엔 팝아트의 거장 앤디 워홀의 파리한 손부터 조각가 헨리 무어이 거친 손, 시인이가 극작가였던 장 콕토의 섬세힌 손,

세계적인 트럼펫 연주가이자 재즈 뮤지션이었던 마일스 데이비스의 검고 색감어린 손, 화가 조지아 오키프의 농염한 골무 낀 손, 혁명가 트로츠키의 격정어린 손, 그리고 세계 헤비급 챔피언이었던 권투선수 조 루이스의 주먹에 이르기까지 한 시대를 풍미했던 사람들의 손이 한 장의 사진 안에 담겨 있었다.

하지만 그곳에서 마주한 손들 중 가장 인상 깊은 것은 굵고 거친 주름을 지닌 마더 테레사의 손이었다. 그 손은 이렇게 말했다.

"선한 일을 하면 이기적인 동기에서 하는 거라고 비난받을 것이다. 그래도 선한 일을 하라. 정직하고 솔직하면 상처받을 것이다. 그래도 정직하고 솔직해라. 여러 해 동안 만든 것이 하룻밤에 무너질지 모른다. 그래도 만들라. 도움이 필요해 도와주면 되레 공격할지 모른다. 그래도 도와줘라. 좋은 것을 주면 발길로 차일 것이다. 그래도 가장 좋은 것을 주라."

말년의 오드리 헵번은 아들에게 이렇게 편지를 썼다.

"나이가 들면 새삼 발견하게 될 것이다. 너의 손이 두 개인 까닭을. 한 손은 너 자신을 스스로 돕는 손이고 다른 한 손은 타인을 위한 손이라는 것을."

우리는 머리 쓰는 법만 가르친다. 여간해선 손을 아름답게 쓰는 법은 가르치지 않는다. 물론 그것은 가르쳐서 될 일도 아니다. 부모, 선배, 윗사람이 먼저 솔선수범해야 보면서 느끼고 체득할 수 있는 것이다. 점점 분명해지는 것은 머리 쓰는 사람이 아니라 손을 아름답게 쓰는 사람이 진짜 값진 성공을 거둔다는 사실이다.

아직은 쓸 만하다

호케츠 히로시法華津寬는 23세였던 1964년 도쿄올림픽에 일본의 승마 대표 선수로 출전했었다. 그후 반세기 가까이 세월이 지난 2008년과 2012년 다시 베이징올림픽과 런던올림픽 무대에 연달아 서서 세간의 화제가 된 바 있다.

이렇게 반세기의 공백기를 뛰어넘어 올림픽에 참여하게 된 데에는 사연이 있었다. 그는 도쿄올림픽 이후 세 번의 올림픽(1968년 멕시코시티, 1972년 뮌헨, 1980년 모스크바)을 건너뛴 채 1984년 로스앤젤레스올림픽 때도 일본 대표팀 후보로 뽑혔지만 끝내 출전하지 못했다. 그후 1988년 서울올림픽 때는 출전권을 따놓고서도 자신의 애마愛馬가 출국 검역에서 바이러스

상성변응을 보여 빈효 불가 펀징을 빈자 밀과 힘께 올림픽 훈

전을 포기한 쓰라린 기억이 있었다. 그런 일이 있은 후 호케츠는 사실상 선수생활을 그만뒀다. 일본의 명문 게이오대 출신인 그는 그후 사업가로 변신해 외국계 제약 회사의 대표로 활동하다가 2003년 62세 나이에 퇴직을 했다.

하지만 이를 계기로 호케츠는 다시 승마로 놀아와 제2의 노전을 감행한다. 그는 가족을 일본에 남겨둔 채 예순이 넘은 나이에 혈혈단신 독일 아헨으로 승마 유학을 떠났다. 승마의 본고장에서 처음부터 다시 시작한 호케츠는 기술과 기량 면에서 젊은이들과 어깨를 나란히 하며 유럽 각지에서 열린 승마대회에서 입상해 마침내 일본 국가 대표로 다시 선발되기에 이른다. 이처럼 반세기 가까운 세월 동안 이어졌다 끊어졌다 다시 이어진 그와 올림픽의 인연은 실로 놀랍고도 감동적이다.

호케츠는 2008년 베이징올림픽 당시 "전 세계 노인들의 희망이 되겠다"며 출전 소감을 피력한 바 있다. 그러나 내심 베이징올림픽에 출전한 후 더이상의 올림픽 출전은 하지 않을 생각이었다. 하지만 2011년 동일본 대지진을 겪은 후, 일본 국민의 처참하고 낙담한 심정에 포기하지 않는 마음과 불굴의 용기를 불어넣기 위해 다시 올림픽에 출전하기로 마음을 고쳐먹었다. 비록 그는 2012년 런던올림픽 마장마술 경기에 출전한 결과, 메달과는 거리가 다소 멀었지만 순위와는 상관없이 일

씨감치 '런던올림픽을 빛낼 10인의 슈퍼스타' 중 한 사람으로 꼽혔다. 그의 도전 자체가 금메달 이상의 가치를 갖고 있었기 때문이리라.

승마는 기수 못지않게 말도 주인공이다. 베이징올림픽과 런던올림픽에 출전할 당시 호케츠 히로시의 애마는 '위스퍼'라는 이름의 늙은 암말이었다. 호케츠는 스스로 "나이가 조금 많은 편이지만 아직 쓸 만하다"고 말하곤 했다. 하지만 정작 수의사들 눈에는 퇴출 직전의 말이었다. 그럼에도 불구하고 호케츠는 사람이 나이가 많다고 인생이 끝난 것이 아니듯이 말도 나이가 많다고 경기에 나갈 수 없는 것은 아니라며 애마 위스퍼를 극진히 돌봤다. 그리고 마침내 호케츠와 위스퍼는 한 호흡으로 올림픽에 나가 자신들의 인생을 담은 멋진 마장마술 경기를 펼쳐 보였다. 정말이지 끝날 때까지 끝난 게 아닌 것이다.

닳아 없어질지언정 녹슬지 않겠다!

늙는 것은 나이와 상관없다. 꿈을 잃으면 나이가 어리고 젊어도 늙은 것이다. 역으로 꿈이 후회를 덮으면 나이는 들지언정 결코 늙지 않는다. 그러니 나이 젊다고 우쭐대지 마라. 나이 많다고 삶을 내려놓지도 마라. 아직 끝날 때까지 끝난 게 아니다.

모네는 76세에 수련을 그리기 시작했다. 벤저민 프랭클린은 78세에 이초점 안경을 발명했다. 세계적인 지휘 거장 레오폴드 스토코프스키는 94세에 계약 기간이 6년인 녹음계약서에 서명했다. 로버트 브라우닝의 말처럼 "인생의 절정은 아직 오지 않았다!" 100세가 되었을 때 방지일 목사의 좌우명은 "닳아 없어질지언정 녹슬지 않겠다!"였다. 물론 오래 쓰면 닳긴 한다. 하지만 녹슨 것보단 낫다. 나이는 젊은데 녹슨 인간들이 얼마나 많은가!

27

상실:
잃어서 얻는 것들에
대하어

상실과 박탈에 대응하는 우리의 자세

　서울 서초동 예술의전당 콘서트홀 무대 위에는 피아노 한 대가 덩그러니 놓여 있었다. 무대 옆 출입구가 열리자, 연주복을 갖춰 입었지만 더벅머리 소년티가 채 가시지 않은 이가 앞을 볼 수 없어 누군가의 안내를 받아 무대 위로 걸어나왔다. 그는 객석을 향해 인사를 한 후 피아노 앞에 바싹 다가앉았다. 건반 양 끝을 재보듯 팔을 뻗친 후 건반 중앙부에 손을 올려놓은 그는 이내 연주를 시작했다. 곡은 베토벤 〈피아노 소나타 제17번〉, 일명 '템페스트'였다.

그런데 연주자가 머리를 쉼없이 좌우로 흔드는 모습이 눈에 거슬려서인지 듣는 데 집중할 수가 없었다. 그보다 더한 몸동작을 취하는 피아니스트가 수없이 많겠지만 정말이지 그의 특이한 머릿짓은 종잡을 수 없었다. 변명 같지만 그것에 신경쓰여 음이 제대로 들리지 않았다. 순간 눈을 감고 들어야겠다는 생각이 들어 아예 눈을 감았다. 그러자 그때부터 정말이지 신기할 만큼 소리가 명징하게 들리기 시작했다. 그때 새삼 깨달았다. 얼마나 많이 또 너무나 자주 나 스스로 '보이는 것'에 현혹되는가를.

베토벤 〈피아노 소나타 제17번〉, 일명 '템페스트'는 베토벤이 귀가 멀기 시작해 절망의 늪에 빠져 「하일리겐슈타트의 유서」를 쓸 즈음인 1802년 작곡했다. 베토벤의 비서였던 쉰들러가 이 곡을 이해할 단서를 달라고 하자 셰익스피어의 희곡 「템페스트(폭풍우)」를 읽어보라고 했다는 말 때문에 '템페스트'라는 별칭을 얻게 된 곡이다. 본래 셰익스피어의 희곡 「템페스트」는 왕위를 동생에게 빼앗긴 형이 외딴섬에서 마술의 힘으로 폭풍우를 일으켜 원수들을 꾀어내 유인하지만 결국엔 증오와 분노를 내려놓고 화해와 사랑으로 승화시킨다는 내용이다. 한마디로 그것은 '상실과 박탈에 대응하는 우리의 자세'에 대해 말하고 있는 것이리라.

아마도 베토벤은 자신에겐 목숨만큼이나 소중한 청각의 상실과 박탈을 분노로만 대응하길 그치고 그것을 넘어 새로운 세계의 지평을 열겠다는 각오로 〈피아노 소나타 17번〉을 작곡했는지 모른다. 그리고 그것을 아예 태어날 때부터 앞을 볼 수 없었던 피아니스트 츠지이 노부유키辻井伸行가 예술의전당 콘서트홀에서 연주하는 순간이었다. 그는 스무 살 때인 2009년 반클라이번 국제 콩쿠르에서 중국의 피아니스트 장 하오첸과 공동 우승한 바로 그 사람이다. 하지만 역설적으로 츠지이는 태어날 때부터 앞을 볼 수 없었기 때문에 시각의 상실이 뭔지 모르고 박탈은 더더욱 모른다. 시각이 있어본 경험 자체가 없어 불편하다는 생각조차 없다. 또 보이지 않는다는 이유만으로 주저하지도 않는다. 승마 경험이 전혀 없던 그였지만 미국의 한 농장을 방문했을 때 곧바로 말 등에 올라 한 시간 이상 달렸을 만큼 겁도 없다. 본래 뵈는 게 없으면 겁도 없다지만 점잖게 말하면 그만큼 도전을 즐긴다. 눈을 감고 그의 피아노 소리를 들어보면 안다. 그에겐 상실이니, 박탈이니 하는 관념 자체가 없다는 걸! 대신 그는 음악을 반복해 듣고 통째로 암보暗譜해 그 자신만의 도전적인 기운을 담아 타건하는 자유롭고 대범한 영혼일 뿐이다.

반면에 요즘 우리는 너무 쉽게 상실에 대해 말하고 너무 빨리 박탈에 대해 분노한다. 그리고 스스로 비웃는다. 그만큼 상실감과 박탈감을 부추기며 사회는 빠르게 자조自嘲화되어간다. 하지만 조금 다른 각도에서 냉정하게 보면 우리 스스로 착각하는 대목이 없지 않다. 꿈을 가져본 적이 없는데 꿈의 상실이 있을 수 없다. 포부를 가져본 바가 없으니 좌절과 박탈도 거짓이다. 꿈조차 갖지 못하게 하고 포부조차 쭈그러들게 만드는 사회가 밉지만 그 탓만 할 건 아니다. 애초에 갖지 않고 품지 않은 것에 대한 가짜 상실과 거짓 박탈이 내게는 없었는지 츠지이 노부유키를 보며 다시 생각해보면 어떨까.

바람의 색깔

선천성 시각장애인 츠지이 노부유키에게 엄마는 '사과는 빨강' '바나나는 노랑'이라는 식으로 색감을 가르쳤다. 그러자 어린 츠지이가 되물었다. "그럼, 바람은 무슨 색이죠?"

당황한 엄마 이츠코는 이 물음에 답해줄 수 없었다. 엄마는 볼 수 있는 눈이 있었지만 바람의 색깔은 단 한 번도 본 적이 없었기 때문이다. 그렇게 '바람의 색깔'을 물었던 츠지이가 으무 살 청년으로 자라 미국 텍사스주 포트워스에서 열린 반 클라이번 국제 콩쿠르에 나섰을 때 일이다.

반 클라이번 콩쿠르 결선에서 츠지이는 제임스 콘론이 지휘한 포트워스 심포니 오케스트라와 라흐마니노프 〈피아노 협주곡 2번〉을 협연했다. 독주獨奏라면 암보를 하고 손끝의 감각을 극대화해서 친다손 쳐도, 보지 못하는 츠지이가 도대체 어떻게 오케스트라와 협연을 할 수 있었을까.

물론 츠지이가 오케스트라와 호흡하는 방식은 여타의 사람들과 달랐다. 지휘자를 힐끗 바라보며 자신의 연주 타이밍을 놓치지 않으려는 대부분의 연주자들과 달리 츠지이는 무엇보다도 지휘자의 숨소리에 귀를 기울였다. 츠지이가 연주중에 숨소리에 굉장히 예민하다는 것을 전해들은 지휘자 제임스 콘론 역시 지휘중에 숨소리를 좀더 크게 내는 것으로 협연자인 츠지이를 배려했다. 숨소리도 바람이다. 츠지이는 그 숨소리에 담긴 바람의 색깔을 간파해 훌륭하게 협연을 해낼 수 있었다.

연주 후에 츠지이는 라흐마니노프 〈피아노 협주곡 2번〉을 치면서 러시아에 갔던 시절을 떠올리고 드넓은 평원의 풍경을 상상했다고 말했다. 물론 그가 드넓은 평원을 보았을 리 없다. 하지만 말 그대로 '풍경風景' 즉 '바람과 햇살' 아닌가. 볼 수는 없었어도 거기서 마주한 햇살 가득한 바람의 색깔은 느꼈으리

라. 츠지이는 바로 그 바람의 색깔을 담아 피아노를 쳤다. 그리고 사람들은 그 바람의 색깔이 담긴 선율에 매료당했음에 틀림없다.

반 클라이번 콩쿠르의 결선장인 바스홀에 모인 2000여 관중은 츠지이의 연주에 뜨거운 갈채를 보냈다. 하지만 츠지이는 그 환호하는 관중을 직접 눈으로 볼 순 없었다. 다만 홀 전체에 울린 박수와 그것이 일으킨 바람의 색깔을 온몸으로 느꼈으리라. 어쩌면 츠지이를 반 클라이번 콩쿠르에서 우승하게 만든 진짜 힘은 바로 그 바람의 색깔을 마음으로 볼 수 있고 분별할 수 있는 능력이 아닐까 싶었다.

우리는 보이는 것이 전부라고 생각한다. 그러나 세상에는 볼 수 없다고 지레 생각되는 것들이 내뿜는 수많은 색깔이 존재한다. 그래서 바람도 색깔을 가진다. 그것은 저마다의 마음의 색깔이기도 하다. 사실 바람이 없는 곳은 없다. 바람은 공기의 흐름 같은 물리적 파동의 실현이기도 하거니와 우리의 희망, 염원, 소망하는 바의 운동과 표출이기도 하다. 그래서 우리의 호흡, 움직임, 절규, 분노, 절망, 기쁨, 희망, 환희 그 모든 것이 우리 삶의 바람을 만들고 분명히 저마다의 색깔을 갖는 것이리라. 그렇다면 지금 내가 나의 삶에서 부벼내는 바람은 과연 무슨 색깔일까?

느림의 미학과 생의 도약

사람들이 제대로 '쉼'을 갖기 어려운 까닭은 마음이 분주하고 바쁘기 때문이다. '바쁘다'라는 의미의 한자어 '망忙'을 보면 '마음心'과 '죽음亡'이란 뜻이 합쳐져 있다. 결국 글자 뜻대로 보자면 '바쁨'은 마음을 죽이는 일이다. 분주해서 누군가를 보고 싶은 마음을 죽이는 일이고, 뭔가 하고 싶은 마음을 잠재울 수밖에 없는 그런 상태다. 누구는 바쁜 것이 한가로운 것보다 낫다지만 이제는 너무 바쁜 것이 자칫 자신의 마음을 죽이는 자해 행위일 수 있음을 직시할 필요가 있다.

결국 '쉼'이란 자해 행위로서의 바쁨을 내려놓는 일이다. 그것은 마음이 분주함의 늪에 빠져 허우적거리는 것을 막고 마음의 생기를 되찾게 하는 일이다. 그렇다면 어떻게 바쁨을 내려놓을 수 있을까. 간단하다. 스스로를 가만히 내버려두면 된다. 물론 가만히 있는 것처럼 어려운 일이 없지만 말이다. 흙탕물을 맑게 하는 방법은 따로 없다. 그냥 내버려두는 길뿐이다. 또한 우리는 흙과 같고 땅과 같다. 그래서 자신의 근본 지력을 회복하기 위해서는 때로 아무것도 경작하지 않고 놀리며 내버려둬야 한다. 비료 준다고 땅이 지력을 회복하는 게 아님을 알아야 한다. 지칠 대로 지쳐 마음의 지력을 소진해버린 채 마음

속이 뿌연 흙탕물로 가득찬 상태라면 누구나 간절히 쉼을 바랄 것이다. 이때 진정한 쉼은 철저하게 스스로를 내버려두는 것이다. 우리에겐 바로 그 스스로를 내버려두는 시간이 절실하게 필요하다.

아울러 쉰다는 것은 비운다는 뜻이다. 쓸데없는 근심과 걱정, 그리고 스트레스를 비워내야 한다. 더불어 몸의 찌꺼기, 관계의 잡동사니도 비워내야 한다. 그러지 않으면 진정으로 쉴 수 없다. 그래서 '쉼'은 곧 '비움'이다. 영혼의 회복을 원하는가? 삶의 회복을 원하는가? 그렇다면 비워라. 비워내지 못하면 새롭게 채울 수도 없다. 쉼은 비움을 통해 새로운 채움을 준비하는 일이기도 하다.

사실 우리가 숨가쁠 만큼 빠르게 달려왔던 진짜 이유는 그 빠름의 속도 자체를 즐기기 위해서가 아니다. 오히려 느림을 확보하기 위해서다. 그리고 그 느림을 통해 다시 한 차원 높은 가치의 창출과 전진을 준비하기 위해서다. 그래서 느림이 확보되지 않는다면 빠름의 속도는 허망해진다.

사실상 빠름 속에서는 새롭고 창조적인 생각이 잉태되기 어렵다. 느림이 있어야 비로소 그것이 가능하다. 그래서 느림은 소중하다. 하지만 그런 느림을 누리는 일상조차 어느새 호사가 되어버렸다. 그만큼 일상 속에서 느림은 거의 실종 상태요,

고갈 그 자체다. 바로 그 느림을 되살려야 한다. 느림이야말로 진짜 '쉼'이기 때문이다.

느림을 통해 확보한 진정한 쉼이란 또다른 의미의 생산이다. 왜냐하면 쉼을 통해 얻어진 활력이 모든 생산의 기초가 되기 때문이다. 그런 의미에서 자신의 생활 속에 쉼의 여백과 느림의 여유가 있다는 것은 행복한 일이다. 하지만 대부분의 경우 일과 쉼, 빠름과 느림의 리듬을 상실한 지 오래다. 그래서 굶주렸다가 허겁지겁 먹고 탈 나듯 간만에 마주하는 긴 휴식 앞에서 사람들은 어찌할 바 몰라 하거나 너무 욕심부리다 체하기 십상이다.

바쁨을 내려놓고 근심과 걱정을 비우면서 느림의 시공간을 맘껏 누려보자. 오솔길을 홀로 느리게 걸어보자. 거기서 단지 상념에 빠질 것이 아니라 새로운 발상, 창조의 기운을 호흡해보자. 그 느림의 시공간에서 한 차원 높게 상상하자. 거기서 새로운 꿈과 희망을 포옹하고 어제와 다른 내일을 창조적으로 잉태해보자. 그래야 삶도, 생生도 도약한다. 그것이 엘랑 비탈 Élan Vital, 곧 '생의 도약' 아니겠는가!

가장 베토벤답게

베토벤의 생애 마지막 교향곡인 〈9번 합창교향곡〉 발표를 나흘 앞둔 1824년 빈의 어느 날. 악성 베토벤의 악필 악보를 깔끔하게 오선지에 옮기는 작업을 한 여인이 맡게 됐다. 그의 이름은 안나 홀츠. 그가 정서해온 악보를 보던 베토벤이 처음 자기가 만든 악보와 다른 부분을 발견하고 왜 허락도 없이 바꿨느냐고 묻자, 안나 홀츠는 말했다.

"바꾼 게 아니라 교정한 거예요. 가장 베토벤답게."

영화 〈카핑 베토벤〉의 인상적인 한 대목이다. 이 한마디로 안나 홀츠는 베토벤의 눈에 들게 되었다.

마침내 〈합창교향곡〉이 완성되자 베토벤은 이 교향곡의 초연 지휘를 직접 맡겠다고 나섰다. 하지만 거의 청각을 상실해버린 베토벤이 교향곡을 지휘하는 것은 불가능한 일이었다. 그것은 시각장애인이 운전하는 것과 다를 바 없었다. 그러나 베토벤은 오케스트라 연주자들 사이에 꿇어앉아 자신을 향해 전하는 안나 홀츠의 손짓과 눈빛의 도움을 받아 놀랍게도 〈합창교향곡〉 초연을 위대한 성공으로 마무리할 수 있었다. 물론 베토벤은 연주가 끝난 후 터진 우레와 같은 박수 소리마저 듣지 못했다. 신은 베토벤의 온몸에 위대한 음악을 흘러넘칠 만큼 밀어넣었지만 정작 자신은 그 음악도 그것에 대한 찬사도 들을 수 없게 했던 셈이다.

볼 수 없었던 츠지이가 바람의 색깔을 느꼈듯이 들을 수 없었던 베토벤은 천상의 소리를 파동으로 느끼고 그것을 오선지에 담아 인류에게 남겼다. 그것이 바로 '베토벤 바이러스'다. 베토벤 바이러스의 핵심은 감동이다. 그 감동 속에 위대함이 녹아 있다.

28

삶의 불꽃:
내 죽을 자리는
어디인가

본래 따로 없다

연극은 첫 공연과 마지막 공연, 곧 '막공'이 같은 듯하지만 사실은 사뭇 다르다. 아니 다를 수밖에 없다. 첫 공연은 어딘가 모르게 빠진 데가 있기 마련이다. 배우들도 자신을 완전히 배역에 빙의하듯 몰입시키지 못한 채 공연의 막을 올리기 십상이지 않던가. 하지만 막공엔 다르다. 단지 반복된 공연 때문만이 아니라 그 배역에 자신의 삶을 온전히 삼투시켜 대사가 겉돌지 않고 자기 속에서 배어나오게 된다. 그래서 막공 보는 맛은 사뭇 다르다.

광주광역시에 있는 무각사는 문화예술적 향취가 있는 사찰로 이름이 나 있다. 무각사의 이름을 처음 접한 것은 박노해 시인이 자신의 사진전을 그곳에서 연다고 알려준 덕분이었다. '무각사無覺寺'라…… 그 의미는 "깨달음이 없다"는 뜻이기보다는 오히려 "깨달았다는 생각마저 없어야 한다"는 깊은 뜻이 담겨 있는 것 아니겠는가.

무각사 주지는 청학 스님이다. 스님을 처음 뵈었을 때 동자승을 닮은 동글동글한 얼굴에 잔잔한 미소를 머금은 주름살이 인상적이었다. 게다가 마치 조개껍데기 사이로 보이는 조개속살 같은 스님의 작은 눈이 내 두 눈과 마주치자 오래전에 만난 인연처럼 느껴졌다. 그 인연을 화제로 스님과 차 한잔을 나누다 법정 스님 이야기가 나왔다. 청학 스님이 길상사 초대 주지로 있다가 홀연 떠난 뒤 다시 법정 스님을 해후한 것은 그가 열반에 들기 며칠 전이었다. 당시 청학 스님은 세상을 만행萬行하다 송광사 말사인 무각사에 다시 둥지를 틀고 2000일 기도 정진중이라 절 밖으로 나가지 않았다. 하지만 그날만큼은 오전 기도를 마치고 서울로 향했다. 그리고 법정 스님으로부터 마지막 법어 같은 한마디를 듣고 돌아왔다. "생과 사는 본래 없다!"고.

그렇다. 삶고 죽는 것은 경계그치 없다. 이치피 연극 같은 인생이지만 첫공도 막공도 따로 없다. 게다가 깨달음조차 본래 따로 없다. 깨달았다고 생각하는 순간 또다른 물음이 꼬리를 물기 마련이니 아예 깨달음에 대한 집착마저 없어야 깨달음에 다가가는 것 아니겠는가. 그래서 무각無覺이 대각大覺이요, 대각이 무각인 셈이다. 마찬가지로 삶과 죽음은 본래 따로 없다. 우리가 애써 경계를 나눌 뿐! 그렇게 청학 스님과 만나 나눈 선담으로 무각사의 밤은 깊어가고 있었다.

"서로 밥이 되어주십시오"

고 김수환 추기경이 천주교 서울대교구장과 평양교구장 서리라는 짐을 모두 내려놓고 거처를 명동성당에서 혜화동 가톨릭대 주교관으로 옮긴 것은 1998년 외환위기, 곧 환란이 세상을 뒤덮었을 때였다. 그는 그곳에서 스스로를 '혜화동 할아버지'라 부르며 10년을 지냈다. 그가 쓰던 소박한 집무실의 서가 한쪽에는 연필꽂이로 적당해 보이는 도자기가 하나 놓여 있었다. 그 둘레에 쓰인 글귀가 이랬다.

"서로 밥이 되어주십시오."

1978년부터 꼬박 30년 동안 추기경의 자동차를 운전해온 김형태 씨의 생생한 기억대로 "추기경께서는 차를 타시면 자주 혼잣말처럼 '밥'이 돼야 하는데……"라고 말했단다. 추기경은 세상 누구에게나 꼭 필요한 정신과 물질과 영혼의 밥이 되고 그것을 서로 나누며 살기를 소망했던 것이리라.

정신의 밥.

1969년 8월 어느 날. 로마의 성 베드로 대성전에서 서임식을 한 지 3개월밖에 안 된 마흔일곱의 젊은 추기경이 경기도 양평군 용문산의 청소년수련원을 찾았다. 당시 학생들은 텐트를 치고 수련회에 참가하고 있었다. 하지만 수련회 기간 내내 장대비가 계속 내려 학생들의 고생이 심했다. 마침 간이 막사에서 쏟아지는 빗줄기를 바라보며 생각에 잠겨 있던 추기경에게 당시 여고 1학년이었던 한 학생이 다가가 노트 위에 사인을 부탁했다. 추기경은 빙그레 웃으며 이렇게 적었다. "장마에도 끝이 있듯이 고생길에도 끝이 있단다. ―추기경 김수환" 그 학생은 추기경의 필적을 반세기 넘도록 간직하며 삶이 힘들 때마다 꺼내 보았다. 추기경의 그 한마디가 그의 삶을 지탱해준 '정신의 밥'이 되었던 셈이다.

물질의 밥.

1998년 환란 위기를 극복하려고 금 모으기 운동이 번졌을 때 추기경은 금십자가를 내놓았다. 옆에 있던 당시 조계종 총무원장 송월주 스님이 "성물인 십자가를 내놓아도 됩니까?"라고 묻자 추기경은 "예수님은 세상 구하는 데 몸을 바쳤는데 나라 구하는 일에 금십자가를 내놓는 것은 당연한 일"이라고 답했다. 추기경은 생전에 자기 명의의 통장이나 카드가 없었다. 매달 천주교 서울대교구에서 은퇴한 신부에게 지급하는 250만 원을 비서 수녀가 대신 출납할 따름이었다. 검소했던 추기경은 자신을 위해 쓰는 돈이 거의 없어 받은 돈의 대부분을 어려운 이들에게 나눠줬다. 그리고 추기경은 죽어서도 사람들의 밥이 돼주었다. 추기경이 선종했을 때 그 추모 행렬이 명동 일대를 휘감으면서 근처 명동 상인들은 식당·커피숍·편의점·노점상 할 것 없이 때아닌 특수를 맛봤다. 가뜩이나 힘든 경제의 주름살에 주눅든 그들에게 추기경은 죽어서도 그 스스로 '물질의 밥'이 돼준 셈이다.

영혼의 밥.

추기경의 사후 각막 기증으로 두 사람이 세상을 다시 보게 됐다. 하지만 추기경이 우리에게 남긴 '영혼의 빛'은 수백수천만 명의 사람이 영혼의 눈을 다시 뜨게 만들었다. 우리에게 잔잔한 감동으로 다가왔던 길고 긴 추모 행렬이 그 증거 중 하나다. 그런데 당시에 그들을 영하의 날씨에도 아랑곳하지 않은 채 몇 시간이고 묵묵히 견디며 줄 서 있게 한 것은 무엇이었을까. 시대의 어른을 잃은 상실감이었을까. 아니면 기대고 싶은 분이 졸지에 가신 그 빈자리에 대한 애절한 안타까움이었을까. 아니 어쩌면 그것은 김수환 추기경이 마련해놓고 간 '영혼의 밥'을 타려는 길고 긴 행렬이었는지 모른다. 그때나 지금이나 우린 모두 영혼의 밥에 주려 있으니까.

미리 쓰는 유서

사람이 태어나서 오는 순서는 있으되 죽어서 저세상으로 가는 순서는 딱히 없어 보인다. 고 이운형 전 세아그룹 회장의 경우엔 더욱 그런 생각이 든다. 정말이지 사람 일 알 수가 없다. 특히 이 회장의 경우 예술의전당에서 함께 공연을 보려 했지만 그분의 출장 일정 때문에 나만 보게 됐다. 결국 그는 공연 보려고 했던 날 출국을 했고 다음날 비보가 전해졌다. 성발 빈기지 않았다. 저세상으로 가기엔 너무 아까운 나이이기도 했거니와 주변 사람 그 누구에게도 떠나간다는 말 한마디 없이 그렇게 갔기에 생각하면 할수록 더욱 애잔하고 먹먹해진다.

　고 이운형 회장의 빈소를 찾았을 때 마주보이는 영정의 웃는 모습이 마치 살아서 반갑게 인사를 건네는 것만 같았다. 돌아가신 아버지와 동향(평남 강서)인지라 평소 누님이라 부르던 이 회장의 부인 박의숙 여사가 함께 문상 간 아내를 껴안으며 참았던 눈물을 보이자 사내인 나 역시 애잔한 마음을 누를 길 없어 함께 껴안고 눈물을 삼켰다. 박 여사인들 남편이 그렇게 아무 말 없이 저세상으로 갔다는 사실이 믿어졌겠나. 장례를 모두 치른 후에라도 마치 출장 다녀왔다는 듯이 문 열고 집으로 들어올 것만 같지 않겠는가? 아마도 박 여사에게 가장 가슴 깊이 사무칠 일은 그가 아무 말도 없이 그렇게 황망하게 떠나갔다는 것이리라. 박 여사의 평소 말투대로 "차라리 말 한마디 하고 갔으면 밉지는 않을 텐데 아무 말 없이 그렇게 간 것이 너무나 야속하고 얄밉다"고 해야 할 건가. 돈이 아무리 많으면 뭘 하고 자식이 아무리 많으면 뭘 하겠나. 또 제아무리 많은 이들이 구름처럼 몰려와 조문하고 위로해줘도 살며 사랑하며 지지고 볶고 미워하고 싸우기도 했을 그 남편이란 존재가 어느 순간 말 한마디 없이 주검이 되어 왔을 때의 심정을 그 누가 헤아리며 그 무엇으로 메우랴.

　문상을 하고 돌아오는 차 안에서 혼자 조용히 상념에 잠겨 여러 해 전에 펴낸 책『완벽에의 충동』말미에 담았던「미리 쓰는 유서」라는 글을 떠올렸다. 처음 '미리 쓰는 유서'를 써보았을 때는 10년 후쯤 다시 써야겠다고 생각했었다. 하지만 생각처럼 되지 않았다. 그래서 이참에 다시 한번 새로운 버전의 '미리 쓰는 유서'를 쓰기로 마음먹었다. 물론 가진 것이 많고 삶이 다채로운 이들에게는 유서가 자칫 누구에게 무엇을 얼마만큼 나눠주느냐 하는 지분 계산서일 수도 있을 게다. 하지만 가진 재물의 많고 적음이나 살아온 삶의 단순 혹은 다채의 정도를 떠나서 정녕 미리 써야 할 유서에 반드시 담아야 할 것은 다름아니라 함께 지지고 볶으며 살아온 이에 대한 고마움과 감사함의 남김 없고 감춤 없는 표현이리라. 함께 살아오면서 잘못했지만 사과하지 못한 일, 아쉬웠지만 다하지 못한 채 감추고 삼켰던 말, 그리고 무엇보다도 그럼에도 불구하고 함께 살아줘 고맙고 감사했다는 진심을 적어놓아야만 할 것 같다. '떠날 때는 말없이'라고 누군가는 말할지 모르나 다른 이에게는 몰라도 함께 살아온 이에게만큼은 말 한마디, 글 한 줄이라도 남기는 것이 맞다. 특히 부부의 경우엔 더욱 그러하다. 거기엔 가까운 이든, 심지어 친자시도 다 알 수 없는 그 둘만의 믿감가 있는 법이기 때문이다.

시인 함민복은 「비정한 길」이란 시에서 "길은 유서/몸은 붓"[24]이라 했다. 그렇다! 우리 몸뚱이라는 이름의 붓은 갈지자든 똑바로든 인생길을 걸으며 삶 그 자체를 쓰고 그린다. 정녕 몸은 붓이고 인생길 위에 남겨진 삶의 흔적들은 그 자체로 '미리 쓰는 유서'가 되리라. 그리고 그 유서에 반드시 담아야 할 한마디는 이것이리라.

"……비록 턱없이 부족할지라도…… 그래도 나, 당신을 정녕 사랑했소……"

이제 그 한마디 쓰도록 살아보자.

내 죽을 자리는 어디인가

이미 아버지·어머니·장인·장모를 모두 저세상으로 떠나보낸 사람이기에 죽음에 대해 그다지 거리감이 없는 처지이지만 대학 시절 은사의 갑작스러운 부음은 며칠 동안 내 가슴을 먹먹하게 했다. 아직 세상을 뜨시기엔 아까운 연세였기에 갑작스러운 부음이 더욱 안타깝고 믿기지 않았다. 더불어 외람되지만 이젠 '내 차례' '우리 차례'도 결코 멀리 있는 것이 아니구나 싶은 생각마저 들었다.

은사의 갑작스러운 부음을 듣고 황망한 마음으로 조문을 다녀오면서 온갖 상념이 뇌리를 스쳤다. 이런저런 생각이 닿은 마지막 종착역에서 마주한 물음은 이것이었다.

"내 죽을 자리는 어디인가?"

요즘은 대부분 병원 침대 위에서 세상을 뜨기 일쑤다. 또 어떤 경우엔 갑자기 욕실에서 목욕하던 중에 세상을 뜨기도 하고, 앉은 자리에서 일어나다 쓰러져 영영 저세상 사람이 되기도 한다. 차를 타고 가다 사고가 나서 비명횡사하기도 하고 길거리에서 횡액을 맞기도 한다. 어디 그뿐이랴. 혹시 내가 탄 비행기가 추락하지나 않을까 하는 걱정을 한두 번 하지 않았다면 거짓말일 테다. 이렇게 보면 정말이지 우리의 일상에는 죽을 일들이 쌓였고 도처에 '내 죽을 자리'가 널려 있는 셈이다. 하지만 "내 죽을 자리는 어디인가?"라는 물음은 단지 숨을 거두는 마지막 장소를 말하고자 함이 아니다.

"내 죽을 자리는 어디인가?"라는 물음은 내가 과연 무엇에 몸 바쳐 매진하다 생을 마감할 것이냐 하는 적나라한 실존의 질문이다. 죽는 날까지 뭔가에 죽도록 매진하다 홀연히 사라지는 모습은 눈물 나도록 아름답다. 피아니스트가 피아노를 치다 무대 위에서 죽는다면, 배우가 무대 위에서 연기하다 삶을 마감한다면, 교수가 강단에서 강의하다 쓰러진다면 그 이상 아름다운(?) 일이 또 있겠는가. 끝까지 자기의 길을 걷는 것, 죽도록 자기의 일에 매진하는 것, 그리고 거기가 자기의 죽을 자리가 되는 것은 참으로 행복한(!) 일이다.

1950년 9월 16일 백혈병을 앓고 있었던 루마니아 출신의 피아니스트 디누 리파티의 건강은 급격히 악화돼 있었다. 그러나 그는 프랑스 브장송에서의 피아노 독주회를 포기하지 않았다. 주변 사람들 모두 말렸지만 리파티는 청중과의 약속을 지켜야 한다며 독주회를 강행했다. 걷기조차 힘들었지만 그는 죽기를 각오하고 연주회장의 피아노 앞에 앉았다. 주사 기운 탓인지 그의 얼굴엔 그 어떤 감정도 드러나지 않았다. 그는 예고된 프로그램에 따라 피아노 연주를 이어갔다. 바흐의 〈파르티타 1번〉, 모차르트의 〈피아노 소나타 8번〉, 슈베르트의 〈즉흥곡〉 등을 연이어 연주했다. 하지만 안타깝게도 쇼팽의 〈왈츠〉 14곡 전곡 중 마지막으로 연주하려던 2번을 마치지 못한 채 리파티의 피아노 독주회는 막을 내렸다. 그가 쓰러져 더이상 연주할 수 없는 상태가 됐기 때문이다. 그로부터 채 3개월이 안 돼 리파티는 저세상 사람이 됐다. 리파티는 자신의 죽을 자리였던 바로 그 연주회장에서 사실상 생을 마감했던 것이다.

리파티의 브장송 독주회 실황은 EMI의 실황 녹음으로 출반돼 아직도 듣는 이들을 눈물짓게 만든다.

세상에 태어나는 때는 저마다의 순번도 있고 순서도 있다지만 세상을 떠나가는 데는 순번도 없고 순서랄 것도 없어 보인다. 언제 그것이 내 앞에 닥칠지 알 수 없다. 오늘내일, 오늘내일 하던 사람이 십수 년을 더 연명하는 경우도 적잖고 늘 젊고 팔팔할 것 같던 사람이 허무하다 싶을 만큼 먼저 가버리는 경우도 허다하다. 이처럼 언제 우리에게 삶의 마지막 영수증이 날아올지는 아무도 모른다. 그러니 그 마지막 영수증이 날아오기 전에 내 죽을 자리가 어디인지 제대로 알고 삶의 불꽃을 단 한 번만이라도 제대로 피워내야 하지 않겠나.

"우리는 단지 함께 있었다"

　일본 문예비평계의 최고수였던 에토 준江藤淳이 먼저 간 아내를 잊지 못해 자살한 것은 1999년 7월 21일의 일이었다. 41년을 복닥거리며 살아온 아내를 떠나보낸 지 8개월 만에, 그리고 『문예춘추』 1999년 5월호에 「아내와 나」라는 제목의 수기를 쓰고 나서 두 달 남짓 후에 그는 기어이 아내 게이코 곁으로 갔다. 그는 이렇게 적어놓았다. "우리는 단지 함께 있었다. 사실, 그것이 무엇보다 소중했던 것이다."

　부부로 산다는 것은 항상 즐겁지만도 않고 분명 갈등과 번민과 다툼을 수반하는 일이다. 하지만 중요한 것은, 아니 더 소중한 것은 "함께 있었다"는 사실 그 자체다. 에토 준의 수기가 우리를 휘감는 까닭도 그가 죽은 아내의 뒤를 좇아 자살했다는 '애잔한 비범함'이 아니라 그가 끝까지 아내와 함께 있었다는 '묵직한 평범함'에 있지 않을까 싶다. 함께 살아낸다는 것의 진정성, 그 일상의 위대함을 되새겨볼 일이다. 이 간단치 않은 세상을 부부가 함께 살아낸다는 것 자체가 참으로 위대한 일이기 때문이다.

29

그림자 :
그 뒤에 있는 사람들을
기억하라

"나를 울리지 말라우!"

　그는 안경 너머 주름 깊게 파인 눈을 지그시 감은 채 한동안 말문을 닫았다. 아마도 주마등처럼 스치는 말로 다 못할 기억과 회한에 몸부림치느라 그 순간 어떤 것도 용납되지 않는 본능적 방어의 몸짓이었으리라. 잠시 후 그는 눈물 글썽인 눈을 어렵사리 뜬 채 무겁게 말문을 열었다.

　"나를 울리지 말라우!"

　그의 말투에 아무리 오랜 세월이 지나도 결코 떨쳐버릴 수 없는 진한 서북(평안도) 사투리의 흔적이 역력하듯 그의 속에는 아무리 동여매고 싸매도 가슴 시린 아픔과 회한이 고스란히 남아 있었다. 다만 드러내지 않고 내색하지 않았을 뿐!

여러 해 전 서울역 구내의 한 작은 찻집에서 마주했던 서양사학계의 원로 고(故) 노명식 교수는 당시 여든여덟 살이란 나이가 무색할 만큼 여전히 놀라운 기억력과 분명한 생각을 갖고 있었다. 대학 강의실에서 교수와 학생이었던 우리 두 사람은 누가 먼저랄 것도 없이 서로 최대한 의자를 당겨 무릎을 맞대다시피 하고 마주앉았다. 학부 시절, 나는 서양사를 전공하는 것이 아님에도 불구하고 그의 강의를 빼놓지 않고 들었다. 그는 강의에 들어오면 호주머니에서 조그만 카드 몇 장을 꺼내들고 말없이 칠판 가득 단어와 문장들을 적는 것으로 강의를 시작하곤 했다. 그것들이 그날 강의의 키워드들이었고 그는 그것들을 종횡으로 엮어가며 이야기를 풀어나갔다. 당시 그의 강의를 들으며 "그래, 나도 언젠가 교수가 되면 저렇게 강의해야지" 하는 생각을 하곤 했다.

그러나 세월이 흘러 그를 통해 다시금 깨치고 배우는 것은 서양사의 지식이기보다 평생을 전쟁의 연속 속에서 살 수밖에 없었던 한 인간의 내면에 그려진 처절한 역사적 풍경 그 자체라고 해야 맞을 것이다. 그도 그럴 것이 그의 구십 년 가까운 인생은 거의 전쟁과 함께한 나날이었다. 그가 요즘 초능학교에 해당하는 보통학교 1학년에 들어간 때는 만주사변이 시작된 1931년이었고 중일전쟁이 개시된 1937년엔 요즘 중고등학교인 고등보통학교에 입학했다. 그리고 야마구치고등상업학교에 진학한 때는 태평양전쟁이 막 터져 확전되던 시기였다. 폐병을 앓은 덕분에 학병으로 끌려가는 것은 피했지만 1943년 말 학업은 중단됐다. 해방 후 어렵사리 다시 학업을 이어 경성고상에 편입해 졸업한 후 경성대학에 진학해 졸업했지만 6·25전쟁의 발발로 그토록 꿈꿨던 미국 유학은 포기해야 했다. 자신의 세대는 전쟁의 신 '마르스Mars'가 지겹도록 따라다닌 지독한 운명의 세대라고 그는 말했다. 그 세대의 사람들은 대부분 이 세상을 떠나고 없지만 그 지독했던 전쟁은 끝난 것이 아니라 '휴전'인 채로 지금도 여전히 계속되고 있다.

6·25전쟁은 그에게서 기둥처럼 믿고 따랐던 형을 앗아갔다. 기독교 신자라는 이유만으로 끌려가 죽임을 당한 것이다. 수원농대(서울농대의 전신)에 막 입학했던 일곱 살 아래 동생은 전쟁이 발발한 그해 늦가을 일등병 계급장만 남긴 채 전사했다. 1953년 7월 27일 휴전은 됐지만 북에 남아 소식을 알 수 없는 아버지와 막내 여동생과는 영영 생이별이었다.

어떤 의미에서 6·25전쟁은 만주사변과 중일전쟁 그리고 태평양전쟁으로 이어졌던 일본의 광포한 질주와 그후 닥친 처절한 패망에 따른 희생양으로서의 한반도 분단이란 예기치 못했던 모순에서 잉태됐다. 더구나 '휴전'이란 이름 아래 결코 매듭지어지지 못한 역사의 질곡은 여전히 우리를 옥죄고 있다. 그것을 온몸으로 겪었던 이들이 점점 줄어간다고 그 아픔 자체가 사라진 줄 안다면 착각이다. 우리는 아직도 그 끝나지 않은 전쟁의 연속선 위에 엄연히 서 있다.

정녕 역사는 살아 있는 미래다

백 년 전 스물다섯 살 난 망국의 청년이 지금의 러시아 우스리스크 지방에서 발해의 유적을 찾아나섰다. 산운汕耘 장도빈이 그였다. 당시 그는 블라디보스토크에 망명한 후 권업신문에 기고하면서 때로 단재 신채호가 와병중일 때는 주필의 역할을 대행하기도 했다. 그와 단재의 만남은 나라가 망해가던 1908년 즈음 스물한 살이던 산운이 여덟 살 위의 단재를 주필로 모시고 대한매일신보의 논설위원으로 활약하던 때로 거슬러올라간다. 당시 그는 나라가 망하는 것을 보고 독립 혼을 되살리려면 국사, 특히 고대사 연구에 매진해야 한다고 생각한 터였다.

아마 단재의 영향도 받았을 것이다. 하지만 단재가 고조선과 부여 및 고구려사에 보다 관심 가졌다면, 산운이 좀더 집중한 것은 발해사였다.

조선 정조 때 북학파 학자였던 유득공이 1784년『발해고渤海考』를 쓴 것은 획기적인 일이었다. 발해가 부여의 풍속을 간직하고 고구려의 옛 영토 위에 세워진 고구려의 후예국이며 신라와 더불어 남북국시대를 이룬 우리 민족의 나라였음을 최초로 천명했기 때문이다. 하지만 유득공은 직접 발해 땅을 밟아보진 못했다. 발해를 찾아서 나선 것은 그로부터 128년 후에 산운 장도빈이 한 일이었다. 그는 문헌 연구에 머물지 않고 발해의 고토를 찾아 직접 현장으로 나섰다.

지난 시절 우리 지성계를 움직이던『사상계』1962년 4월호에는 '지나간 20대들'이란 타이틀 아래 산운의 글「암운 짙은 구한말」이 실렸다. 당시 75세였던 그가 50년 전 자신의 20대를 돌아보며 쓴 글이다. 산운이 죽기 일 년 전에 쓴 이 글을 통해 우리는 그가 발해 땅을 찾아나선 까닭과 개략적인 행적을 추정해볼 수 있다. 산운은 군대가 해산되고 외교권마저 박탈당한 채 경술국치로 치닫던 망국의 궤적을 직시하면서 국사 연구에 매진했다. 아울러 그는 도산 안창호가 선창하고 양기탁, 이갑, 이동휘, 박은식, 이동녕, 이회영, 이승훈, 김구 등 애국지

사들이 총집결한 신민회에서 활동하는 한편 오성학교 학감으로 미래의 애국자를 키우기 위한 교육에 헌신했다. 하지만 학교가 총독부에 의해 문을 닫게 되자 1912년 망명길에 올랐다. 그가 망명한 곳은 다름 아닌 해삼위海參威, 지금의 블라디보스토크였다. 그는 잃어버린 조국을 되찾으려면 먼저 우리 본래의 웅혼한 혼과 정신을 일깨워야 한다고 봤다. 그래서 산운은 연해주 일대를 떠돌며 잊혀진 나라, 해동성국 발해를 찾아 나섰던 것이다. 그는 반토막 난 남국南國 신라에 갇히지 않고 역사 속에 잠들어 있던 북국北國 발해를 깨웠다. 그러나 정작 우리는 백 년 전 연해주의 허허벌판을 홀로 헤매었을 스물다섯 살 청년의 뜨거운 열정조차 까맣게 잊고 있었다.

블라디미르 쿠릴로프 극동연방대 부총장(연방대 통합 전 국립 극동대 총장)은 "연해주 지역의 첫 국가는 발해였다"고 언명한 바 있다. 이 또한 아무도 거들떠보지 않을 때 우리의 잊혀진 뿌리였던 발해를 찾아나섰던 산운 장도빈 덕분 아닌가! 러시아 블라디보스토크 소재 극동연방대 한국학대학 내의 장도빈기념관에는 옛 러시아 해군의 구식 대포와 대포알을 녹여 만들었다는 산운의 흉상이 놓여 있다. 그를 바라보며 이런 생각이 들었다.

'백 년 전 그가 발해 유적을 찾아나선 까닭이 천 년 전 옛 땅

에 대한 그리움 때문만은 아니었으리. 그보다도 미래에 우리가 나아가야 할 방향을 제시하기 위함이었으리라!'

천 년 전에도 우리는 하나가 되지 못한 채 남의 신라와 북의 발해로 나뉜 남북국시대였다. 그리고 백 년 전엔 아예 망한 나라였다. 하지만 산운 같은 이들이 부러신 나라를 다시 일으킬 꿈을 안고 작지만 의미 있는 역사의 혼불을 되살리려 동분서주했기에 오늘이 있고 내일 또한 열려 있다. 정말이지 역사는 살아 있는 미래이고, 역사와 뿌리를 잊지 않고, 또 잃지 않고 되찾으려는 몸부림이 진정한 내일을 열고 미래를 만든다.

윤봉길과 배용순

1932년 12월 19일 오전 7시 40분쯤 일본 가나자와 교외 미고우시三小牛 공병工兵 작업장에서 아침을 깨우는 총성이 들렸다. 그 7개월여 전인 4월 29일 일왕의 생일인 천장절天長節에 상하이 훙커우 공원에서 폭탄을 던져 일제의 간담을 서늘하게 했던 매헌 윤봉길尹奉吉 의사가 총살형을 당한 것이다. 그의 나이 24세였다. 윤 의사의 유해는 인근 쓰레기 하치장 옆에 매장됐다 해방 후인 1946년 6월 30일 조국에 반장돼 국민장으로 효창공원에 안장됐다. 1962년 정부는 그에게 '건국훈장 대한민국장'을 추서했다.

　……날이 가고 해가 갈수록 우리 압박과 고통은 증가할 따름이다. 나는 여기에 한 가지 각오가 있었다. 솔직히 말하자면 뻣뻣이 말라가는 삼천리강산을 바라보고만 있을 수가 없었다. 수화水火에 빠진 사람을 보고 그대로 태연히 앉아 볼 수는 없었다. 여기에 각오는 별것이 아니다. 나의 철권鐵拳으로 적敵을 즉각으로 부수려 한 것이다. 이 철권은 관棺 속에 들어가면 무소용無所用이다. 늙어지면 무용이다. 내 귀에 쟁쟁한 것은 상해임시정부였다. 다언불요多言不要, 이 각오로 상해를 목적하고 사랑스러운 부모 형제와 애처 애지와 따뜻한 고향 산천을 버리고, 쓰라린 가슴을 부여잡고 압록강을 건넜다.[25]

　윤 의사가 거사를 치르고 현장에서 체포되기 이틀 전 써놓은 자서 약력의 한 부분이다. 참으로 강고한 조선 청년의 기개가 그대로 담겼다. 여기 윤 의사가 「강보褓褓에 싸인 두 병정兵丁에게-모순模淳, 담淡」이라 제목 붙인 두 아들에게 준 친필 유언도 있다.

너희도 피가 있고 뼈가 있다면 반드시 조선을 위하여 용감한 투사가 되어라. 태극에 깃발을 높이 드날리고 나의 빈 무덤 앞에 찾아와 한잔 술을 부어 놓아라. 그리고 너희들은 아비 없음을 슬퍼하지 말아라. 사랑하는 어머니가 있으니 어머니의 교육으로 성공하도록. 동서양 역사상 보건대 동양으로 문학가 맹사(孟軻)가 있고 서양으로 불란서 혁명가 나폴레옹이 있고 미국에 발명가 에디슨이 있다. 바라건대 너의 어머니는 그의 어머니가 되고 너희들은 그 사람이 되어라.[26]

윤 의사의 아내이자 그 아이들의 어머니인 배용순. 열다섯에 한 살 아래였던 윤우의(윤봉길의 본명)와 혼인해 스물다섯에 남편을 잃었다. 남편과 함께 산 햇수는 7년. 남편이 상하이로 떠난 해에 셋째 아들 담을 배고 있었다. 남편은 거사 후 한 달이 채 안 돼 사형선고를 받고 그후 7개월여 만에 처형됐다. 남편이 상하이로 가던 해에 태어나 아버지의 얼굴도 모르고 자랐던 담이마저 아홉 살 되던 해에 복막염으로 죽었다. 무심한 세월 속에 남편이 편지 한 장 써놓고 집 나간 지 15년 만에 광복이 됐지만 그에게 돌아온 것은 꿈에도 그리던 남편의 유골뿐! 국민장으로 치러진 남편의 장례식은 장엄했지만, 그때까지도 남편의 죽음을 마음속에선 받아들일 수 없었던 그는 그 장례식으로 말미암아 완전히 남편을 떠나보내야 했다.

장제스 총통이 "4억 중국인이 해내지 못하는 위대한 일을 조선인 한 사람이 해냈다"고 경탄해 마지않았던 윤 의사였다. 하지만 그 역시 한 여인의 남편이었고 아이들의 아버지였다. 윤 의사는 사사로운 모든 것을 넘어 거사를 벌였다. 그러나 저마다 인생 거사의 뒤편엔 반드시 소리 없는 눈물이 있는 법! 그것이 때로 세상을 뒤흔드는 거사보다도 크고 위대할 수 있음을 되새겨보자. 대통령의 치적 뒤엔 묵묵히 일해온 국민이, 시장의 업적 뒤엔 참고 견뎌준 시민이, 기업의 성공 뒤엔 땀흘린 근로자가, 가장의 성취 뒤엔 희생을 애써 내세우지 않은 아내와 자식들이 있었음을 잊어선 안 된다. 나의 성공, 성취, 이룸 뒤에서 눈물 뿌린 이들의 존재를 되새길 시간이다.

두발 담긴 봉투[27]

1936년의 일이다. 그 1년 전 아내를 사별한 쉰넷의 고당 조만식 曹晩植 선생은 당시 서른셋이었던 전선애田善愛 여사를 주변분의 소개로 만나게 된다. 조만식 선생은 오산학교 교장 등을 역임하고 물산장려운동과 민립대학 추진 등을 통해 존경받는 민족운동가였고, 전선애 여사는 이화여전에서 피아노를 전공하고 배화여학교를 거쳐 자신의 모교였던 개성의 호수돈여학교 사감으로 일하면서 미국 유학을 준비하고 있던 신세대 여성이었다.

두 사람은 이듬해 봄에 스물한 살의 나이 차를 밀어내듯 뒤로한 채 결혼식을 올렸다. 물론 주변에서의 만류도 적지 않았지만 전선애 여사는 오로지 조만식 선생의 인격 하나만을 보고 미국 유학까지 포기하면서 결혼을 감행했다. 그후 전선애 여사는 조만식 선생과의 사이에서 2남 1녀의 자식을 낳고 10년 남짓한 세월을 함께 살았다. 그때는 중일전쟁과 태평양전쟁이 잇달아 일어나 나라 안팎이 소란하고 어수선한 때였다. 특히 태평양전쟁이 막바지에 다다르던 1945년 봄 조만식 선생은 일제의 극에 달한 탄압과 회유를 피해 세상 인연을 끊다시피 한 채 고향인 평안남도 강서로 가족들을 데리고 내려가 살 수밖에 없었다. 하지만 전선애 여사에게는 그때가 힘들긴 했어도 제일 행복했던 때로 기억되어 남았다.

1945년 8월 해방과 더불어 조만식 선생은 주변 사람들의 권유와 강권에 못 이겨 다시 평양으로 가서 건국운동에 앞장서게 되었다. 하지만 이내 조만식 선생은 1946년 1월 소련군과 김일성 일파에 의해 평양 고려호텔에 강제 연금당하는 처지가 되고 말았다. 그들이 보기에 조만식 선생이 그들의 정권 장악에 최대 걸림돌이었기 때문이다.

몇 달 후 전선애 여사는 어린 자식들을 데리고 강서를 떠나 어렵사리 조만식 선생이 감금되어 있던 평양 고려호텔을 찾았다. 감금 상태로 전선애 여사를 마주한 조만식 선생은 여사에게 자신이 즐겨 부르던 찬송가를 호텔 로비에 놓여 있던 피아노로 연주해달라고 부탁했다. 전선애 여사는 기꺼이 찬송가를 연주했다. 그닥 크지 않은 호텔 로비에 찬송가가 피아노 선율을 타고 울려퍼지는 동안 조만식 선생은 채 열 살이 안 된 어린 자식들의 손을 잡고 방으로 들어가 거기서 아이들을 한껏 끌어안아주었다.

눈물로 연주를 마친 전선애 여사가 뒤따라 방으로 들어가자 조만식 선생이 품안에 머물던 아이들을 다시 방밖으로 내보낸 후 아무 말 없이 서랍에서 절반이 접혀 있는 누런 편지봉투 하나를 건네주는 것이 아니겠는가. 전선애 여사는 영문도 모른 채 그것을 받아들였다. 그 봉투 겉면에는 이렇게 적혀 있었다.

檀紀(단기) 4279年 3月 10日

西紀(서기) 1946年 3月 10日

頭髮(두발)

조만식 선생은 자신에게 닥칠 사태를 예견하고 스스로 머리카락을 잘라 봉투에 담아두었던 것이다. 그리고 이 '두발 담긴 봉투'를 건네며 조만식 선생은 부인 전선애 여사에게 아이들을 데리고 남으로 내려갈 것을 당부했다. 전선애 여사는 차마 남편 조만식 선생을 남겨두고 떠날 수 없다며 처음이자 마지막으로 남편의 뜻에 완강히 맞섰다. 하지만 아이들의 미래를 위해서는 그 길밖에 없다는 조만식 선생의 절박하고 단호한 호소에 못 이겨 결국 전선애 여사는 그 '두발 담긴 봉투'를 가슴에 품고 어린 삼남매와 함께 삼팔선을 넘었다.

그후 전선애 여사는 평생을 그 '두발 담긴 봉투'를 가슴에 품고 또 그것을 의지하며 살았다. 남편 조만식 선생이 그리울 때 그 봉투 속의 두발을 꺼내보고 뺨에 부벼보며 거기 남은 체취라도 맡아보려 했을 것이다. 그리고 힘들고 속상할 때마다 '두발 담긴 봉투'를 가슴에 부비며 소리를 삼켜가며 울었을지 모른다. 정말이지 그 '두발 담긴 봉투'가 곧 남편이었으리라.

그렇게 전쟁을 겪고 분단으로 남편의 생사조차 확인할 수 없는 처지에서 전선애 여사는 '두발 담긴 봉투'만을 품고 참으로 힘겨운 삶을 살아냈다. 훗날 조만식 선생은 6·25전쟁이 일어난 1950년 남침했다 다시 퇴각하던 북한 측에 의해 평양 인근에서 같은 해 10월 15일 혹은 18일경에 살해되었다는 증언이 나오긴 했다. 하지만 이 역시 확실한 사망의 경위나 일자일 수는 없었다.

그럼에도 불구하고 1991년 11월 5일 서울 동작동 국립현충원 국가유공자 묘역에서는 고당 조만식 선생의 추모 및 안장식이 열렸다. 정확한 사망 날짜조차 모르는데 안장할 시신이나 유해가 있을 리 만무했다. 결국 아내 전선애 여사가 근 반세기 가까이 남편의 분신이요, 그의 '뜻' 자체라고 여기며 품어온 그 '두발 담긴 봉투' 속 두발을 조만식 선생의 유해를 대신해서 묻을 수밖에 없었다. 그후 전선애 여사도 96세의 파란곡절 많았던 인생을 뒤로한 채 2000년 3월 29일 세상을 뜨셨다. 전선애 여사 역시 조만식 선생과 함께 국가유공자 묘역에 묻히셨다. 늘 그리워하던 조만식 선생의 두발과 함께 말이다.

전선애 여사에게 '두발 담긴 봉투'는 그 어떤 어려움 속에서도 삶을 지탱하게 만드는 힘이었다. 혼미에 혼미를 거듭했던 해방정국의 소용돌이 속에서, 그리고 6·25전쟁의 참화 속에서도, 격동과 파란의 연속이었던 전쟁 후의 삶에서도 건선애 여사를 건디며 끝까지 실세

한 것은 바로 그 '두발 담긴 봉투'였다.

조만식 선생이 자신의 머리카락을 잘라 담은 그 '두발 담긴 봉투'엔 힘겹더라도 삶을 포기하지 않고 살아가게 만드는 묵묵한 원칙과 단호한 기준 그리고 결코 그 무엇으로도 훼손할 수 없는 신뢰가 담겨 있었으리라. 우리에게도 그것이 필요하다. 절실하다. 견디기 위해서, 버텨내기 위해서 그리고 무엇보다도 진정으로 자신은 물론 자신의 사랑하는 이들의 생을 지켜내기 위해서 말이다.

세상이 힘겹다. 하루하루가 버겁다. 전쟁이 따로 없다. 그 어느 누구라도 생활인이라면 나날이 피할 수 없는 전쟁이다. 하지만 견뎌내고 돌파해야 하지 않겠나. 조만식 선생과 전선애 여사가 그랬듯이 이 모질고 힘든 세월을 견디게 해줄 나만의 그 '두발 담긴 봉투'는 어디에 있는가?

30

뿌리 :
오늘의 나를 있게 한
존재들

나의 가보는 어디에 있나

여름에 스스로를 뽐내며 웃자란 가지는 겨울에 내리는 눈의 무게를 못 이겨 부러지기 십상이다. 하지만 여름에 더 깊이 뿌리를 내리는 나무는 한여름의 태풍도 견디고 한겨울의 폭설도 이겨낸다. 가지의 무성함이 아니라 뿌리의 깊어짐을 배워야 하는 이유가 여기 있다.

전남 장성 축령산 기슭에 황톳집을 짓고 사는 변동해 씨 댁에는 5대째 내려오는 화로가 있다. 하지만 변씨 댁에서 진짜 가보家寶로 여기는 것은 골동품으로서 가치가 있을 법한 화로 자체가 아니라 거기에 담긴 재ash다. 흔히 가장 하찮고 허무한 것을 지칭할 때 재 같다고 하지 않던가. 그런데 어찌 이걸 가보라 여길까? 심지어 변씨 댁에서는 새 며느리를 맞으면 이 재를 대물림한다고 하니 참으로 기이한 일이다.

그렇다. 재는 가장 쓸모없고 가치 없는 분진처럼 여겨지기 일쑤다. 하지만 그것이 여기서는 5대를 이어온 역사요, 자긍이다. 대단한 집안 내력이 있어서가 아니다. 매서운 칼바람 이는 추운 겨울에도 화로를 둘러싸고 앉은 가족의 정겨움과 끈끈함으로 그 혹한을 이기고 이제껏 살아왔다는 자부심과 감사하는 마음이 담긴 재이기 때문이리라. 물론 화로 속의 남은 재 전부가 5대째 내려오는 묵은 재는 아니겠지만 단 한 줌일지라도 정녕 5대를 내려오며 쌓이고 묵힌 재가 남아 있지 않겠는가. 바로 거기엔 혼이 담겼으리라. 그 어떤 어려움도, 그 어떤 혹한도, 그 어떤 주변의 냉대도 모두 이겨낼 수 있는 힘은 다름 아닌 가족의 단란함과 끈끈함이라는!

변씨 댁에는 먹감나무 상床이 있다. 거기서 밥도 먹고 차도 마신다. 그런데 이 먹감나무라는 것이 참 묘하다. 감나무는 자기 속이 검게 썩어가면서도 열매를 맺는다. 겉으로 보면 멀쩡한데 나중에 나무가 죽어 잘라보면 그 속이 검다. 기실 검은 얼룩은 간이 떫은 맛을 내는 타닌 성분 때문이라고 하시만 변씨는 이것을 '부모의 마음'과 같다고 여긴다. 죽어서 베어보아야 속이 까맣게 탄 것을 알 수 있는 먹감나무처럼 겉으론 전혀 내색 않지만 자식들 키우느라 속이 까맣게 뭉그러질 정도로 애끓고 속 타는 부모의 마음 역시 자식들은 부모가 죽어서야 겨우 알게 된다. 그런 뜻에서 먹감나무의 그 섬니섬은 일묵을 '부모의 마음'이라 이름했으리라.

변씨 댁에 있는 먹감나무는 전남 함평 월야에서 300여 년을 살다 지난 2005년 쓰러져 베어낸 나무란다. 그 나무를 갈라보니 정말이지 자연의 화가가 따로 없었다. 검은 먹감 무늬가 나무의 심중을 물 흐르듯 관통하고 있었다. 그 어떤 기성의 화가도 쉽사리 흉내내기 어려운 추상화가 거기 그려져 있었다. 정녕 먹감나무는 300여 년의 세월 동안 쉬지 않고 그렸으리라. 그야말로 천지인天地人의 희로애락을 모두 담아낸 자연의 추상화인 셈이다. 그 세월 동안에도 먹감나무는 해마다 감을 영글게 했으리라. 속이 검어지는 아픔도 감춘 채!

변씨 댁의 마지막 가보는 다름 아닌 장독대다. 세상의 음식은 '장독대 있는 음식'과 '장독대 없는 음식'으로 갈린다고 변씨는 힘주어 말한다. 자고로 음식은 시간을 담그는 일이다. 맛있는 김치를 담그는 것도 시간을 담그는 것이요, 된장국 하나를 끓여내는 것도 결국 시간을 우려낸 깊은 맛의 된장이 있어야 가능한 일 아니겠는가. 첫술이 맛깔난 음식은 도처에 많다. 하지만 며칠을 먹어도 물리지 않는 음식은 흔치 않다. 한 번 맛깔난 음식이 아니라 몇 날 며칠을, 아니 평생을 먹어도 물리지 않고 더욱더 그리운 그 맛이 진짜 맛이다. 그 맛은 다름 아닌 시간을 담근 장독대에서 나온다. 자고로 담가서 묵혀야 진짜 생명이 살아나고 참맛이 나는 법! 그래서 변씨 댁 허름한 장독대는 그 자체로 가보다.

누군가에겐 쌀 푸는 데 쓰는 짜개진 표주박이 가보다. 짜개진 것을 굵은 실로 꿰매가며 40여 년째 쓰고 있는 이 표주박 덕분에 가족들이 모두 건강하다고 믿기 때문이다. 그렇다. 물건 자체가 값있어서 가보가 아니다. 값싸고 흔할지언정 물건에 어떤 마음을 담고 어떤 생각을 갖고 대하느냐가 진짜 가보를 만드는 것이리라. 지금 나의 가보는 어디에 있나? 스스로 마음의 눈을 밝혀 살펴볼 일이다.

최고의 유산을 남기는 법

언젠가 가수 나훈아 씨가 인터뷰에서 이런 말을 했다. "사실

에게 공부는 시켜달라는 대로 시켜주겠지만 돈은 한푼도 물려
주지 않겠노라"고. "돈을 유산으로 남기면 100원 주면 100원
만큼, 1억 원 주면 1억 원만큼 자식을 망친다"는 이야기였다.
그 말이 오래도록 가슴에 남았다. 하지만 돈 가진 사람이 자식
에게 한푼도 남기지 않는 일은 현실에선 더 어렵다. 집 한 칸,
통장 하나라도 물려주고 싶은 것이 보통의 부모 된 마음이기
때문이다. 애써 자신이 모은 재산을 자기 피붙이가 제대로 지
켜주고 더 키워줬으면 하는 바람이야 어찌 탓하겠는가? 그런
데 그게 쉽지 않다. 코닐리어스 밴더빌트는 1877년 미국 역사
상 가장 많은 유산을 남긴 사람으로 유명하다. 하지만 그의 유
산은 이후 체계적으로 낭비된 끝에 얼마 안 가 바람같이 사라
지고 말았다.

앤드루 카네기는 1901년에 사업을 청산하고 남은 돈 2억
5000만 달러와 자신에게 해마다 배당되는 1250만 달러를 종
잣돈으로 해서 여러 개의 영구신탁기금을 만들었다. 그리고
이것들을 교육·과학 연구·국제 평화 등 다양한 분야에서 지원
기금으로 쓰이도록 조치했다. 이런 카네기식 유산 관리 방법
은 오늘날 대부분의 기업가에게 원용되고 있다. 하지만 카네
기식 방법도 최근에는 조세 회피의 수단으로 악용되거나 부의
변칙 상속이란 비판을 받기에 이른 것 또한 사실이다.

상속은 돈의 문제만이 아니다. 시각장애인이면서도 미국 올림픽 국가 대표 역도선수를 거쳐 기업가로도 성공한 짐 스토벌이 쓴 『'최고의 유산' 상속받기』라는 책을 보면 우리가 진정으로 물려줘야 할 것은 돈만이 아니라 일과 친구, 배움과 고난, 가족과 웃음, 꿈과 사랑, 나눔과 감사 같은 내면의 가치들이다. 그리고 여기에 꼭 한 가지 더해야 할 것이 있다면 다름 아닌 '긍정하는 마음'일 게다. 세상을 삐딱하니 부정적으로만 보며 남의 뒷다리나 잡는 후손이 결코 잘될 리 없기 때문이다. 미국의 백만장자이자 저명한 동기 부여가인 폴 마이어는 『성공을 유산으로 남기는 법』이란 책에서 25가지 열쇠 중 마지막으로 "나는 무엇으로, 어떻게 기억되고 싶은가"라는 질문을 던진다. 그리고 이에 대한 자신의 대답이 바로 진짜 유산이 될 것이라고 말한다.

누구나 사라진다. 그리고 죽는다. 잘 먹고 잘살자는 '웰빙well-being'이 계속 유행이라지만 진정한 웰빙의 완성은 '웰다잉well-dying'에 있다. 죽더라도 제대로 죽고 사라지더라도 멋지게, 최소한 추하진 않게 사라져야 한다. 그러려면 "나는 무엇으로 또 어떻게 기억되고 싶은가"라는 물음 앞에 분명하게 답해야 한다. 그리고 기억되고 싶은 모습이 되기 위해 노력해야 한다. 돈 많고 힘있는 사람으로 기억되고 싶나면 논과 권력을 좇겠지만,

정녕 아름다운 사람으로 기억되고 싶다면 자기만의 향기를 품은 가치를 만들고 그것을 유산으로 남겨야 하지 않을까. 『설원說苑』에 이르길 '화향천리행 인덕만년훈花香千里行 人德萬年薰'이라 했다. 말 그대로 꽃향기는 천리를 간다지만 사람의 덕과 가치는 만년 동안 향기로운 법이다. 그런 향기 있는 가치를 유산으로 남기며 살아가기를 나 자신이 소망해본다.

'나만의 한마디'가 있는가

우리네 묘비는 참 밋밋하다. 천편일률적인 모양과 크기는 그렇다 치고 각인된 내용마저 생몰 연도와 이름만 다를 뿐 거의 똑같다. 『성경』 구절은 눈에 띄어도 정작 이 풍진세상을 살다 간 사람에게 의당 있을 법한 '자기만의 한마디'는 여간해서 눈에 띄지 않는다. 반면에 영국의 극작가 조지 버나드 쇼의 묘비에 새겨진 말은 우리의 통념을 여지없이 깬다.

"우물쭈물하다가 내 이럴 줄 알았다.I knew if I stayed around long enough, something like this would happen."

아무리 글 쓰는 일을 평생 업으로 삼았고 위트와 유머가 넘치는 사람일지라도 자기 묘비에 이렇게 새겨놓기란 쉽지 않다. 확실히 버나드 쇼는 범상치 않은 인물임에 틀림없다. 더구나 근 100년의 세월을, 그것도 두 번의 세계대전을 모두 겪으며 산전수전, 심지어 공중전까지 다 치른 사람의 말이기에 한 번 더 눈길이 간다. 그렇다! 우물쭈물하다간 그냥 간다.

평범한 휴대전화 판매원에서 일약 세계적인 오페라 가수가 되었던 폴 포츠의 데뷔 앨범명이 '원 찬스One Chance'다. '단 한 번의 기회'란 뜻이다. 실제로 그는 영국판 〈전국노래자랑〉이라 할 만한 〈브리튼스 갓 탤런트Britain's Got Talent〉 예선 무대에 나가 푸치니의 오페라 〈투란도트〉 중 〈공주는 잠 못 이루고Nessun Dorma〉를 불러 엄청난 반향을 불러일으켰다. 그날 〈브리튼스 갓 탤런트〉는 55퍼센트라는 경이로운 시청률을 기록했다. 물론 폴 포츠 덕분이었다. 그가 열창하는 장면은 유튜브에서 단 9일 만에 1000만 명 이상이 본 동영상으로 최다 조회수를 기록하기도 했다.

비록 폴 포츠는 부러진 앞니에 낡은 양복을 입고 다소 주눅든 표정이긴 했지만 단 한 번의 기회였던 그 무대에서 듣는 이들로 하여금 전율을 느끼게 할 만큼 혼이 담긴 열창을 해 인생역전의 드라마를 펼쳤다. 하지만 그의 인생역전은 우연도 요행도 아니었다. 그가 종양 수술을 받고 교통사고로 쇄골이 부러져 더이상 노래할 수 없는 지경이 되었어도 오페라 가수가 될 꿈을 움켜쥔 채 자기 삶을 또박또박 우직하게 밀고 간 결과였다.

일본 사무라이들의 고전이라 할 『오륜서』의 저자 미야모토 무사시宮本武藏는 진검승부에 임하는 첫번째 사세를 "미몃기리지 말라"는 한마디로 압축했다. 연습이 아닌 진검승부에서는 머뭇거리면 그대로 상대의 칼을 맞기 때문이다. 칼 맞은 후에 자세를 가다듬어봐야 소용없다. 뒤늦게 상대의 마음을 꿰뚫어 몸 사리지 않고 공격의 리듬을 타본들 이미 늦었다. 어차피 인생은 진검승부다. 머뭇거리면 칼 맞고, 우물쭈물하면 그냥 사정없이 밟혀버린다.

묘비에는 예외 없이 시작과 끝을 일러주는 생몰 연도가 들어 있기 마련이다. 오래전에 세워진 묘비에는 죄다 한자로 적었지만 요즘은 대개 아라비아 숫자를 쓴다. 그리고 태어난 날과 죽은 날 사이에는 으레 '대시(--dash)'를 넣는다. 결국 그 '대시' 안에 그 사람의 삶이 응축돼 있는 셈이다. 짧든 길든 삶의 희로애락, 그 모두가 '대시' 안에 압축돼 있다.

사실 삶을 압축한 '대시'는 날마다 한 점 한 점 찍어서 만들어진다. 우리는 너 나 할 것 없이 매일 자기 인생에 작지만 지울 수 없는 점을 찍고 있다. 그 점들이 모여 우리 인생을 만든다. 때론 엉성하게, 때론 촘촘하게. 우물쭈물하지 말자. 인생의 진검승부 앞에서 머뭇거리지도 말자. 오롯이 내 삶을 이어갈 점들을 정직하게 또 다부지게 찍어가자. 후회 없도록!

삶의 송곳 같은 물음, "나는 무엇으로 기억될 것인가?"

"나는 무엇으로 기억될 것인가?" 이 물음은 삶이 질척거리다못해 나태의 나락에 빠져버린 사람을 죽비처럼 내리친다. 그리고 삶이 방향을 잃은 채 이리저리 방황하고 표류하는 사람을 흔들어 깨운다. 나아가 비계처럼 쌓인 자만과 오만을 사정없이 찌르는 삶의 송곳 같은 물음이다. 언뜻 보기엔 '기억'이란 단어 때문에 과거 지향적인 물음처럼 들릴 수도 있지만 실은 너무나 현재진행형이며 언젠가 다가올 미래와 결부된 물음이다. 그래서 두렵기까지 한 물음이다. 제대로 살고자 한다면 누구도 이 물음을 피해갈 수 없다.

96세를 일기로 세상을 뜬 피터 드러커는 13세 때 김나지움Gymnasium 에서 필리글러 신부의 수업 시간에 "나는 (죽어서) 무엇으로 기억될 것인가?"라는 물음과 처음 마주했다. 당시 드러커와 그의 급우들은 칠판에 써진 이 물음 앞에서 어리둥절해했다. 필리글러 신부는 학생들의 표정을 보며 이렇게 말했다. "지금 여러분에겐 이 물음이 낯설겠지만 마흔이 지나 쉰 혹은 예순 고개를 지날 즈음엔 이 물음이 삶의 송곳처럼 다가올 겁니다."

드러커와 그의 동창들이 김나지움 졸업 60주년을 기념해 다시 모였을 때 일흔 살도 훌쩍 넘긴 그들 중에서 누군가 필리글러 신부를 떠올리며 "나는 무엇으로 기억될 것인가?"라는 물음이 삶의 송곳이 돼 오만하고 나태해진 자신을 찔러준 덕분에 여기까지 올 수 있었다고 고백했다. 모두 공감했다. 드러커 역시 이 물음을 숨을 거두는 순간까지 화두처럼 껴안고 산 덕분에 아흔 살이 훌쩍 넘은 나이에도 삶의 열정과 긴장을 늦추지 않은 지혜로운 현역일 수 있었다.

노벨상의 창설자인 알프레드 노벨 또한 "나는 무엇으로 기억될 것인가?"라는 물음이 삶의 송곳이 돼 그의 인생을 막판에 송두리째 뒤집어놓았다. 1895년 11월 27일 노벨은 미리 쓴 유서를 생전에 전격 공개하며 자기의 전 재산을 쏟아부어 의미 있는 상을 만들겠다고 공표했다. 그런데 노벨이 이렇게 마음먹게 된 계기는 공교롭게도 그가 언론의 오보로 인해 살아서 자신의 부음 기사를 미리 봤기 때문이었다.

유서를 공개하기 7년 전인 1888년 알프레드 노벨의 친형 루드비그 노벨이 프랑스 칸에서 사망했다. 그런데 당시 한 신문이 이것을 알프레드 노벨의 사망으로 혼동해 「죽음의 상인, 사망하다」라는 제목의 부음 기사를 내보냈다. 이 기사를 본 알프레드 노벨은 충격에 휩싸였다. 당시 노벨은 다이너마이트를 비롯해 전 세계적으로 총 350개 이상의 특허권을 가지고 있었고 폭탄 제조 공장과 탄약 제조 공장을 포함해 90여 개가 넘는 사업체를 거느린 당대 굴지의 기업인이었다. 하지만 노벨은 자신이 평생 독신으로 고투하며 살아온 삶이 결국 사람들에게 '죽음의 상인'으로밖에 기억되지 못할 것이란 사실을 접하고서 도저히 그대로 있을 수 없었다. 그래서 그는 7년 동안 "나는 무엇으로 기억될 것인가?"를 고민한 끝에 결심했다. '죽음의 상인'이 아니라 '인류에 수여되는 최고로 가치 있는 상'의 창설자로 기억되기 위해 자신의 전 재산을 던지기로 말이다. 삶의 송곳 같은 물음이 장쾌한 삶의 역전극을 연출한 셈이었다.

결국 "나는 무엇으로 기억될 것인가?"라는 삶의 송곳 같은 물음이 미래로의 길을 새로 뚫는다. 그 물음은 끊임없이 지나온 길을 성찰하게 만들며 스스로 '진정으로 기억되고 싶은 모습'이 되기 위해 주어진 오늘에 최선을 다하고 새로운 내일로 나아가게 하는 힘이 있다. 이제 저마다의 후반생에서 정직하고 단호하게 이 물음을 스스로에게 던질 시간이 왔다.

"사람을 보려면 다만 그 후반을 보라"

청록파 시인으로 더 잘 알려진 동탁 조지훈 선생은 『지조론』(1962)에서 사람을 보려면 다만 그 후반을 보라고 했다. 나는 그의 이 말을 늘 새기며 살아왔다. 일본의 문필가 모리야 히로시도 "스스로 납득 가능한 인생을 살려면 그 열쇠는 인생 후반부를 사는 방식에 달려 있다"라고 했다.

그렇다. 사람의 진면목은 삶의 후반에 드러난다. 그리고 그 후반생을 제대로 살려면 사는 방식이 달라져야 한다. 어떻게 달라져야 할까? 이 물음에 대해 두 가지만 이야기하며 책을 마무리하려 한다.

'시·공간에 대한 자기처분권'을 회복하자

첫째, '시·공간時空間에 대한 자기처분권'을 회복하라는 것이다. '시·공간에 대한 자기처분권'이라…… 좀 딱딱하고 어딘가 법률용어 같은 느낌마저 들지 모른다. 법 이상으로 확실하게 도장 찍듯 회복해야 할 사안이라 다소 거부감이 들지라도 이렇게 표현했다. 후반생을 제대로 살려면 자기 자신이 쓸 시간과 존재할 공간에 대한 처분 및 결정을 타인이나 조직 혹은 그 무엇에도 양도하거나 위탁하지 않고, 스스로 정할 수 있게 '시·공간에 대한 자기처분권'을 분명하게 회복해야 한다. 이것이야말로 전반생과 다른 후반생을 살아가는 데 가장 중요한 핵심 요체다.

대개 인생의 전반생에서는 자기 시간에 대한 처분권을 부모, 학교, 직장에 위탁하거나 양도해놓은 상태였을 것이다. 내가 가고 싶을 때 학교 가고 직장 가며, 내가 쉬고 싶을 때 마냥 쉬고 놀 수 없었던, 즉 내 시간을 내 맘대로 할 수 없었던 이유다. 하지만 인생 후반생에서는 내가 언제 무엇을 할 것인지, 그 시간에 대한 처분권을 회복하고 되찾아 스스로 결정할 수 있어야 한다. 그래야 진짜 자기 삶이 굴러간다.

자기의 수명이 어디까지인지는 누구도 알 수 없다. 하지만,

분명한 것은 내게 부여된 시간일지라도 그것이 온통 남이 짜서 강제한 시간표에 따라 사는 것이라면 자기가 살았다고 말할 수 없다는 사실이다. 오히려 내게 부여된 시간을 어떻게 배분하고 쓸 것인지를 순전히 나 스스로 결정한 것만큼만 진짜 자기 수명이 아닐까 싶다. 자기 스스로 주체가 되어 결정하고 처분한 시간을 쓴 것인지, 아니면 타인과 타율에 이리저리 끌려다니며 그저 부여받은 시간을 소비한 것인지에 따라 그 사람의 실존적인 생존 시간은 달라질 수밖에 없는 것이다.

시간만이 아니라 자기가 어디에 존재할 것인가에 대한 공간적 처분권도 마찬가지다. 군인이 위수 지역을 이탈하지 않고 정해진 구역을 사수해야 하듯, 우리는 대개 자신의 전반생에서 자기 맘껏 나다닐 수 없는 경우가 많았다. 대개 정해진 등하교와 출퇴근의 시간에 따라 학교에서든 직장에서든 자기 자리를 지켜야 했기 때문이다. 학생으로서, 직장인으로서 혹은 자영업의 주인으로서 그것은 당연한 책무라고 여겨왔을 것이다. 하지만 인생 후반생에서는 자기 자신이 어디에 있을 것인지, 또 거기서 어떻게 존재할 것인지에 대해 타율이 아니라 자율에 의해 스스로 정하고 또 결정할 수 있어야 한다.

거주이전의 자유가 법으로 정해져 있다지만, 진정한 사시 실존의 위치 및 좌표 설정을 나의 자유의지에 따라 할 것인지 타율에 의해 움직일 것인지는 법이나 규율로 강제할 수 없다. 스스로의 실존적 자기 의지를 발동시켜 움직일 따름이다. 그런데 이게 생각만큼 쉽지 않다. 전반생에서는 학업을 위해, 또 먹고살기 위해 어쩔 수 없이 스스로의 위치 근거를 외석인 타율성에 맡기는 것이 되레 자연스런 것이었을지 모른다. 하지만 후반생에서는 그런 타율의 굴레가 더는 크게 부각되지도, 심지어 작동하지도 않을 개연성이 매우 높아짐에도 불구하고 정작 스스로의 존재 위치와 그 위치 설정을 타율의 힘에 맡기는 경우가 결코 쉽게 줄어들지 않는다. 이미 타율에 의해 자신의 위치를 규정하는 것에 습慣이 들었기 때문이리라.

어려서부터 짜여진 시간표에 따라 등하교를 하고 학원과 과외마저 정해진 루트대로 다녀야 했으며, 취직 후에도 출퇴근의 굴레에 묶여 다람쥐 쳇바퀴 돌듯 집과 학교, 학교와 학원, 집과 회사를 무한 반복하듯 왕복하며 전반생의 삶을 살아온 이에게 통째로 한 달이면 한 달, 일 년이면 일 년의 시간을 알아서 스스로의 시간표를 짜서 어디로 가든 어디서 머물든 더 자유롭게 살아보라 하면 대개 막막해하고 되레 힘들어한다. 젊은 사람이야 신이 나서 좌충우돌하며 지낼 수 있다지만, 조금이라도 더 나이든 사람은 스스로 자기 시간을 자기가 요리해서 써본 경험이 별반 없고, 낯선 공간에 자신을 위치시키는 것에 대해서도 심리적으로 불안한 마음을 갖기 마련이다.

그래서 맘껏 자유롭게 다녀보라고 돈도 주고 시간을 줘도 언제, 어디로, 무엇을, 어떻게 하며 다녀야 할지 막막해하는 경우가 적잖다. 한마디로 패키지여행은 가능해도 스스로 동선을 정하고 비행기 티켓을 끊고 머물 곳과 쉴 곳을 직접 찾고, 둘러보거나 가볼 곳을 스스로 택해서 움직이는 경우를 경험해보지 못한 이에게는 그 자체가 엄청난 스트레스가 되는 것이다. 왜냐하면 살아오면서 늘 다니던 길로만 다니고, 정해진 코스로만 다녀 버릇했을 것이기 때문이다. 혹은 높은 자리에 있던 사람은 늘 의전 받으며 다니느라 혼자서는 비행기 탑승은 물론 버스도 탈 줄 모르고 지내왔을 터이니, 안내자 없이 혼자 어디론가 갔다가 알아서 돌아오라고 하면 그것처럼 곤혹스런 경우가 없다는 것이다.

결국 전반생 내내 시·공간에 대한 자기처분권을 어딘가에 양도하고 위탁하거나 혹은 아예 묻어놓고 살아온 사람은 후반생에 접어들어 자기 혼자서는 할 수 있는 게 거의 없다시피 하게 되기 마련이다. 그런 상태를 그대로 유지한 채, 즉 자기 자신의 시·공간을 스스로의 결정과 처분으로 요리하지 못하는 상태로 인생의 후반생을 맞게 되면 삶은 시들해질 뿐만 아니라 되레 난감하고 심지어 사는 맛이 뚝 떨어져 고통스러울 정도가 되어버린다.

그러니, 전반생과 달리 후반생에서는 남이 부여한 시간표가 아니라 나 자신만의 시간표와 좌표로 삶을 살아길 수 있도록 스스로 준비하고 대비해야 한다. 초등학교 시절 방학 때 도화지 위에 둥그런 원을 그리고 시계를 닮은 시간표를 그려넣은 후 일과표를 작성하듯 할 필요까지는 없더라도 자기에게 주어진 시간을 자기 의지로 스스로 찾아먹지 못한다면 그 시간은 있어도 없는 것이고 주어져도 상실한 것이나 마찬가지다. 그렇게 100세 아니라 120세를 산다한들 그것은 진짜 자기 삶을 사는 것이 못 된다. 단적으로 말해 자기 실존의 시간적 누수다. 자기에게 부여된 시간이 파이프에서 물 새듯 누수되는 것이다. 그러니 후반생에서는 철저하게 자기에게 하늘이 부여한 시간을 스스로 설정하고 결정해서 써 버릇해야 한다. 그래야 그것이 온전한 나의 시간이 된다. 어쩌면 이것이야말로 진짜 자기 삶을 사는 첫 단계이고, 자기 시간을 누수시키거나 그저 흘려보내지 않음으로써 자기의 진짜 수명을 온존시키고 더 나아가 스스로 늘리는 방법이 아닐까 싶다.

자기가 있을 공간에 대한 처분권도 마찬가지다. 어딘가 메여 있을 때는 어쩔 수 없었다지만 그런 메임에 평생 길들여져 살아오다보면 거기서 벗어난 이후에도 차라리 자기 자신을 그와 같은 환경에 더 가둬놔주길 원하는 경우가 적지 않다. 그래서 평생을 출퇴근하던 사람은 퇴직하고 은퇴한 후에도 어딘가 출퇴근할 장소를 찾는다. 습이 그렇게 든 것이고 거기 익숙하다못해 길들여졌기 때문이리라. 하지만 진짜 자기 생이 펼쳐지는 후반생을 제대로 살려면 그런 것에서 탈출하고 더 자유로워져야 한다. 내가 쓸 시간은 물론 내가 있을 공간을 스스로 설정하고 드라이브하지 못한다면 그건 자기 스스로 결정하며 살아가야하는 후반생의 진정 자유롭고 자율적이어야 할 삶에 부합하는 것이 아니라 오히려 반하는 것이 된다.

아울러 공간적 자기처분권을 행사할 때 가능하면 '삶의 그라운드'를 넓게 써 버릇하자. 그렇다고 1호선 전철에 몸을 의탁한 채 소요산에서 온양온천을 왔다갔다하라는 말이 아니다. 삶의 그라운드를 넓게 쓰라는 말은 삶의 동선을 단순화시키지 말고 다양화하며, 스스로를 가둬놓지 말고 자유로이 방목하듯 하라는 얘기다. 여행을 통해서도 그렇고, 때로 독서와 영화, 미술관과 박물관 그리고 음악회를 통해서도 삶의 그라운드는 넓어지고 확장될 수 있다. 그리고 그렇게 넓혀야 삶이 풍요로워진다. 후반생일수록 삶이 그라운드를 좁히거나 축소할 것이 아니라 더 넓히고 확충해야 하는 까닭이 여기에 있다.

결국 자신의 뜻 곧 자기 의지에 따라 시간을 배당하고 쓸 수 있으며, 자신이 원하는 곳에 자기 자신을 위치시킬 수 있는 '시·공간에 대한 자기처분권'을 회복하는 일이야말로 후반생을 제대로 사는데 반드시 선행해야 할 덕목이 아닐 수 없다. 그래야 비로소 진짜 자기 생이 펼쳐지기 때문이다.

'자리'가 아니라 '일'에 집중하자!

둘째, '자리'가 아니라 '일'에 집중하자! 우리가 흔히 '일자리'라고 붙여서 쓰는 말에는 '일'과 '자리'가 겹쳐서 공존하고 있다. 그런데, 사실 전반생에서는 '일'보다 '자리'에 방점이 찍히기 마련이다. "어디서 무슨 일 하냐?"라고 누군가 물었을 때 순전히 하는 '일' 자체를 묻는다기보다는 어떤 '자리'에 있느냐고 묻는 함의가 강하게 담긴 것도 같은 맥락이다. 그래서 어찌 보면 전반생에서는 정작 하는 '일'보다 앉아 있는 '자리'만 부각되는 경우가 적잖다. 명함 속 직위가 딱 그렇지 않은가.

명함을 받아들었을 때 그 사람이 하는 일이 뭔지 알 수 있는가? 명함은 그저 그 사람의 직위를 밝혀줄 뿐이다. 전반생에서는 그나마 명함을 주고받으며 자신의 자리라도 소개할 수 있다지만, 후반생에서는 내밀 명함도 마땅치 않을 뿐만 아니라 그것으로 자신을 표명하기엔 옹색하고 구차해진다. 자리에 없을 가능성이 더 크기 때문이다. 이쯤 되면 사람들은 억지로 자리를 흉내낸 명함을 만들고 다니기까지 한다. 특히 전반생을 통해 삶을 일이 아니라 자리로 표시하고 표방해온 사람의 경우는 더욱 그렇다. 그건 마치 한라산 정상에 올랐을 때 등정했다는 감격을 담아 백록담을 바라보고 그 풍광이 자아내는 기운을 느끼기보다 '백록담白鹿潭'이라고, 그것도 한자로 쓰인 표석을 배경으로 '인증샷'만 찍어 누군가에게 알리는 것과 다를 바 없는 일이다.

실제 얼마 전 한라산 백록담에 올랐을 때 일이다. 정상부에서 동릉능선을 따라 비탈진 계단 길 아래로 사람들의 줄이 족히 수백 미터가 이어져 있었다. 그날만 그런 것이 아니었다. 석 달 전 똑같은 루트(성판악~백록담)로 올랐을 때도 마찬가지였다. 그때는 때마침 육지의 어느 고등학교 학생들이 수학여행을 와서 단체로 한라산을 올라 더 많은 이들이 끝도 없이 줄을 섰던 것이 기억난다. 나는 처음에 그 줄이 백록담을 제대로 보기 위해 정상부에서 사람들이 밀려 길게 늘어선 것이라고 생각했다. 하지만 아니었다. 그 줄은 정상부에서 '백록담의 실제 모습'을 보기 위해 길게 늘어선 줄이 아니라 정상부 근처에 있는 '백록담 표지석'을 배경으로 인증샷을 찍기 위해 늘어선 줄이었다. 정작 실재하는 백록담을 배경으로 사진을 찍는 이는 손에 꼽을 정도였고, 되레 백록담 임을 알리는 표지석을 놓고 온갖 포즈로 사진 찍는 이가 절대다수였다.

백록담 그 자체보다 백록담 표지석이 더 인기인 까닭을 뭐라 할 순 없다. 그놈의 인증샷 때문이니 말이다. 실제 백록담을 배경으로 사진을 아무리 찍어봐야 거기가 한라산인지 지리산인지 설악산인지 사진만 보는 사람은 알기 어렵다. 되레 사진을 보여주며 어디인지 설명해줘야 할 수도 있다. 그러나 '백록담'이라고 또렷하게 글자로 박힌 표지석과 함께 찍은 사진은 말이 필요 없는 인증샷이 된다. 그렇다 할지라도 분명 본말이 전도된 것은 틀림없는 사실이다. 산에 올랐으면 풍광 그 자체를 만끽하는 게 우선이고 사진에 담아도 그것을 배경 삼는 게 더 맞지 않는가. 하지만 세태는 거기가 어디라는 표지석 앞에서 인증샷 찍는 데 목숨걸 듯하는 일로 기울어 있으니……

물론 백록담을 배경으로 사진 찍는 이들이 없진 않으나 압도적으로 많은 이들은 백록담 그 자체보다 백록담 표지석을 배경으로 사진 찍는 데만 몰두했다. 오늘의 세태가 있는 그대로의 풍광보다 내가 어디에 와 있는지 입증하고 증명해줄 표지석을 더 중시하는 것을 어찌하랴. 어쨌든 이것이 내가 하는 '일' 대신 내가 있는 '자리'만 드러내는 명함 주고받기와 왠지 닮았다는 생각이 든다. 백록담 표지석을 배경으로 인증샷을 찍는 것이 '자리'에 비유된다면, 한라산을 올라 백록담 그 자체를 바라보며 태곳적 화산 분출의 에너지를 느끼고 호흡하는 것은 '일'에 비견될 수 있기 때문이다.

대개 전반생은 자리에 자신이 매몰되어 있기 쉽다. 하지만 그 버릇과 습관을 후반생에도 유지하면 삶은 피곤해지고 생은 지리멸렬하게 된다. 후반생을 제대로 살려면 자리가 아니라 일에 방점이 크고 깊게 찍혀야 한다. 결국, 전반생에서는 '자리'가 실존을 밀어내기 일쑤였다지만 후반생에서는 자리가 아니라 '일'로 실존을 웅변함이 옳다.

일은 곧 내가 생존하는 방식이며 세상에 나의 흔적을 남기는 통로다. 일을 통해 사람은 크고 일을 하며 사람은 자란다. 그런 의미에서 알베르 카뮈의 말처럼 "일이 없다면 삶은 썩어간다". 그리고 "일에 영혼이 없다면 삶은 질식하며 죽어간다". 그러니 일자리에서 '자리'를 찾을 것이 아니라, '일'을 되찾아야만 한다. 그래야 산다.

사실 남자의 후반생에서 가장 경계하고 새롭게 해야 할 대목이 바로 이 지점이다. 대개 남자는 여자에 비해 훨씬 더 자신과 자리를 끊임없이 일치시키고 동일시하며 살아왔다. 남성 우위의 허울도 모자라 그 이상으로 자리에 집착하고 그에 대한 강박감이 컸던 것이 이른바 사회적 수컷으로 길들여져온 남자들의 숨길 수 없는 단면이리라. 어려서부터 커서 뭐가 되겠다는 생각부터가 그랬다. 그래서 직업을 찾을 때에도 직職만 추구하지 업業은 안중에 없는 경우가 대부분이었다. 하지만 직만 추구하는 삶은 시간이 갈수록 비루해지기 마련이다. 더구나 그 직을 둘러싸고 다투기 시작하면 더 남루해진다. 그러나 크든 작든 자기 업을 추구해온 이의 삶은 갈수록 윤이 나고 빛이 난다.

업이 일이고, 직이 자리다. 그러니 일과 자리를 그저 얼버무려 '일자리'라는 말로 스스로 뒤섞지 말라. 일은 중요치 않고 자리에만 집중했던 것이 전반생에는 통했을지 몰라도 후반생에서는 결코 통하지 않는다. 후반생에서 진짜 중요한 것은 일이지 자리가 아니다. 모든 자리는 잠시 걸터앉아 있는 것일 뿐 결코 내 것이 아니라는 사실을 직시해야 한다. 하지만 일은 하기에 따라 얼마든지 내 것이 된다. 그러니 나이들수록 자기 일을 찾아 차이를 드러내고 이를 지속해야지, 왜 여전히 자리에 안달인가? 전반생에서 자리에 취해 살았던 사람이 후반생에서도 자리를 탐하면 그것으로 삶은 추레해지다못해 추락한다.

사람은 누구나 일할 수 없는 처지가 되면 여지없이 변하기 시작한다. 첫째, 우두커니 멍하게 있는 시간이 늘어난다. 책을 봐도 건성이다. 점점 더 멍해진다. 삶에서 일이 주는 긴장이 배제되기 때문이다. 둘째, 작심삼일도 어려워진다. 작심삼일은 그래도 결심이라도 해보는 것이다. 하지만 일에서 멀어지면 아예 결심 자체를 하지 않게 된다. 결심할 계기조차 없어지기 때문이다. 셋째, 눈치만 는다. 결혼한 사람이면 아내가, 게다가 아이라도 있으면 아이들에게 제일 눈치가 보인다. 요즘 애들 눈치는 어른 뺨을 치고도 남는다. 아무리 둘러대고 위장해도 애들이 일 떨어진 상황을 눈치채고 도리어 먼저 걱정하지 말라고 말할 정도다. 사실은 그때가 가장 눈치 보이는 때다. 넷째, 무엇보다도 가장 무서운 변화는 점점 작아지는 자신을 발견하게 된다는 사실이다. 사람들을 만나기가 꺼려진다. 그러다보니 더 위축되고 결국 좁다란 자기 안에 갇혀버리고 만다. 감옥이 따로 없다. 일이 없으면 삶은 감옥이고 지옥이다. 이것이 또한 가장 두려운 변화다. 결국 일은 생계 수단 그 이상이다. 일이 없으면 삶이 없는 것이다. 결국 일을 빼앗는 것은 생명을 빼앗는 것이다. 남자의 후반생은 자리는 털지언정 일은 결단코 놓지 않고 오히려 더 부여삽고 가야만 한다.

자고로 직만 추구하면 업을 잃는다. 하지만 업을 추구하면 직은 자연스레 따라오는 법! 그러니 자리를 좇고 찾아 헤맬 것이 아니라 자기 일에 충실하라. 그러면 자리도 그 일을 찾아오게 마련이다. 그때 자리에 앉을 것인가 말 것인가는 알아서 판단하시라. 관 뚜껑 닫을 때 업적業績을 기리지 식적職績을 기리던가! 자리가 일을 덮어버리는 순간부터 인생은 추락한다. 거듭 말하지만 후반생을 제대로 살려면 일을 찾아야지 자리를 찾아 헤매면 삶이 추해지고 구려진다. 아니 삶이 남루해지다 못해 생이 거기서 멈춘다. 내가 사는 게 아니라 자리가 내 삶을 대신 사는 것이기 때문이다. 남자의 후반생에서는 이 점이 특히 중요하다.

'아침에 눈을 떠 할일이 없는 곳'. 작가 파울로 코엘료는 거기가 다름 아닌 '지옥'이라고 했다. 그러니 자리가 아니라 일이 있는 삶을 만들어라. 그러면 후반생은 그 자체로 '천국'은 아니어도 꽤나 살 만한 세상이 될 것이다. 나이들어서 자리가 아니라 진짜 자기 일을 찾으려면 정말이지 쉽지 않다. 그러니 전반생을 살고 있을 젊은 시절부터 자리에 목매지 말고 진짜 자기 일을 찾으라.

자기 일을 찾는 데는 세 단계가 있다. 첫째는 좋아하는 일을 발견하는 것이다. 둘째는 그 좋아하는 일을 잘하는 것인데, 절대적인 기준에서 잘한다는 것은 장담할 수 없는 것이고 단지 차이를 낼 수 있다면 그게 진짜 잘하는 것이다. 그 차이란 자기 결대로 하면 자연스레 드러나는 그런 것이다. 그리고 셋째는 그 좋아하는 일을 차이 나게 하는 것을 지속하는 것이다. 거듭 말하지만 좋아하는 일을 제대로 발견하고 그것에서 자기 결에 바탕한 차이를 드러내고 그 차이를 지속하는 것이 자기 일을 찾고 자기 업을 추구해야 하는 후반생의 비책 중 비책인 셈이다. 그래서 후반생, 특히 남자의 후반생은 이것으로 성패가 결정난다 해도 과언이 아니다.

결이 깃든 삶을 위하여!

후반생을 제대로 살면 자기 삶의 결들이 고스란히 드러나기 마련이다. 결들이 가지런하지 않고 뒤엉켜 있다면 아직 제대로 살지 못한 것이리라. 가지런하게 정돈된 삶의 결은 자기의 일에서 나온다. 자기 일을 통해 자기만의 결이 만들어진다. 결국, 후반생은 그 '결이 깃든 삶'을 짓고 만드는 과정에 다름 아니다.

나의 일을 통해 만들어지는 '결이 깃든 삶'과 판단해 넛붙이고 싶은 조언이 하나 있다. 다름아니라, 일기를 써보라는 것이다. 날마다 쓰는 일기日記도 좋으나, 진짜 자기가 하는 '일을 기록하는 일기' 즉 업기業記를 써보자. 자기도 모르는 사이에 정녕 자기 자신이 할 수 있고 또 해야 할 일이 뭔지를 깨닫게 되는 계기가 거기서 발견될 것이다. 그리고 그것이 자기만의 삶의 결을 차곡차곡 집적해 누구도 흉내낼 수 없는 자기 삶의 문양을 만들어낼 것이다. 그런 자기 삶의 문양이 곧 자기가 이 세상에 살아 있었다는 가장 분명한 증거가 될 것임은 물론이다.

순간이 모여 하루가 되고 그 하루가 쌓여 일 년이 되며 그 일 년이 더해져 평생이 된다. 그러니 순간, 하루, 일 년, 평생을 잇는 시간 앞에 겸허하자. 그리고 마주하는 순간마다 진실되자. 맞닥뜨린 그 하루하루에 성실하자. 그것이 또 한 해를 만들고 생을 구성한다. 남자의 후반생도 마찬가지다. 그리고 세상을 향해 주먹을 내밀어야 한다면, 입으로 떠벌리며 서툰 주먹일랑 내밀지 말고, 말없이 오직 단단한 주먹만 내밀자. 남자의 후반생을 살아갈 모두의 건투를 빈다!

2024년 갑진년甲辰年 새해를 맞이하며
저자 정진홍 씀

주

1   정진홍, 『사람아 아, 사람아』, 21세기북스, 2013.

2   소동파, 「마음속의 대나무」, 『마음속의 대나무』, 김병애 옮김, 태학사, 2001.

3   정진홍, 『사람아 아, 사람아』, 21세기북스, 2013.

4   마크 롤랜즈, 『철학자와 늑대』, 강수희 옮김, 추수밭, 2012.

5   정진홍, 『사람아 아, 사람아』, 21세기북스, 2013.

6   정진홍, 『완벽에의 충동』, 21세기북스, 2006.

7   「불꽃처럼 사는 E.T 할아버지, 채규철」, 〈조선일보〉, 2005.6.2., 참조.

8   존 버닝햄, 『내 인생의 가장 행복한 날』, 김현우 옮김, 민음사, 2005.

9   정진홍, 『인문의 숲에서 경영을 만나다 3』, 21세기북스, 2010.

10 공자, 『논어』, 김원중 옮김, 글항아리, 2013.

11 임영조, 「자서전」, 『갈대는 배후가 없다』, 세계사, 1992.

12 정진홍, 『완벽에의 충동』, 21세기북스, 2006.

13 함민복, 「눈물은 왜 짠가」, 『눈물은 왜 짠가』, 책이있는풍경, 2003.

14 정진홍, 『사람아 아, 사람아』, 21세기북스, 2013.

15 어니스트 헤밍웨이, 『노인과 바다』, 이인규 옮김, 문학동네, 2012.

16 정진홍, 『사람이 기적이 되는 순간』, 21세기북스, 2012.

17 모옌, 『달빛을 베다』, 위홍빈 옮김, 문학동네, 2008.

18 손자, 『손자병법』, 김원중 옮김, 글항아리, 2013 참조.

19 정진홍, 『마지막 한 걸음은 혼자서 가야 한다』, 문학동네, 2012.

20 이탈로 만치니, 『얼굴들이 돌아오게 하소서』, 움베르토 에코·카를로 마리아 마르티니, 『무엇을 믿을 것인가』, 이세욱 옮김, 열린책들, 1998에서 재인용.

21 피천득, 『인연』, 민음사, 2018.

22 피천득, 같은 책.

23 빈센트 반 고흐, 『반 고흐, 영혼의 편지 1』, 신성림 옮김, 위즈덤하우스, 2017, 217쪽.

24 함민복, 「비정한 길」, 『눈물을 자르는 눈꺼풀처럼』, 창비, 2013.

25 윤봉길, 『윤봉길의사 이력서 및 유서』(1972)(국립중앙박물관 소장) 참조.

26 윤봉길, 같은 자료 참조.

27 정진홍, 『완벽에의 충동』, 21세기북스, 2006.

남자의 후반생

ⓒ 정진홍 2024

초판 인쇄 2024년 1월 23일
초판 발행 2024년 1월 31일

지은이 정진홍
책임편집 신기철 | 편집 심재경 이희연 권한라 고아라
디자인 박현민 | 저작권 박지영 형소진 최은진 서연주 오서영
마케팅 정민호 서지화 한민아 이민경 안남영 왕지경 황승현 김혜원 김하연 김예진
브랜딩 함유지 함근아 고보미 박민재 김희숙 박다솔 조다현 정승민 배진성
제작 강신은 김동욱 이순호 | 제작처 영신사

펴낸곳 (주)문학동네 | 펴낸이 김소영
출판등록 1993년 10월 22일 제2003-000045호
주소 10881 경기도 파주시 회동길 210
전자우편 editor@munhak.com
대표전화 031) 955-8888 | 팩스 031) 955-8855
문의전화 031) 955-3579(마케팅) 031) 955-3571(편집)
문학동네카페 http://cafe.naver.com/mhdn
인스타그램 @munhakdongne | 트위터 @munhakdongne
북클럽문학동네 http://bookclubmunhak.com

ISBN 978-89-546-9808-5 03100

www.munhak.com